Peter Hahne
Nicht auf unsere Kosten!

Weitere Titel des Autors:

Seid ihr noch ganz bei Trost!
Schluss mit euren ewigen Mogelpackungen!
Finger weg von unserem Bargeld!
Rettet das Zigeunerschnitzel!
Raue Sitten, freche Lügen

Über den Autor:
Peter Hahne, Jahrgang 1952, studierte evangelische Theologie, Philosophie und Germanistik. Stationen: Chefredaktion Politik des Saarländischen Rundfunks, seit 1985 beim ZDF als Moderator und Redakteur der Nachrichtensendungen *heute* und *heute-journal*. Von 1999 bis 2010 stellvertretender Leiter des ZDF-Hauptstadtstudios, anschließend erhielt Peter Hahne eine nach ihm benannte sonntägliche Talkshow. Zahlreiche Bestseller mit 8 Millionen Gesamtauflage.

Peter Hahne

Nicht auf unsere Kosten!

Aufstand gegen Lug und Trug
der Eliten

QUADRIGA

Dieser Titel ist auch als E-Book erschienen

Vollständige Taschenbuchausgabe
der bei Quadriga erschienenen Hardcoverausgaben
»Schluss mit euren ewigen Mogelpackungen!«
und »Seid ihr noch ganz bei Trost!«

Copyright © 2021 by Bastei Lübbe AG, Köln
Umschlaggestaltung: Tanja Østlyngen unter Verwendung
eines Motivs von © Olivier Favre, Odenthal
Satz: fuxbux, Berlin
Gesetzt aus der Proforma
Druck und Verarbeitung: GGP Media GmbH, Pößneck
Printed in Germany
ISBN 978-3-404-07005-3

9 8 7 6 5

Sie finden uns im Internet unter quadriga-verlag.de
Bitte beachten Sie auch: lesejury.de

Inhalt

- 9 Allah, Kita, Gummibärchen
- 17 Berlin und die Rosinenbomber-Blamage
- 21 Der Anfang vom Ende der Meinungsfreiheit
- 30 Klassenkampf an der Wursttheke
- 33 Von Christenverfolgung, Heuchelei und Karl Lagerfeld
- 38 Kann man sich das Sparen sparen?
- 40 Selbstbedienungsladen namens Staat
- 42 Justiz in der Vertrauenskrise
- 46 Die befallsunabhängige Dauerbeköderung
- 48 Strafversetzt nach Germany und Elite auf der Flucht
- 52 Keine Willkommenskultur für die Bundeswehr
- 56 Greta und die Gnadenlosigkeit der Klima-Religion
- 66 Wissenschaft wider Winnetou
- 69 Von hysterischen Müttern und coolen Richtern
- 72 Zweierlei Ma(r)ß
- 73 Und ewig läutet die Kuhglocke
- 75 Von redenden Pulten und der Bürger*innenmeister*innenwahl
- 82 BMW, Abraham und Jesus

- 86 Neue Tees mit alten Eso-Sprüchen
- 88 Wahlversprechen: Lügen wie gedruckt
- 92 Politiker und Journalisten zwischen Gutdenk und Neusprech
- 99 Behördenterror – oder: Ordnung muss sein
- 102 Zug und Flug: ein Fluch?
- 105 Der Herzinfarkt einer blutleeren Kirche
- 110 Schulprobleme schnell gelöst
- 113 Das verschwiegene Schwert
- 115 Politik – ein gnadenloses Geschäft
- 120 Meinungspolizei mit Maulkorberlass
- 125 Was bringt Deutschlands Zukunft?
- 131 Buschkowsky, die Landnahme und die deutsche Naivität
- 138 Es gibt keine Politikverdrossenheit
- 141 Die Flüchtlings-Bildungs-Mogelpackung
- 145 Von Funny Facts und Kieselhumes
- 146 Müllers Mathematik und Schwesigs Scheinheiligkeit
- 148 Wolf Biermanns Oster-Ohrfeige
- 154 Die armen reichen Kinder

- 155 Jesus Christa und die Mondin
- 161 Grüne, Köter, Selbstverachtung
- 164 Wahrheit statt Wortmüll
- 167 Einbrecher-Eldorado: Mogelpackung Sicherheit
- 171 Respekt, liebe Lidl-Leute
- 173 13. Monatsgehalt unerwünscht?
- 175 Rasen und Rauchen für die Rente
- 177 Der Barmherzige Samariter und die Gaffer
- 180 Flüchten aus dem Flüchtlingsheim
- 183 Von Wasserpredigern und Weintrinkerinnen
- 186 Helmut Schmidt: aufgehängt!
- 190 Wenn schon, denn schon ...
- 193 Kirche und Sprache – Herr, schick Hirn!
- 197 Wen schützt Datenschutz?
- 200 Wie der Hase auf den Hund gekommen ist
- 202 Todesurteil für Lebensmittel
- 205 Wahldesaster auf Augenhöhe
- 208 Über Pommes, Fritten und die EU
- 210 Der Bundes-Bläh- Reichstag
- 213 Hände weg von unseren Vereinen!
- 215 Multikulti- Mogelpackung

218 Schreiben nach Gehör und ohne Sinn und Verstand
222 Frau am Steuer, Hirn im Eimer
224 Der Traummann vom *Traumschiff*
227 Limburger Käse
229 Feigheit siegt: Das Kreuz mit dem Kreuz
233 Bevor*mund*ung
237 Deutscher Rechtsstaat oder beseeltes Bullerbü?
241 Herr*in, schick Hirn*in!
243 Crusade gegen die Rückkehr des Höfischen
246 Wortmüll als Wohlstandsverwahrlosung
250 Wir brauchen Bräuche

Allah, Kita, Gummibärchen

Wer nicht zur Selbstkritik neigt, sollte auch andere nicht kritisieren. Ich habe mich oft gefragt: Lag ich in meinen Büchern der letzten Jahre richtig, wenn ich vor einer schleichenden Islamisierung unserer Gesellschaft warnte? Meine Kirchenfreunde und Kollegen sahen das meist so: Das ist ihnen alles zu schwarz-weiß. Ich würde zur Übertreibung neigen. Ich kontere meist scherzhaft mit dem alten Goethe, der einst sinngemäß sagte: Übertreibung macht anschaulich.

Doch nach Jahren stelle ich fest und muss dafür fast um Entschuldigung bitten: Ich habe untertrieben. Ich war nicht deutlich genug. Ich hätte es mit all meinen Hintergrundinformationen aus Politik und Polizei besser wissen müssen. Die meisten, allen voran die sogenannten Eliten in ihrer wohligen Wellness-Parallelgesellschaft, verharmlosen, verniedlichen, verdrängen – bis es zu spät ist. Ein Journalist dagegen hat wach und wahrhaftig, kritisch und kantig zu sein. Auch als bekennender Christ.

Der grüne (!) Ministerpräsident Winfried Kretschmann sprach von »testosteron-gesteuerten Männerhorden« und meinte die Clans der Gewaltbereiten unter den jungen Zuwanderern. Empörung bei seinen Partei-»Freunden«, Bestätigung in der Realität: Kaum ein Freibad zum Beispiel, in dem man im Sommer 2019 frei schwimmen konnte. Immer wieder Gewalt und Bandenkriminalität. Aus Düsseldorf meldete die Polizei, dass sechzig nordafrikanische Jugendliche die Kontrolle über ein Freibad übernommen hatten, bis endlich die Polizei gerufen wurde und dem Spuk ein Ende machte. Mehrere Tage wurden die Besucher terrorisiert, Frauen ergriffen die Flucht. Die alles andere als rechtspopulistische Frauenzeitschrift *EMMA* kommentiert: »Frauen werden in Freibädern zu Freiwild« – und zwar für ganze Gruppen junger Migranten. Punkt.

Es fehlen deutschlandweit 2500 Bademeister, war die Alarmmeldung des Hitzesommers. Klar, wer will das auch noch machen, wenn inzwischen Sicherheitspersonal oder Polizei postiert werden müssen, um den Steuer- und Eintrittszahlern Frieden im Freibad zu garantieren. In vielen Schwimmbädern gibt es mittlerweile Messerkontrollen, in Kehl am Rhein sogar Stacheldraht. Im grün-schwarzen Baden-Württemberg!

Doch im Kleinen, sozusagen im Symbolischen, fängt es an: Ich warnte auch in meinen Sendungen davor, nicht das Tafelsilber unserer Traditionen für ein schweinefleischfreies Linsengericht zu opfern: Weihnachtsmärkte werden zu »Wintermärkten«, St.-Martins-Zug zum »Lichterfest«, selbst kirchliche Kindergärten kuschen. Alles übertrieben? Das empfanden jedenfalls höchstrangige Polit-Funktionäre in den öffentlich-rechtlichen Aufsichtsgremien. Klar, wer in einer großbürgerlichen Parallelwelt mit abgeschotteten Schul- und Kita-Möglichkeiten lebt, den kann das kaltlassen. Aber wehe, das nennt mal jemand beim Namen ...

Ich habe mich bis zu meinem letzten Arbeitstag nicht »disziplinieren« lassen. Gegen handwerkliche Kritik habe ich nichts einzuwenden. Doch Meinungsfreude und Überzeugungskraft einschränken zu wollen, das hat seit dem

9. November 1989 keinen Platz mehr auf deutschem Boden. Mainstream ist meine Sache nicht. Eine Eigenschaft, eine Gabe fehlt mir einfach: Ich kann mich nicht hinstellen und sagen oder – wie in diesem Buch – schreiben: »Dies hier sind meine Überzeugungen. Und sollten Sie damit nicht einverstanden sein: Ich habe auch andere ...«.

Nun ist alles viel schneller und schlimmer gekommen. Parteien, Kommunen, Kirchen kapitulieren. Tischgebete verschwinden, Krippe und Nikolaus werden verbannt, Speisepläne verändert.

Beispiel Leipzig Sommer 2019: Zwei Kitas wollten komplett jegliches Schweinefleisch entfernen – alle Kinder werden also in Mithaftung genommen, obwohl Bratwurst und Buletten dort immer Trumpf waren. »Auch wenn es nur eine (muslimische) Familie wäre, die das Seelenheil ihres Kindes aus religiösen Gründen durch unreines Schweinefleisch beeinträchtigt sieht, setze ich diese Neuerung jetzt durch«, so der Leiter der Kindergärten. Seelenheil contra Schweinefleisch! Im aufgeklärten Deutschland.

Eins spricht für ihn: Er sagt klar, warum so entschieden wird. Er windet sich nicht mit billigen Ausflüchten. Viele Kinder-Kantinen tun ja so, als ginge es um die Gesundheit und nicht um die Religion. Das ist so, als schaffte man den traditionellen Tannenbaum zu Weihnachten nicht wegen Multikulti ab, sondern aus Gründen des Brandschutzes. Da müssen oft Begründungen die Wahrheit verschleiern, dass man denkt: Sind die denn noch bei Trost und glauben, die Menschen nehmen ihnen das ab?!

Und als ob es nicht reicht, Kindern das Schnitzel madig zu machen, ist deutsche Gründlichkeit mit ihrer Unkultur der Hypermoral konsequent bis ins Letzte: Der Leipziger Kita-Chef schreibt an die Eltern, zu Festen und Geburtstagen künftig keine Süßigkeiten mehr mitzubringen. Gesundheit? Dickmacher? Nein: »Diese Nahrungsmittel haben Schweinefleischbestandteile wie Gelatine, das darf nicht mehr angeboten werden.« Gummibärchen stehen also auf dem mittelalterlichen Index einer modernen, ach so bunten Gesellschaft. Na, toll! Da wird bunt mit bekloppt verwechselt, Respekt mit Unterwerfung.

Die dänische Stadt Randers setzte ein Zeichen gegen diesen naiven Mainstream: Alle Kinder in Schulen und Kitas sollten bewusst die Traditionen des Landes lernen, vor allem die Migranten. Und deshalb gehöre auch Schweinefleisch auf die Speisepläne öffentlicher Einrichtungen, um »Nationalgerichte« kochen zu können. Vom »Frikadellenkrieg« war dann die Rede – allerdings weniger im selbstbewussten Dänemark als im weichgespülten Deutschland.

Was vor allem fassungslos macht: Völliges Schweigen oberster Kirchenfunktionäre, die derweil eifrig mit Seenotrettungsplänen, Klimaprogrammen und Gender-Gerechtigkeit beschäftigt sind. Dass der verweigerte Handschlag eines muslimischen Polizeibeamten für eine Frau oder der Speiseplan einer Kita mehr als nur eine Lappalie im Überschwang der Integration sind, registrieren die wenigsten. Höchstens Islamkenner aus den eigenen Reihen wie Professor Bassam Tibi, die Soziologin Necla Kelek, die Juristin Seyran Ateş oder der Psychologe Ahmad Mansour merken, was die Stunde wirklich geschlagen hat. Oder die Alt-Feministin Alice Schwarzer, wacher als die halbe CDU.

Seyran Ateş schreibt im Berliner *Tagesspiegel*: »Es ist mir zu billig, jegliche Islamkritik ins rechte Eck zu stellen. Religionskritik war schon immer Teil einer Religion ... Es gibt Fakten, an denen kommt man nicht vorbei. Die Krise der politischen Mitte [in Deutschland] ist mitunter ein Resultat der Ignoranz gegenüber Fakten, die Menschen Unbehagen bereiten.« Erschütternd, was sie, die Tag und Nacht von Leibwächtern der Bundespolizei geschützt wird, aus ihrem Alltag berichtet: »Von wem bekomme ich Morddrohungen, Häme und Hetze? Zu 98 Prozent von Muslimen ... Ja, ich als Muslimin fürchte mich mehrheitlich vor Muslimen.«

Im Fall Leipzig und all den täglich neuen Ergebenheitsbeschlüssen wird gegen alles verstoßen, wofür Demokratie erkämpft wurde. »Minderheitenschutz wird zur Mehrheitsverachtung« (Ralf Schuler). Von Bulette & Co. hängt in unserer aufgeklärten Kultur kein Seelenheil ab. Für niemanden. Durch das muslimische Minderheitendiktat, unterstützt von naiven Gutmenschen, wird mal eben die Trennung von Staat und Religion außer Kraft gesetzt.

Um nichts weniger geht es. Das steht auf dem Spiel. Auf Schnitzel und Gummibärchen kann verzichten, wer will, auf das Grundgesetz und die Freiheitliche demokratische Grundordnung nicht. Niemand! Die *FAZ* kommentiert den Fall Leipzig: »Rücksichtnahme ist keine Unterwerfung. Auch dann nicht, wenn sie Muslimen zugutekommt.« Richtig! Nur: Wo wird Rücksichtnahme zum Tarnwort für Unterwerfung?

Statt diese Dimension, diesen Appell »Wehret den Anfängen!« zu erkennen, macht ausgerechnet ein von Spenden finanziertes »christliches Medienmagazin« Stimmung gegen die Presse (auch gegen die renommierte Nachrichtenagentur *dpa*!). Das erinnert an Ahmad Mansour, der in meiner Sendung betonte: Die meisten Probleme habe er ausgerechnet mit den christlichen Kirchen, die alle seine Warnungen als Übertreibung verniedlichen und verharmlosen.

Manche Menschen meinen, es sei doch soooo schön, wenn Bischöfe Zuckerfeste feiern und zum Ramadan grüßen. Sehen denn nur Kinderärzte, wie unverantwortlich und gegen alle Rechtsstaats-Prinzipien muslimische Schulkinder von ihrer Religion gezwungen werden, trotz größter Hitze nichts zu trinken?! Kultusminister jammern in ihren Sonntagsreden, eingegriffen hat niemand. Fasten, bis der Arzt kommt...

An vielen Schulen, so berichten Lehrer, weigern sich Jugendliche, während des Ramadan am Schwimmunterricht teilzunehmen. Sie könnten ja Wasser in den Mund bekommen. Ernsthaft. Ein Rektor meinte: »Ramadan ist Gift für Kinder und deren Leistungsfähigkeit.« Es gäbe so etwas wie einen Wettbewerb, wer am konsequentesten fastet.

Seit den horrenden Wahlerfolgen des türkischen Präsidenten Erdogan in Deutschland kämen selbst liberale türkische Mütter plötzlich mit Kopftuch zum Elternabend, unter den Schülerinnen habe das Kopftuchtragen signifikant zugenommen. Einschüchterung pur. Überall wird Kontrolle befürchtet. »Man kontrolliert sich gegenseitig in steter Furcht vor dem Identifikationsverlust« (Ahmad Mansour). Man sollte meinen: Gott sei Dank ist das in unserem Staat des Grundgesetzes verboten und vorbei. Doch ausgerechnet Journalisten, die zwar die Folter des Erdogan-Regimes an unseren Kollegen beklagen, verschließen ganz fest die

Augen vor dessen verheerendem Einfluss auf hier lebende Muslime.

Die verbotenen Gummibärchen sind der Anfang der Scharia, sozusagen auf Kinderebene. Aus der Scharia mit den beiden Hauptquellen Koran und Sunna ergibt sich, was »halal« (erlaubt) und »haram« (verboten) ist. Unternehmen wittern große Marktchancen mit islamisch korrekten Speisen. Das renommierte Institut Grand View Research sieht vor allem in Deutschland enorm steigendes Potenzial.

Der nächste Scharia-Schritt im Leben junger Muslime wurde am selben Tag wie »Leipzig« bekannt: Ein Jugendlicher aus Afghanistan hat in Stuttgart seine Schwester nach den Scharia-Regeln brutal gequält, weil sie den »falschen« Jungen liebte. Alles für die Familienehre. Und die Mutter schaut, in Erfüllung ihrer religiösen Pflichten, tatenlos zu. Von engagierten Christen habe ich kein Wort dazu gehört, kein Wort von Evangelikalen und Konservativen – allein von *BILD*.

Und genau dieses Massenblatt greift man nun in der christlichen Publizistik frontal an. Man habe, statt Dialog zu führen, »die Fleischfrage zum x-ten Mal skandalisiert«. Schließlich hätten die Leipziger Kitas ihre Entscheidung doch wieder zurückgenommen. Man reibt sich die Augen! Genau umgekehrt wird ein Schuh draus: Nur weil die Presse das Thema öffentlich gemacht hat, ist der Kita-Chef dem Druck gewichen. Ich bin froh, dass wenigstens die Evangelische Nachrichtenagentur *idea* die Dinge beim Namen nennt und sich nicht einschüchtern lässt.

Oder die *Welt am Sonntag*, die, aufgehängt an »Leipzig«, in einer großen Analyse den muslimischen Psychologen

Ahmad Mansour zitiert: »Hinter den immer strengeren Speisevorschriften steht harte Missionierungsarbeit, teilweise gesteuert aus dem Ausland.« Der Rechts- und Islamwissenschaftler Professor Mathias Rohe beobachtet einen zunehmenden inner-islamischen Druck, beginnend bei den Speisevorschriften: »Die Lebensweise der neuen Zuwanderer wirkt sich auf die alten aus. Ein paar Leute preschen vor und üben Druck auf den Rest aus, weil sie mit ihrer strengen Lebensweise wie die besseren Muslime wirken.« Warum kuschen demokratische Politiker, Pastoren und Presseleute vor diesen Erkenntnissen?

Das Gebot der Stunde: nicht verschweigen, verharmlosen, verniedlichen! Anprangern, was gegen die Freiheit unseres Grundgesetzes steht. Den Schwachen eine Stimme geben, den Frauen und Kindern, die sich in ihrer Parallelgesellschaft nicht wehren können. Die Öffentlichkeit zu sensibilisieren und zu informieren statt zu negieren, das ist kritisch-investigativer Journalismus. »Anhimmelung und Anbetung [Willkommenskultur, Greta] gehören nach meinem Verständnis nicht zu den Hauptaufgaben des Journalisten ... Mit dieser Einstellung gehöre ich heute wohl zur Minderheit« (Jan Fleischhauer).

Ein muslimischer Polizeibeamter, der aus Glaubensgründen Frauen grundsätzlich den Handschlag verweigert, ist übrigens von der rot-grünen Regierung in Mainz mit 1000 Euro Strafe und der Androhung belangt worden, im Wiederholungsfall entlassen zu werden. Auch dank der Recherche der örtlichen Presse. Oder: Ein Polizeianwärter wollte sich nicht mehr an der Spurensicherung beteiligen, weil das Material, mit dem man Fingerabdrücke sichtbar macht, aus

Schweinegelatine besteht. Da gibts nichts zu diskutieren. Dialog kann führen, wer will. Journalisten haben zu sagen, was ist.

Um allen Missverständnissen vorzubeugen, wiederhole ich, was ich bereits in vielen Büchern schrieb: Ich bewundere durchaus die Ernsthaftigkeit, mit der Muslime ihren Glauben leben. Auch wenn ich die Inhalte für falsch halte und die Methoden mit unserer Rechtskultur meist unvereinbar sind. Ich möchte ihnen nach vielen Jahren Leben in Deutschland endlich eine Aufklärung wünschen. Und eine Begegnung mit Demokraten und Christen, die ihre Überzeugung überzeugend praktizieren.

Es gilt der Satz von Peter Scholl-Latour, den ich gleich zu Beginn meiner Laufbahn als Kollegen in Saarbrücken kennenlernte: »Ich fürchte nicht die Stärke des Islam, ich fürchte die Schwäche des Christentums.«

Berlin und die Rosinenbomber-Blamage

Der Kollege der *Berliner Morgenpost* kommentierte es höchst emotional, obwohl er in einem Alter ist, in dem er das alles nur von Oma und Opa gehört haben kann. Oder im Geschichtsunterricht. Den wird es zu seiner Zeit wohl noch gegeben haben. Anders als heute, wo Abiturienten Erich Honecker für einen der ersten Bundeskanzler halten und vom 20. Juli 1944 noch nie etwas gehört haben.

Der Zeitungskollege hat sich eine TV-Dokumentation über die legendären Rosinenbomber angeschaut, die während der fast einjährigen Blockade (1948/49) seine Heimatstadt mit Lebensmitteln versorgt hatten. Eine Berlinerin erzählte darin sichtlich bewegt, wie sie als Kind die Süßigkeiten aufgefangen hat, die an kleinen Fallschirmen vom Himmel fielen. Und sie habe sich dabei vorgestellt, es sei ihr Vater gewesen, der sie abgeworfen hat. Doch der sei »im Krieg geblieben«. »Dabei brach sie in Tränen aus. Ich weinte, aber sagen Sie es nicht weiter, vorm Fernseher mit. Es ist zum Heulen«, so der Kommentar.

Was er dann aber – weniger aus Wehmut als vor Wut – viel mehr zum Heulen findet, spricht Bände über diese verkommene Stadt, über ihr völlig verschwundenes Geschichtsbewusstsein und das Verlottern der politischen Elite. Es ist längst nicht das erste und einzige Beispiel.

Zum 70. Jubiläum der legendären Luftbrücke durften die historischen Maschinen vom Typ Douglas DC-3/C-47 keinen Rundflug über die Mitte Berlins machen, geschweige denn irgendwo landen. Stattdessen blamiert sich die Stadt (wieder einmal!) vor aller Welt, besonders vor den Amerikanern: Keine Genehmigung! Was die Rote Armee damals nicht schaffte, gelingt der rot-rot-grünen Regierung: die tapferen Piloten aufzuhalten. Kleinkarierte Bürokraten und ignorante Ideologen in den Amtsstuben führen Sicherheits- und Umweltgesichtspunkte an, weswegen es keinen Flug über das Brandenburger Tor, den Reichstag und das Regierungsviertel und erst recht keine Landung auf dem alten Flughafen Tempelhof geben könne. Auch nicht für den 98jährigen »Candy Bomber« Gail Halvorsen, der als erster Pilot am 26. Juni 1948 an kleinen Fallschirmen befestigte Schokolade aus dem Cockpit warf. Er war mit 150 Piloten und Crew-Mitgliedern mit den Original-Flugzeugen extra nach Deutschland zurückgekommen – ein strapaziöser Langstreckenflug in Spezial-Schutzbekleidung und ohne moderne Heizungssysteme und Zwischenstopps in Grönland und Island. Sie kamen zu uns zurück, um zum Schluss an den Berliner Behörden und ihren Paragrafenreitern zu scheitern. Bürokraten-Terror! Und niemand von der Polit-Prominenz hielt es für nötig, mit aller Entschiedenheit dagegen einzuschreiten. Auch Bundespräsident Steinmeier nicht, der sogar Schirmherr des Jubiläums war. Einfach nur peinlich!

Es muss nur schrill, schreiend und notfalls schweinisch sein, dann bekommen Sie in Berlin jede Straße gesperrt und jede Ausnahmegenehmigung. Es darf nur nichts mit den bösen Amerikanern oder der »Adenauer-Republik« zu tun haben ...

Die Rote Armee der Sowjetunion hatte im Sommer 1948 alle Landzugänge und die Stromversorgung der Westsektoren gekappt. In genau 277 569 Flugzeuglandungen brachten Amerikaner und Briten den mehr als zwei Millionen Eingeschlossenen mehr als zwei Millionen Tonnen Lebensmittel, Kohle und andere überlebenswichtige Güter. Alle drei Minuten landete einer jener Rosinenbomber in der abgesperrten Stadt. Dutzende ließen bei dieser weltweit beispiellosen Rettungsaktion ihr Leben.

Die Verteidigung des freien Westens und seiner Bevölkerung ist dem Berliner Establishment heute nicht mal mehr eine Ausnahmegenehmigung wert. Diese Stadt ist hoffnungslos verloren und verlogen. 277 569 Heldenflüge – doch die Helden müssen nun abdrehen nach Wiesbaden-Erbenheim, nach Jagel und Faßberg. Dort, in der tiefsten Provinz, können sie bestaunt und gewürdigt werden. Nicht aber in jener Stadt, die sie unter Einsatz ihres Lebens gerettet haben.

Der junge Kommentatoren-Kollege der *Morgenpost*, Sebastian Geisler, gerät ins Schwärmen: »Welch ein Spektakel: Familien erwarten die Ankunft der silbernen Douglas-Flugzeuge, Kinder bekommen leuchtende Augen, Eltern erklären, Großeltern erinnern sich. An schöne, an schwere Tage. Bilder eines solchen Ereignisses – noch einmal landende Rosinenbomber in Berlin – wären um die Welt gegangen ...« Erinnerung an einen der größten Momente der Nachkriegsgeschichte.

Statt dieser Bilder bleibt Blamage für Berlin. Was für ein trauriger Skandal! Eigentlich hätte eine begeisterte Bevölkerung ein Recht darauf gehabt, diese weißhaarigen Helden mit ihren silbernen Maschinen jubelnd und dankbar zu empfangen. Das zu ermöglichen, wäre die historische und moralische Pflicht des Senats gewesen.

Ein Paradebeispiel, wie geschichtsvergessen, gegenwartsbesessen und zukunftsversessen wir inzwischen geworden sind. Wäre die Heilige Greta mit einer neuen Klima-Vision aus himmlischen Sphären eingeschwebt, der gesamte Luftraum wäre für sie gesperrt worden.

Erinnern, gedenken, danken – Fremdwörter in der deutschen Hauptstadt. Im Internet schreibt ein betagter Berliner: »Liebe US-Piloten, ich war noch ein Kind, als Sie Berlin retteten. Ich schäme mich für mein Land und meine Stadt. Glauben Sie mir, die Deutschen im Allgemeinen sind nicht undankbar. Bitte, kommen Sie wieder!« Der tapfere Heldenpilot Gail Halvorsen richtet seine Hoffnung nun auf das 80. Jubiläum der Luftbrücke. Dann ist er 108 Jahre alt ...

Sozusagen als Krönung lässt Berlin zur selben Zeit das berühmte und beliebte deutsch-amerikanische Volksfest sterben. 58 Jahre Tradition und sichtbare Freundschaft und Verbundenheit mit den Alliierten: mit einem Federstrich weg von der Bildfläche. Angeblich gibts in der ganzen Stadt keinen Platz dafür. Die Veranstalter wollten an den Rand des Tempelhofer Feldes, das wäre die Attraktion zum Jubiläum der Luftbrücke gewesen. Der Senat lehnte ab – und wieder ist ein Stück Geschichte in dieser geschichtsvergessenen Stadt gestorben. Traurig.

Der Anfang vom Ende der Meinungsfreiheit

Was ist nur aus unserer guten alten Streitkultur geworden?! Früher flogen die Fetzen, und wenn man halbwegs zivilisiert miteinander umging, regelte die Toleranz das Niveau. Da prallten Standpunkte aufeinander, die alles gaben – und Streiter, die sich nichts schenkten. Heute ist aus gegenseitiger Toleranz längst allgemeine Akzeptanz geworden, eine Mogelpackung erster Güte. Was nicht passt, wird passend gemacht: Personen stigmatisiert, Positionen tabuisiert. Selbstgerechtigkeit kennt keine Grenzen. Was und wen wir nicht akzeptieren, kommt auf den Index. Und überhaupt: Zu viel Fakten stören nur. Seid ihr denn noch bei Trost, das Debattenkultur oder gar Meinungsstreit zu nennen?!

»Laaaaangweilig«, so die Bilanz der Redaktionsleiterin der Evangelischen Nachrichtenagentur *idea*, Daniela Städter, über eine der typischen Diskussionsveranstaltungen des Dortmunder Kirchentags im Juni 2019. Kuscheltalk wäre noch untertrieben: ein Gespräch zwischen der Vorsitzenden der (grünen) Heinrich-Böll-Stiftung und dem Juso-Chef. Eine rot-grüne Selbstbestätigung in wohliger Lagerfeueratmosphäre sei das gewesen, pure Selbstvergewisserung vor Publikum. Langweiliger geht es nicht, die beiden waren sich zu 99 Prozent einig.

Eine der Gähn-Thesen: »Wir brauchen ein Mainstreaming für Klima, wie wir es in Genderfragen haben.« Wer tosenden Applaus bekommen wollte, musste nur Gender oder Greta sagen und »Fridays for Future« über den grünen Klee loben. Gegenpositionen hatten es nicht nur schwer, sie wurden gar nicht erst gehört.

Die AfD oder Messianische Juden sperrte man gleich ganz aus, beim Seminar »Vulven malen«, also das weibliche Geschlechtsteil kreativ darstellen, wurde gar die Presse ausgeschlossen. Man stelle sich vor, das hätte eine bestimmte Partei gemacht. *BILD* fragte angesichts der »Vulven« spöttisch: »Noch Kirchentag oder schon Sexmesse?« Hauptsache, wir bleiben unserem deutschen Ruf treu: Exportweltmeister bei der Ausfuhr von Hochmoral.

Daniela Städters Kirchentagsbilanz ist ein Paradebeispiel für die geistesgeschichtliche Lage, in der wir uns gerade befinden: »Der Kirchentag will Seismograf sein, eine Zeitansage. Und die ist er auch: für geringe Debattenkultur, Wohlfühlen in Blasen [und Biotopen und Paralleluniversen / Anm. des Autors], wenig Christus-Botschaft.« Insofern stimmt das mit der Zeitansage, denn so läufts inzwischen selbst in Talkshows. Oder höchstens: Alle gegen einen. Man hat die Debatte abgeschafft, weil der Mainstream keinen Gegner duldet.

Aus Diskussionsdemokratie ist Meinungsdiktatur geworden. So finden auf unliebsame Universitätsprofessoren regelrechte Hexenjagden statt, unerträgliches Mobbing oder der Ausschluss von jeglicher Kommunikation. Ganz nach dem Motto: Wer etwas gegen Gender oder den Islam hat, kann auch nicht mehr Mathematik oder Sinologie lehren.

Und wer etwas aus seinem Spezialgebiet wissenschaftlich aufarbeiten will, sieht sich »Rufmord und Hatz« ausgesetzt, wie die renommierte Islamexpertin der Johann Wolfgang Goethe Universität Frankfurt/Main Susanne Schröter beklagt. Sie bekam die Gnadenlosigkeit des Mainstreams zu spüren, weil sie es doch tatsächlich gewagt hatte, an ihrem Institut eine Veranstaltung zum Thema »Das islamische Kopftuch – Symbol der Würde oder der Unterdrückung?« zu planen. Die Intoleranz der Toleranten macht selbst Wissenschaft nicht mehr möglich.

Umso erstaunlicher, wie klar sich der 67. Deutsche Hochschulverbands-Tag 2017 in einer Resolution zur Streit- und Debattenkultur an Universitäten äußerte. Was vor zehn Jahren noch völlig normal gewesen wäre, gilt heute schon als super mutig. So rasend schnell hat der Mainstream die Streitkultur niedergewalzt. »Universitäten sind Orte der geistigen Auseinandersetzung. Der Streit um das bessere Argument gehört zum Wesenskern der Universität. Die menschliche Suche nach Wahrheit und Erkenntnis ist ohne Widerspruch und das kontroverse Ringen um Argumente und Beweise nicht vorstellbar. Vor diesem Hintergrund beobachtet der Deutsche Hochschulverband (DHV) mit wachsender Sorge, dass in der freien Welt die Debatten- und Streitkultur erodiert. Verantwortung dafür trägt auch ein

Meinungsklima, das im Streben nach Toleranz ›Political Correctness‹ fordert.«

Weiter heißt es in der Resolution: »›Political Correctness‹ soll das Bewusstsein für einen verantwortungsvollen Sprachgebrauch und einen sensiblen Umgang mit Minderheiten schärfen. Dieses Anliegen ist berechtigt. Wenn jedoch abweichende wissenschaftliche Meinungen Gefahr laufen, als unmoralisch stigmatisiert zu werden, verkehrt sich der Anspruch von Toleranz und Offenheit in das Gegenteil: Jede konstruktive Auseinandersetzung wird bereits im Keim erstickt. Statt zu Aufbruch und Neugier führt das zu Feigheit und Anbiederung.«

Es muss wohl einiges passiert sein, wenn Selbstverständliches plötzlich zum Anlass einer solchen Erklärung wird. Dass Universitäten Orte des Meinungsstreites sind, sollte eigentlich keiner Erwähnung bedürftig sein. Wie konnte es so weit kommen, dass bestimmte Meinungen – zum Beispiel zu Globalisierung, Gender, umwelt- oder geschlechterpolitischen Fragen oder dem Islam – einfach ausgegrenzt werden?

Da wird selbst die Links-Feministin Alice Schwarzer plötzlich als »Nazi« beschimpft, weil sie gegen das islamische Kopftuch ist. Und sonst beliebte Referenten werden mit einem Bannstrahl belegt, der sie von jeder Diskussion ausschließen soll. Selbst der »Papst« der Evolutionstheorie, der Biologe Professor Ulrich Kutschera, wird keineswegs von frommen Kreationisten, sondern von linken Gesinnungsgenoss*innen geschnitten, weil er Gender für unwissenschaftlichen Blödsinn hält.

Der bekannte Moderator und Kolumnist Jörg Thadeusz, alles andere als ein Konservativer, beklagt die Reaktionen auf seinen Artikel in der *Berliner Morgenpost* »Die Superguten haben ihren inneren Saudi nicht im Griff« und fragt: »Kann das Richtige das Recht überragen?« Er hatte nur gewagt anzumerken, dass in Sachen Mittelmeerflüchtlinge und Seenotrettung »italienisches Recht zu beachten ist, auch wenn eine sehr unsympathische Regierung dort momentan die Gesetze gestaltet«. Man solle am besten noch warten »mit der berührenden Verfilmung des Lebens der 31 Jahre alten Retterin Carola Rackete«. Doch den »Fiebrigen in den sozialen Netzwerken« war das schon genug, sie überzogen Thadeusz mit einem tsunami-artigen »Shitstorm«.

Sein Fazit: »Einige der deutschen Superguten haben ihren inneren Saudi nicht im Griff. Sie kloppen drauf wie Religionspolizisten in Riad ... Statt einem Austausch [der Argumente] blockieren aber nur die Empörungsbremsen ... Die sehen mich längst beim völkischen Brunch mit den schlimmsten Bratzen von der AfD.«

Harald Schmidt bilanziert seine beachtliche Fernsehkarriere mit der Feststellung, dass viele seiner Satire- oder Komiksendungen heute gar nicht mehr möglich wären. Das, was ihn früher groß und beliebt gemacht hat, würde heute in den Shitstorms der a-sozialen Medien untergehen. Die Sprachpolizei hätte ihn der Guillotine ausgeliefert, noch bevor die erste Folge vorbei gewesen wäre. »Heute sorgt so etwas dafür, dass man in Sekundenfrist in den sogenannten ›sozialen Medien‹ die Rote Karte gezeigt bekommt. Mit den heutigen Maßstäben, auch der Political Correctness, der Sprachpolizei und des linksliberalen Mainstreams, hätte ich meine Show nach einer Woche abgenommen bekommen«, so Schmidt in einem *ORF*-Interview. Seine *Harald Schmidt*

Show lief von 1995 bis 2012 bei *Sat.1* und zwischen 2004 und 2007 sowie von 2009 bis 2011 jeweils in überarbeiteter Fassung in der *ARD*. Von ihm aufs Korn genommen zu werden, sorgte jedes Mal für einen Bekanntheitsschub, gepaart mit einer Buchverkaufsexplosion. Ich weiß, wovon ich rede ...

Das Schlimmste ist die Intoleranz der angeblich Toleranten. Der revolutionäre Satz des französischen Philosophen Voltaire ist längst zum Kalenderspruch fürs Poesiealbum verkommen: »Ich hasse, was du sagst, aber ich würde mein Leben dafür geben, dass du es sagen darfst.« Das ist echte Toleranz, die sogar aufeinanderprallende Wahrheitsansprüche erträgt. Selbst wenn ich die Position meines Gegenübers verachte, achte ich dennoch mit Respekt seine Person. Doch inzwischen ist Akzeptanz die neue Toleranz. Der Mainstream einer Minderheit verlangt längst nicht mehr, »nur« toleriert zu werden. Er will auch in seiner Position akzeptiert werden. Und mehr: Er will, dass seine Position allgemein akzeptiert wird. Alles andere wäre ja Diskriminierung. Damit ist jede Überprüfung auf den Wahrheitsgehalt einer Position ausgeschlossen. Wahr ist, wo das Herz des Zeitgeistes schlägt.

Damit erschlägt man jeglichen faktischen Widerspruch durch Emotion. Gegen die Stimmungsdiktatur kommt niemand an. Um es auf den Punkt zu bringen: Man *durfte* 2015 nicht gegen die herrschende Willkommenskultur sein. Selbst kleinste kritische Nachfragen (inzwischen alles bewahrheitet, wirklich alles!) wurden als intolerant abgeschmettert, man hatte den Mainstream zu akzeptieren. Punkt!

Das Neue an der »Streit«-Kultur beschreibt der Gießener Theologe Professor Christoph Raedel so: »Statt das Recht anderer Menschen anzuerkennen, ihre Überzeugungen und Praktiken zu haben, verlangt die ›neue Toleranz‹, die verschiedenen Überzeugungen und Praktiken anderer Menschen als gleichwertig (!) zu akzeptieren.« Das Paradox, was nur wenige durchschauen: Dadurch wird Wahrheit nicht abgeschafft, sie wird »nur« neu definiert. Der Anspruch, alle Überzeugungen seien gleichermaßen gültig und gleich wertvoll, ist selbst eine Wahrheitsbehauptung. Wenn aber alles gleich gültig ist, wird alles gleichgültig.

Deshalb gibts auch keinen Streit mehr, weil die Meinungsdiktatur Gegenpositionen erst gar nicht zulässt. Es hilft schon persönliche Betroffenheit und empörtes Beleidigtsein, um unter den Schutzmantel der Gutmenschen zu kriechen. »Je beleidigter und empörter eine Gruppe auftritt, desto sicherer sind ihr die Aufmerksamkeit der Öffentlichkeit und die Schutzangebote des Staates« (Jan Fleischhauer).

Um das alles unterschwellig auf möglichst leisen Sohlen zu erreichen, bedient man sich der uralten Technik von Propaganda und Kulturrevolution: Die Sprache muss reguliert werden. »Von jeher ist die Kontrolle des öffentlichen Sprach-Codes ein Kennzeichen totalitärer Systeme gewesen« (Professor Rädel). Man bedenke nur, was heute bereits alles als »Hass-Rede« bezeichnet wird. Letztlich ist das eine Verharmlosung der wirklichen Hassreden wie Goebbels Tirade gegen die Juden und für den totalen Krieg im Berliner Sportpalast vom Februar 1943.

Die britische Polizei hat eine Website eingerichtet, auf der man anonym sogenannte Hassverbrecher melden kann.

Definiert ist »Hass« nicht, es kann bereits »unfreundliches Verhalten gegenüber einem Angehörigen einer Minderheit« sein, ohne den Fall überprüfen zu können. Kritiker sprechen bereits von einer »hate crime industry«, von Denunzianten, die ihre Mitbürger zu einem Volk von Hassverbrechern machen wollen.

In den USA gehört es zu den natürlichen Standardkomplimenten, das Englisch eines ausländischen Touristen über den grünen Klee zu loben, und sei es das größte Geholpere. Ich lache mich jedes Mal schief, wenn mein unbeholfenes Gestammel als »great« bejubelt wird. Nach heutiger Lesart ist das bereits eine »Mikroaggression«, weil es mich ja ausgrenzt.

Eine ganz neue Marotte: In Großbritannien verlangen Studenten (besser: Student*innen oder gar Studierende) immer häufiger »Warnhinweise für verstörende Textstellen«. Die *FAZ* schrieb: »Die Shakespeare-Expertin Katherine Rundell, die bis vor wenigen Jahren selber der linksbewegten Studentenschaft Oxfords angehörte, sieht sich neuerdings in ihren Seminaren der Forderung nach ›trigger warnings‹ ausgesetzt. ›Viele meiner Studenten wollen gewarnt werden, wenn eine Stelle naht, die irgendetwas in ihnen anrichten könnte‹, sagt sie und nennt als Beispiel die Vergewaltigung Lavinias in Shakespeares *Titus Andronicus*.« Der Journalist Brendan O'Neill beobachtet die Entwicklung der ›neuen politischen Korrektheit‹ an den britischen Universitäten mit wachsender Sorge: »… hinter dem ›Recht auf Behaglichkeit‹ (right to be well) verstecke sich letztlich das Recht, ›nie von irritierenden Ideen herausgefordert oder von Angriffen aufgerüttelt zu werden‹.«

Der streitbare jüdische Publizist Henryk M. Broder macht in ähnlichem Zusammenhang den ironischen Vorschlag: »Zu Beginn einer jeden *Tagesschau*, jeder Ausgabe des *heute journals* erscheint der Hinweis, dass der Konsum dieses Programms mit Risiken verbunden ist und Nebenwirkungen haben könnte – Gleichgewichtsstörungen, Übelkeit und kurze, aber heftige Anfälle von Verzweiflung ... Serien wie *Der Bergdoktor* und *Um Himmels Willen* laufen dagegen wie bisher ohne jede Vorwarnung.« So sucht der Mensch, der Gott verloren hat, voller Angst nur noch sich selbst und sein Wohlbefinden. Die Steigerung von Angst heißt nicht umsonst Heidenangst. Wenn die Amerikaner das Wort Angst steigern wollen, sagen sie bezeichnenderweise »german angst«.

Letztlich stehen wir vor der uralten Grundfrage: Was ist der Mensch? Heute wird sie bis in den Aktionismus des kirchlichen Gutmenschentums hinein so beantwortet: »Ich bin meine Tat.« Daran gehen Menschen aber zugrunde, wenn sie sich nur noch über ihre Leistungen definieren und dazu verdammt sind, alles Gewicht auf ihr Handeln zu legen. Was tut man, wenn man nichts mehr tun kann? Der Mensch muss doch mehr sein als die Summe seiner Leistungen.

Nur durch Glaubenslosigkeit kann man auf den Wahnwitz kommen, den wir oben beschrieben haben. Wer der Mensch ist, entscheidet sich nämlich nicht am Menschen: »Über das Sein der Person ... kann kompetent nur derjenige urteilen, der die Person zur Person macht. Und das ist Gott allein« (Dietrich Bonhoeffer). Wir sind, geschaffen nach dem Ebenbild Gottes, jedoch nicht zur Passivität oder zum Fatalismus verurteilt. Der Mensch wird zum Täter des Guten, indem er von seinem Schöpfer grundsätzlich und unabhängig von seinen Taten gutgeheißen wird.

»Das Evangelium ist die allen menschlichen Selbstverwirklichungsversuchen zuvorkommende Verheißung, dass der Mensch eine definitiv anerkannte, nämlich von Gott anerkannte Person ist« (Bonhoeffer). Das ist kein frommes Papperlapapp, das ist die einzige Rettung aus dem elenden Teufelskreis, aus dem Tremolo der Betroffenheit und der Emotion der Empörung. Eine echte Persönlichkeit kann den Meinungsstreit ertragen und braucht nicht den Ausschluss des Gegners.

Wichtig ist, dass wir uns aus der Diktatur allgemeiner Akzeptanz und zeitgeistdiktierter Pseudo-Wahrheiten befreien und wieder tolerant miteinander umgehen, dass wir Positionen verachten dürfen und die Person mit Respekt dennoch achten. Wer Gott folgt, muss keine Angst vor fremden Wahrheitsansprüchen haben. Er kann sich in großer Souveränität jeder Debatte stellen. Das wieder zu kultivieren, macht eine Kultur aus. Gegen die Diktatur des Relativismus brauchen wir eine neue Leidenschaft für die Wahrheit. Dann muss ich niemanden mehr ausgrenzen, denn die Wahrheit macht uns frei.

Klassenkampf an der Wursttheke

»Solange Menschen wie Sie mit dem Finger auf Menschen wie uns zeigen, macht es auch keinen Sinn, Ihnen zu erklären, dass ein Meistertitel so viel wert ist wie ein Studium und dass eine duale Ausbildung weltweit mehr zählt als ein

Abitur.« Dieser Hilfeschrei eines Supermarkt-Filialleiters aus Bayern, gepostet auf Facebook, hat einen realen, empörenden, ja tieftraurigen Hintergrund. Unfassbar, aber wahr.

Eine Mutter, offensichtlich nicht ganz bei Trost, steht mit ihrer kleinen Tochter im Grundschulalter an der Wursttheke, zeigt auf die beiden Verkäuferinnen und flötet laut hörbar durch den Laden: »Wenn du weiterhin nichts für die Schule lernst, dann stehst du auch mal dort hinten.« Fassungslos, hilflos, wütend müssen sich die beiden gelernten Fleischfachverkäuferinnen die verletzenden Worte dieser arroganten Mutter anhören. Was für ein armes Würstchen, diese Kundin! »Diese Frau weiß wohl nicht, was wir täglich leisten und was wir lernen und wissen müssen für unseren Beruf«, sagt eine der Presse. Die andere: »Wir haben einen Schulabschluss und eine Ausbildung gemacht und arbeiten gerne in unserem Job.«

Was eine solche Fleischfachverkäuferin in Ausbildungsbetrieb und Berufsschule lernt: perfekte Hygiene, den korrekten Umgang mit Ware und Maschinen, Kenntnisse über die diversen Produkte. Drei harte Jahre, dafür gibts dann 1700 Euro Einstiegsgehalt brutto. Alles andere als üppig für den Knochenjob. Und so ganz nebenbei finanzieren diese verleumdeten Verkäuferinnen mit ihren Steuern Deutschlands Universitäten, an denen man (fast) gratis studieren kann. Das sind Frauen, die ihr Handwerk verstehen. Ich liebe meine Wilmersdorfer Theken-Damen, weil sie nicht nur Lebensmittel lieben, wie die Werbung sagt, sondern auch ihre Kunden, die sie gern und kompetent beraten.

Die Arroganz jener Mutter ist nur die Spitze des Eisbergs. Auf bestimmte Berufe wird von bestimmten Menschen gnadenlos und vernichtend herabgesehen und mit Fingern gezeigt. Als wäre der Mensch erst ab Abitur, am besten ab Doktortitel ein richtiger Mensch. Ehrliche, bodenständige Arbeit findet kaum Anerkennung. Am Beispiel von Bekannten kann ich's auf den Punkt bringen: Der eine Sohn sollte es »mal besser haben« als die Eltern (was für ein unsinniger Satz!), machte Abitur und studierte. Der andere »musste« den kleinen Handwerksbetrieb seines Vaters übernehmen. Dreimal dürfen Sie raten, wer von beiden heute glücklicher ist – und vor allem: welcher obendrein richtig gut verdient.

Wir steuern auf eine überhebliche Klassengesellschaft zu, in der der Mensch nach vorgeblicher Bildung, weniger nach Ausbildung be- beziehungsweise verurteilt wird. Immer mehr Jugendliche machen Abitur, mehr als die Hälfte jedes Jahrgangs studiert danach. Handwerk und Handel suchen verzweifelt nach Lehrlingen oder nach Fachkräften. Versuchen Sie mal, in einer Großstadt einen Installateur oder Schreiner zu bekommen! Jeden Tag, alle 24 Stunden, sterben allein in Deutschland zwei Metzgereien und zwei Bäckereien. Niemand will diese Berufe mehr ausüben, auch Koch und Kellner möchte kaum noch jemand werden. Und dann wundern wir uns, dass wir bald nur noch Industrie-Billig-Lebensmittel haben, die ihren Namen nicht verdienen.

Lebensmittel heißen Lebensmittel, weil sie Mittel zum Leben sind. Und das muss uns viel wert sein. Ich muss bereit sein, für gesunde Handarbeit den angemessenen Preis zu zahlen – und die Menschen, die diese wichtigen Jobs ausüben, zu achten. Jene trostlose Mutter aus dem bayerischen

Supermarkt kann vielleicht einmal froh sein, wenn ihre Tochter einen »anständigen« Beruf findet, statt auf der Halde frustrierter Akademiker zu landen. Und wenn sie eines Tages mehr Anstand und Respekt besitzt als ihre Mutter.

Von Christenverfolgung, Heuchelei und Karl Lagerfeld

Ich wundere mich inzwischen über nichts mehr. Man schaut dreimal hin, ob das wirklich sein kann. Schließlich geht es nicht um einen Spitzenmann der Linkspartei oder einen multikulti-beseelten Einzelgänger der Grünen. Hinter seinem Namen steht das »C«! Horst Seehofer, Bundesinnenminister (CSU), will abgelehnte Asylbewerber auch dann in den Iran oder nach Afghanistan abschieben, wenn sie inzwischen Christen geworden und sogar getauft sind. Das will noch nicht mal die AfD. Bedeutet das doch: Abschiebung in den Tod, zumindest in die Verfolgung. Herz- und hirnlos nennt man so etwas.

»Christen werden eher abgeschoben als Salafisten«, klagt Pfarrer Gottfried Martens von der Selbständigen Evangelisch-Lutherischen Kirche (SELK) die Bundesregierung an. Er spricht sogar von »Deportation«. Behördenterror! In seiner Gemeinde in Berlin-Steglitz wurden inzwischen über 1000 Flüchtlinge getauft, vor allem Iraner und Afghanen. Wer seine Gottesdienste besucht, wird niemals vergessen, wie glücklich diese Konvertiten sind, die den Weg von Allah zu Jesus Christus, von einer Ideologie zum Evangelium gefunden haben und sich damit in höchste Lebensgefahr begeben. Der Islam fackelt nicht lange mit Abtrünnigen.

»Ich wünsche mir, einfach mal einen Abend ins Bett gehen zu können ohne die Sorge, dass mitten in der Nacht Glieder unserer Gemeinde von der Polizei abgeholt und deportiert werden«, sagt Martens der Evangelischen Nachrichtenagentur *idea*. Er würde mit ihnen lieber den begehrten Glaubensunterricht machen, als dauernd darum zu kämpfen, »dass der Staat sie einem nicht wegnimmt und sie in Lebensgefahr bringt«. Und das bei einer Regierung, die das »C« im Namen hat. Unfassbar! Sind die denn nicht ganz bei Trost?!

Pfarrer Martens spricht von einem mühsamen Kampf mit den Behörden um jeden Einzelnen. So von einem bekannten Weltklasse-Kraftsportler, der im Iran zum Christentum konvertierte und von seiner Verwandtschaft verraten wurde. Im Gefängnis warteten Folter und Grauen. Er konnte nach Berlin fliehen – und wird nun in die Hölle zurückgeschickt. Nur ein Beispiel von vielen traurigen Schicksalen und dem Behördenterror im Land des Grundgesetzes mit seiner Präambel: In Verantwortung vor Gott ...

Natürlich muss geprüft werden, ob die Konversion nicht bloße Show ist, um nicht abgeschoben zu werden. Nur: Warum zweifelt man das ausgerechnet bei Neu-Christen an? Sogar dann, wenn eine Kirchengemeinde sich verbürgt. Dass diese Schreibtischtäter noch die politische Unterstützung von C-Parteien haben, ist eine Schande. »Mir drängt sich immer mehr der Eindruck auf, dass dies politisch so gewollt ist« (Dr. Martens). Das sei »Beihilfe zur Christenverfolgung« und Ausdruck »einer verlogenen Politik«.

Ausgerechnet das CDU-regierte und eher konservativ-katholische Saarland lehnte im Herbst 2019 die Aufnahme von 400 assyrischen Christen aus Syrien ab. Radikale Muslime hatten sie dort verfolgt und ihre Häuser und Felder niedergebrannt. 500 Assyrer, Nachkommen der ältesten Kulturnation der Welt (Mesopotamien), die bereits gut integriert im Saarland leben, wollten ihre verfolgten Glaubensgeschwister sogar in ihre Privatwohnungen aufnehmen. Deren zutreffende Reaktion auf die Ablehnung der Saar-Regierung: »Zynisch, menschenverachtend und feige.«

Keine Religion wird weltweit so grausam verfolgt wie das Christentum. *Kirche in Not* spricht von der »größten Christenverfolgung seit 2000 Jahren«. Auch Europa wird immer stärker betroffen, je zahlreicher die Zuwanderung wird. Der Mainstream nennt Glaubenswahrheiten einen fundamentalistischen Extremismus. Was nicht im Gleichschritt mitmarschiert, wird nicht toleriert, geschweige denn beschützt. Subtile Christenverfolgung allüberall: Missionarische Studentengruppen bekommen an manchen deutschen Universitäten keine Räume; Klinikärzte, die Abtreibungen verweigern, werden entlassen.

Während die klerikale Schickeria mit Gender und der Heiligen Greta paktiert und den Islam verniedlicht, müssen sich die Gläubigen an der Basis auf das Leiden vorbereiten. Höhepunkt der Unterwerfung: Deutsche »Oberhirten« legen beim Besuch des Jerusalemer Tempelberges (Al-Aqsa-Moschee) ihre Amtskreuze ab. Nur einige hundert Meter neben Golgatha, dem historischen Ort des Leidens und Sterbens von Jesus Christus am Kreuz! Was für ein Symbol von Naivität und Ignoranz.

So wird der Boden bereitet für Erdogans Schergen, die kurz vor einem Europa-League-Spiel in Istanbul den Fans von Borussia Mönchengladbach die Fahnen entrissen, weil auf dem abgebildeten Wappen ihrer Heimatstadt ein Kreuz zu sehen ist. Zur exakt gleichen Zeit verhandelt Horst Seehofer mit seinem türkischen Innenminister-Kollegen in Ankara einen neuen, milliardenschweren Flüchtlings-Deal und bedankt sich überschwänglich. Kein Wort zu der Anti-Kreuz-Attacke, keins! Real Madrid hat das Kreuz schon freiwillig aus dem Wappen entfernt, um in der arabischen Welt hochdotierte Spiele machen zu können.

Pure Unterwerfung! Ein Hohn für alle, die ihr Christsein mit dem Leben zu bezahlen bereit sind und sich weigern, Halsketten oder Tattoos mit Kreuzen zu entfernen. Und in Westeuropa wird die Freiheit der Christen immer trügerischer.

Papst Franziskus spricht von einer »höflichen [Christen-]Verfolgung [in Europa], verkleidet als Kultur, getarnt als Moderne, getarnt als Fortschritt«. Der von Christen verantwortete »Marsch für das Leben« wird mit dem Dschihad verglichen (und bei »Gretas« Berliner Demonstration zur Hatz auf diese »frauenfeindlichen Fundamentalisten« aufgerufen!), ein *ZDF*-Moderator stellte den katholischen Katechismus auf die Stufe der Scharia. Große Teile der europäischen Bevölkerung »führen einen Kampf gegen das Christentum als geistige Wurzel des Westens« (*Weltwoche*). Der Ungeist der Verfolgung weht bis auf deutsche Schulhöfe, wo Jude, Christ oder Schwuler die bittersten Beleidigungen und schrecklichsten Schimpfwörter sind.

Radikale Muslime haben ihre verlängerten Arme bis in die Behörden, bis in die Flüchtlingsheime. Es gehört zu den Horrornachrichten des Sommers 2019, dass die Berliner

Polizei offiziell (!) ihre Kollegen warnt, die Ausländerbehörden über geplante Razzien zu informieren. Dort gäbe es jede Menge undichter Stellen, welche die Kriminellen warnten. Beide Behörden unterstehen dem Innensenat, eingeschworen auf das Grundgesetz. Unfassbar!

Wer als Muslim Christ wird, steht auf der Abschussliste – oft im buchstäblichen Sinn. Wer das alles auf sich nimmt um Jesu Willen, dessen Glaube muss doch echt sein. Doch manche BAMF-Beamte haben mehr Angst vor hiesigen Araber-Clans als vor dem Jüngsten Gericht Gottes, »dem sichersten Termin der Zukunft« (Ex-SPD-Chef Hans-Jochen Vogel im Interview mit Peter Hahne).

Ein Abgrund von Heuchelei ist es allerdings, wenn dieselben Politiker, die durch unkontrollierte Grenzen die radikalen Christenhasser und Antisemiten erst ins Land lassen, gleichzeitig rührselig gegen die Christenverfolgung in aller Welt eintreten.

Es war kein Bischof und kein C-Politiker, sondern der Modedesigner Karl Lagerfeld, der kurz vor seinem Tod der deutschen Regierung und namentlich der Kanzlerin hammerhart und messerscharf die Leviten las: Durch ihre Flüchtlingspolitik habe sie »Millionen der schlimmsten Feinde der Juden ins Land geholt«. Und Hasser der Christen, muss man um der Wahrheit willen hinzufügen. Klartext wie einst Helmut Schmidt: »Nichtintegrierbares kann man nicht integrieren.« Unsere grundverschiedenen Kulturen würden »niemals« (!) zusammenpassen.

Was mich aber noch mehr erschüttert ist das, was meine *ARD*-Kollegin Marie Wildermann berichtet, Organisatorin unseres Berliner Medien-Gebetsfrühstücks (ja, so etwas gibt es!): Ali, ein iranischer Architekt aus Isfahan, Anfang 30, Christ geworden, wurde in Teheran direkt aus seinem Auto heraus verhaftet, weil er eine Bibel im Handschuhfach mit sich führte. Eine Woche dunkles Verlies folgte, er wurde aber wieder freigelassen. Sein Anwalt riet: Nichts wie weg! Denn auf Bibel-Besitz stehen zwei Jahre Haft.

Ali floh also 2015 nach Deutschland und fand sich schließlich mit Hunderten anderer Männer, sämtlich Muslime, in einer zum Asylbewerberheim umfunktionierten Berliner Turnhalle wieder. Beim Interview sei er ziemlich deprimiert gewesen. Er wollte zurück in den Iran, trotz der zu erwartenden Haftstrafe: »Hier im Heim macht man mir das Leben zur Hölle, seitdem sich herumgesprochen hat: Ich bin Christ.« Auf das Sicherheitspersonal sei keinerlei Verlass. Alles selbst Muslime. Tage später war Ali verschwunden, seine Mobilnummer führte ins Leere, sein Facebook-Account seitdem verwaist.

Das sind die Realitäten! Mitten in Deutschland, dem Land mit »In Verantwortung vor Gott ...« als Präambel des Grundgesetzes.

Kann man sich das Sparen sparen?

Wenn ich mich nicht vollkommen irre, ist die Europäische Zentralbank eine Behörde. Auch das Bundesfinanzministerium ist eine. Sind die jetzt im Sinne unseres Buchtitels Terroristen? Auf jeden Fall sprengen sie das weg, was noch vor Jahren bombensicher schien: unser Erspartes. Wie hieß es noch aus Kanzlerinnen-Mund: »Ihre Einlagen sind sicher.«

Vielleicht meinte sie ja auch nur die aus der Fernsehwerbung mit den zweisilbigen Markennamen ...

Ich weiß noch, wie Herr Nickig von der Ein-Zimmer-Filiale unserer Dorfsparkasse am Weltspartag zu uns in die Schule kam. Wir hatten unsere Sparschweine mitgebracht, die mit einem silbernen Schlüsselchen geöffnet wurden. Die meist kleinen Münzen wurden auf eine Art Schachbrett, das vorn zugespitzt war, aufgestapelt und gezählt. Das Ergebnis wurde feierlich ins Sparbuch eingetragen. Zum Jahresanfang staunten wir dann über die Zinsen.

»Spare in der Zeit, dann hast du in der Not«, lautete das Motto der 1950er Jahre.

Genau diese Mentalität ist es, die man als typisch deutsch bezeichnen könnte. Zu unserem wert(e)vollen Markenkern gehört neben Ordnung und Arbeit das Sparen.

Jetzt, sechzig Jahre später, staunen wir auch über die Zinsen. Anders allerdings. Der behördliche Finanzterror löst keine Freude aus, sondern lässt den Wut- und Angstschweiß perlen.

Der Wert der Sparsamkeit ist mutwillig im Orkus von »Monstern« (Altbundespräsident Horst Köhler) verschwunden. Der einzige Gewinner ist – der Staat. Verlierer sind seine Bürger, wir alle. Seit 2010 sind fleißige deutsche Sparer durch die Niedrigzinsen um 295 Milliarden Euro gebracht worden. Milliarden! Doch der Staat muss auf seine Rekordschulden nur noch Minizinsen zahlen und kam damit auf 150 Milliarden »Gewinn«.

»Omas Sparbuch darf nicht angetastet werden«, tönt der Bankenexperte der CDU. Sorry, wer steuert denn gerade das Narrenschiff-Geschwader Europa und Deutschland?

Selbstbedienungsladen namens Staat

Wenn die Winterkorns dieser Welt ihre dicken Pensionen und fetten Abfindungen absahnen, dann gibts in der Politik kein Halten mehr: Die Olympiade der Empörung kennt kaum Grenzen. Vergessen wird gern, dass zum Beispiel bei VW ein Selbstbedienungsladen von Politikern Regie führt und sogar das Land Niedersachsen immer mit dabei ist, wenn in Wolfsburg abgenickt wird.

Wenn es um die Höhe von Managergehältern geht, beschäftigt das sogar Parteitage. Was meine Oma mit dem schlichten Satz »Das gehört sich nicht« regelte, soll in Deckelungsgesetzen feierlich beschlossen werden und in die Rechtsprechung eingehen. Doch die Empörungsmasche zieht nur so lange, bis man hinter die Kulissen schaut. Aber das Volk wird dumm gehalten – auch eine Form von Behördenterror.

Wenn Betriebe mit Staatsbeteiligung Höchstsummen an die Spitzenmanager zahlen, wird man mit dem Argument abgespeist (nach dem Motto: Ihr kleinen Leute habt doch keine Ahnung!): Man bekommt keine Spitzenkraft aus der freien Wirtschaft ohne solche Summen. Die würden sonst alle ins Ausland verschwinden. Aha. Nehmen wir dann mal das Land Berlin, das an 56 Unternehmen beteiligt ist. 56-mal spricht die Politik also das entscheidende Wort, bei Personal- wie bei Gehaltsfragen. Riese ist der in jedem meiner Bücher erwähnte, inzwischen pleitehitverdächtige Flughafen Berlin-Brandenburg (BER).

Da gab es Chefs, die für teuerstes Geld (erfolglos) aus der freien Wirtschaft kamen und das Prestigeobjekt der Hauptstadt buchstäblich in den märkischen Sand setzten – schließlich mit Millionen abgefunden. Dann kam jemand, der sogar für das Jahr 2018 eine »erfolgsabhängige Vergütung« von 45 000 Euro bekam plus 50 000 Euro »sonstige Bezüge«. Wofür eigentlich? Da startet und landet doch immer noch nichts.

Jahresgrundgehalt sind 400 000 Euro, insgesamt kommt der BER-Chef auf 503 000 Euro, also 42 000 Euro im Monat. Und das nicht, weil er sonst in die freie Wirtschaft der USA oder von Mars und Mond abgewandert wäre oder so hohe bauliche, flugtechnische und unternehmerische Fähigkeiten hätte. Nein, der Herr war zuvor jahrzehntelang im Staatsdienst, zuletzt in der Senatskanzlei des Regierenden Bürgermeisters als Staatssekretär.

Er verdient (besser: kriegt) jetzt das Mehrfache an Gehalt als vorher und hat damit aktuell das zweieinhalbfache Einkommen seines früheren Chefs. Selbst das Kanzler-Salär beläuft sich »nur« auf rund 350 000 Euro im Jahr. Der politisch besetzte Aufsichtsrat des BER ist also nicht ganz bei Trost.

Diese Genossen-Filzokratie erlebt ihren Höhepunkt in den Abfindungs- und Pensionszahlungen an die Vorgänger, deren Fähigkeit darin zu sehen ist, wie perfekt der BER funktioniert. Der Clou: Im Gegensatz zur Privatwirtschaft muss der Steuerzahler blechen, also wir, wenn etwas schiefläuft. Und das läuft es – nicht nur beim Berliner Flughafen.

Ganz nebenbei: Seit Juni 2012 warten wir auf die Eröffnung dieses auch noch nach dem unschuldigen Willy Brandt benannten Bauwerks. Man sollte es, nachdem es das

Nobelpreiskomitee unterlassen hat (»Wie könnt ihr es wagen ...?!«), der Weltenretterin den Friedenspreis zu verleihen, in Greta-Thunberg-Airport umbenennen. Schließlich handelt es sich um den CO_2-ärmsten Flughafen der Welt.

Doch Milliarden werden in den Unterhalt der Ruine und auf die Konten ihrer erfolgreichen Manager gepumpt. In der gleichen Zeit baute China erfolgreich 160 (einhundertsechzig) Flughäfen der gleichen Größe. Und das Berliner Abgeordnetenhaus genehmigte sich eine Diätenerhöhung von sage und schreibe sechzig Prozent.

Justiz in der Vertrauenskrise

»Das Vertrauen in unser Rechtssystem hält an.« Punkt! Tja, so wie es ein Kommentator beschreibt, kann man es auch sehen. Falsch ist es nicht. Doch nicht alles, was nicht falsch ist, ist auch richtig. Richtig ist: Das Vertrauen, das auf niedrigstem Niveau gleichbleibt, bessert sich auch nicht. Das ist die Wahrheit und ein Alarmsignal höchster Stufe. Denn seit Jahren haben nur rund vierzig Prozent der Bevölkerung noch Vertrauen in die Justiz.

Hauptgrund: Die Verfahren dauern den Bürgern zu lange. Daran sind wiederum Personalmangel und die zunehmende Zahl von Delikten schuld. Ein Teufelskreis. »Warte nur, die Buße folgt dir auf dem Fuße« – wenn es nach dem Volksmund ginge, müsste viel schneller im Namen des Volkes Recht gesprochen werden. Das entspricht auch schon der Logik und dem pädagogischen Nutzen von Gerichtsverfahren.

Die tapfere Berliner Jugendrichterin Kirsten Heisig, drei Tage vor ihrem bis heute mysteriösen Tod war sie im Juni 2010 Gast meiner Sendung, galt als Paradebeispiel für zügige Verfahren. Ihr Grundsatz: Je schneller ein Täter verurteilt wird, desto effektiver ist eine mögliche Resozialisierung. Die Täter müssten auch möglichst bald mit den Opfern konfrontiert werden, um das begangene Unrecht zu erkennen und zu begreifen. Übrigens ein Prinzip der christlichen Initiative »Seehaus« (Strafvollzug in privater Form), die ich unterstütze. Alles, was in Vergessenheit gerät, kann auch durch den besten Prozess nicht mehr zum Leben erweckt werden.

In Zeiten, in denen man »spart, bis es quietscht«, wird alles auf die lange Bank geschoben. Diese sprichwörtliche Redewendung kommt übrigens aus dem Justizbereich: In früheren Behörden gab es noch keine Regale, sondern nur einfache Bänke. Immer, wenn neue Akten dazukamen, wurden die vorhandenen weiter nach hinten geschoben. Inzwischen ertrinken unsere Amtsgerichte und Strafkammern unter Aktenbergen.

Der Deutsche Richterbund warnt: »Unsere Justiz kann nicht mehr.« Die Folge: Jedes vierte (!) Verfahren wird wegen »Geringfügigkeit« oder als »unwesentliche Nebentat« eingestellt. Laden- und Fahrraddiebstahl werden zum Kavaliersdelikt ohne Folgen. Es fehlen die Staatsanwälte, die überhaupt erst mal Anklage erheben.

Es fördert das Vertrauen in unsere Justiz auch nicht, wenn permanent mutmaßliche Straftäter laufen gelassen werden – nicht, weil sie unschuldig sind, sondern weil sich die Verfahren derart in die Länge ziehen, dass ein weiterer

Verbleib in der Untersuchungshaft unserem Recht widerspricht. Beispiel allein im kleinen Bundesland Brandenburg: Innerhalb weniger Wochen wurden drei mutmaßliche Schwerverbrecher freigelassen, ohne Prozess. Drei! Bei einem Syrer, der eine 82-Jährige erst gefesselt, dann mit einer Plastiktüte qualvoll erstickt und anschließend beraubt haben soll, besteht sogar akute Fluchtgefahr. Er saß knapp zweieinhalb Jahre in Untersuchungshaft – sein Verteidiger zögerte den Prozess hinaus, weil er immer neue Anträge gegen die Polizei stellte. Und völlig absurd: Ein Potsdamer, der 2018 wegen Mordes an seiner Frau zu zehn Jahren Haft verurteilt worden war, kam kurz bevor dieses Urteil rechtskräftig wurde, auch frei: weil er zu lange in U-Haft war. Er konnte gerade noch an der Flucht gehindert werden.

Auf einem anderen Blatt steht das Strafmaß. Da fragt sich der normale Bürger oder ein Laie wie ich: Sind die Richter noch ganz bei Trost?! Es sind ja nicht nur die spektakulären Fälle, die Schlagzeilen machen. Oft fasst man sich an den Kopf, warum Mörder milde bestraft werden, warum das Strafmaß in scheinbar gleichen Fällen von Stadt zu Stadt, von Land zu Land so unterschiedlich ist. Warum bleibt ein jugendlicher Täter fast unbestraft, wenn er eine alte Rentnerin halb totschlägt, um an ihre Handtasche zu kommen? Oder warum bedurfte es erst eines mutigen Richters, bis ein mörderischer Raser endlich einmal lebenslänglich bekam? Oder warum erhielt ein Afghane, der einen 11-jährigen Jungen umgebracht hat, nur sieben Jahre?

Wie Hohn empfinde ich es, wenn Richter, möglichst noch unterstützt von Gutachtern, für »Schutzsuchende« besondere Ausnahmesituationen erkennen wollen. Bei manchen Messermord-Prozessen hört man dann seltsame Begründungen wie: »traumatisiert durch die lebensbedrohliche Flucht« oder »in ihrem Kulturkreis hat die Familienehre eine höhere Bedeutung«.

Noch schlimmer ist es, wenn mir ein Richter, ein Polizist oder gar ein Lehrer offen ins Gesicht sagt: »Ich setze doch nicht meine Familie aufs Spiel, dann lasse ich's doch lieber schleifen.« Leere Drohung? Verfolgungswahn? Während der alljährlich genehmigten abscheulichen Anti-Israel-Demonstration (Al-Quds-Marsch) auf dem Berliner Kurfürstendamm wurden filmende und fotografierende Kollegen angegangen: Wir wissen, wo du wohnst …

Das passiert auch im Gerichtssaal – ohne Folgen. Im Prozess gegen den Sohn eines arabischen Clan-Chefs musste sich Oberstaatsanwalt Ralph Knispel (auch Vorsitzender der Vereinigung der Berliner Staatsanwälte) einen Tobsuchtsanfall von dessen Vater anhören: »Ich kenne Sie, Staatsanwalt, und alle, die mit euch arbeiten!« Knispel, ein »harter Knochen und knallhartes Kaliber«, gern gesehener Gast in meiner Sendung, spricht bereits von der »Kapitulation des Rechtsstaates«.

Unsere Behörden sind bereits systematisch unterwandert. Offizieller Beweis: Die Berliner Polizei misstraut der Ausländerbehörde. Beide haben aufs Grundgesetz geschworen! Der knallharte Vorwurf des Landeskriminalamts: keine Informationen mehr an die »Kollegen« der Ausländerbehörde, weil sie kriminelle (arabische) Banden, Clans und Schwerkriminelle vor Einsätzen und Zugriffen warnt. Der Polizist, der aus Scharia-Gründen einer Kollegin den Handschlag verweigert, ist dagegen Peanuts.

Übrigens zur Frage, wer welchen antisemitischen Nährboden zum Beispiel für den grausamen Anschlag gegen die Synagoge von Halle im Oktober 2019 gelegt hat: Erlaubt und von der Polizei geschützt (!) sind in Deutschland Anti-Israel-Demonstrationen, auf denen Islamisten gern mal skandieren: »Hamas, Hamas, Israel ins Gas!« Muslimische Gegendemonstrationen sind mir nicht bekannt. Die offiziellen Verbände schweigen. Und zwei Hass-Rapper tingeln unbehelligt durchs Land, die vom Massenmord an Juden träumen und die Auslöschung Tel Avivs besingen. Kein Wunder, dass das Vertrauen in unsere Justiz um keinen Millimeter wächst. Vieles, was »im Namen des Volkes« geschieht, geschieht längst nicht mehr in dessen Verständnis.

Die befallsunabhängige Dauerbeköderung

Als meine wunderbare Augenärztin mir nach und nach zwei Speziallinsen in meine Augen operierte, »damit Sie wieder beobachten wie ein Luchs und Bücher schreiben können«, musste ich gefühlt tausendmal den legendären Sehtest machen. Zahlen an der Wand lesen, kleine Schriften aus dem Buch. Irgendwann reichte es mir. Doch sie klärte mich mit Augenzwinkern über die Rechtslage auf: »Die augenärztliche Untersuchung der Sehschärfe soll einäugig und beidäugig erfolgen.« Schon wegen des Führerscheins.

Gut, dass der Mensch nur zwei Augen hat, sonst wäre dieses bürokratische Monster noch kurioser. Was nutzen alle Sprachexperten und Redaktionsstäbe bei Regierung und Ministerien, wenn sowas dabei herauskommt: Rindfleischetikettierungsüberwachungsaufgabenübertragungsgesetz. Dieses Unwort aus Mecklenburg-Vorpommern dürfte das längste Hauptwort der deutschen Sprache sein, 63 Buchstaben und zwanzig Silben. Außer Scrabble- und Loriot-Fans dürfte sich niemand darüber freuen, besonders die Betroffenen nicht.

Selbst wenn Bürokratie abgeschafft werden soll, lautet die entsprechende Verordnung bei Bürokraten bürokratisch. Der damalige Bundestagspräsident Norbert Lammert beklagte entnervt: »Gerade der Gesetzgeber unterliegt der Versuchung, alles in komplexe Begriffe zu packen. Selbst wenn weniger Bürokratie beschlossen wird – wie beim Unterhaltsvorschussentbürokratisierungsgesetz.«

Klar, Gesetze sind kein zugespitzter Boulevard und müssen »rechtsförmlich«, also korrekt und wasserdicht sein. Dennoch können sie (zum Beispiel mit journalistischer Hilfe) verständlich geschrieben werden – vor allem für die, die es betrifft. Fremdwörter und Abkürzungen raus, keine Bandwurm- und Schachtelsätze, pro Satz nur ein Gedanke.

Dann kommt es nicht mehr zu Stilblüten wie diesen: »Das Bundesgebiet ist in seiner Struktur einer Entwicklung zuzuführen.« Oder, einfach köstlich: »Die befallsunabhängige Dauerbeköderung erfolgt zur Abwehr von Schadnagern in Räumlichkeiten, die von Tieren wie Ratten und Mäusen aufgrund der Gefahrenanalyse erreichbar sind und eine erhöhte Befallsgefahr mit Nagetieren darstellen.« Alles klar?! Dann doch lieber Stoibers Problembär ... Aber dessen Nachnachfolger hat es ja auf den Punkt gebracht: »Wir formulieren schwierige Themen extra so kompliziert, damit die Leute es nicht verstehen und ohne Widerstand Folge leisten«, so oder ähnlich, also nicht rechtsförmlich, Horst Seehofer als Innenminister. Es geht auch alltagsnah und allgemeinverständlich. Statt bürokratisch: »Sollte binnen einer Frist von 14 Tagen nach Zugang keine Rückmeldung eingehen, wird Einvernehmen über den Inhalt vorausgesetzt«, klingt es weniger gestelzt und so, wie jeder normale Mensch es sagen würde: »Sollten Sie sich nach Ablauf von zwei Wochen nicht gemeldet haben, sind Sie einverstanden.« Abschlägig beschieden heißt schlicht: abgelehnt, Fahrtrichtungsanzeiger Blinker, Verkehrssignalanlage Ampel, Oberflächenwasser Regen ...

Die alten Lateiner wie Gaius Julius Caesar konnten es noch: Veni, vidi, vici – drei Worte für eine Riesenbotschaft: Ich kam, ich sah, ich siegte. Im Bundestag würde es wohl heißen: Nach erfolgter Ankunft und Inaugenscheinnahme der örtlichen Verhältnisse konnte ich aus der nachfolgenden militärischen Auseinandersetzung siegreich hervorgehen.

Strafversetzt nach Germany und Elite auf der Flucht

Seit zwanzig Jahren bin ich jeden November in den USA. Ich glaube zu wissen, was dort abgeht. Auch in der Provinz. Mich wundert deshalb, wie viele Korrespondenten-Kollegen und Politiker sich als Amerika- und Trump-Kenner aufspielen, nur weil sie gerne Cola trinken oder Muffins mögen, aber noch nie weiter westlich als New York oder Washington waren.

Gleich am ersten Kalifornien-Tag hatte ich unlängst drei bezeichnende Begegnungen. In der Summe kann man nur betroffen und beschämt sein: Amerikanische Familien schicken ihre Kinder zur »Bestrafung« nach Deutschland. Ja, Sie lesen (leider) richtig.

In Sausalito, jenem malerischen Künstlerort mit Panoramablick auf San Francisco, setzte sich ein junger Mann in top Markenklamotten an meinen Tisch – ich hatte das neuere iPhone! Gestern in Zürich seien es noch zwei Grad Celsius gewesen, hier jetzt milde 23, erzählte ich auf Nachfrage. Es sei doch gut, dass ich Schweizer bin, meinte er. Ich schwieg erst mal.

Sein Vater, Wirtschaftsboss in Utah, hätte ihn 2016 nach Berlin strafversetzt: »Ich sollte zur Besinnung kommen und erkennen, wie gut wir es doch in den USA haben«, erzählt der junge Mann. Er hatte seinen Vater öffentlich dafür kritisiert, dass er Millionen in den Trump-Wahlkampf gesteckt hatte: »Ich schäme mich!«

Zwei Monate erlitt er Berlin, die »Flüchtlingspolitik« Merkels und das Land der in jeder Hinsicht offenen Grenzen wie einen Kulturschock – dann bat er seinen Vater um Verzeihung und flüchtete zurück in die USA. Seid ihr Deutschen denn noch ganz bei Trost, fragte er fassungslos, nachdem ich mich als Berliner geoutet hatte.

Ein ähnliches Schicksal berichtete mir ein namhafter deutsch-amerikanischer Atomphysiker, der seit zehn Jahren in Kalifornien lehrt: Der »verlorene Sohn« einer texanischen Unternehmerfamilie sollte auf den Pfad der Tugend zurückgebracht werden. Der Vater schickte ihn zu einem Kollegen nach Oberfranken, der ihn zur Räson bringen und für die Firma ausbilden sollte. Frankenwald statt Woodlands. Strafversetzt!

Er hatte das Glück, dort, im hintersten Winkel der alten Bundesrepublik, auf einen fröhlich-gläubigen Christlichen Verein Junger Menschen (CVJM) zu treffen. Diese Jahre krempelten sein Leben völlig um. Fern der Hauptstadtpolitik mitten in der Provinz. Als schwarzes Schaf der Familie war er nach Deutschland gekommen, als engagierter Christ und motivierter Manager kehrte er zurück nach Texas.

Auf dem Schiff von Sausalito zurück nach San Francisco saß ich inmitten einer Studentengruppe. Erst als eine junge Dame mich ansprach, ob ich der wäre, für den sie mich hielt, und ob wir für ihre Eltern ein Foto machen könnten, merkte ich: Einige kamen aus Deutschland. Sie alle studierten in Berkeley oder Stanford, die Deutschen für ein bis zwei Jahre. Doch zurück in die Heimat will keiner mehr: »Hier wird viel mehr für Forschung und Lehre getan. Die Berufsaussichten sind glänzend. Diese Klein-Klein-Probleme und Bildungs-Behinderungs-Bürokratie zu Hause haben wir zurückgelassen. Vor allem die lächerliche Attitüde, mit deutscher Hochmoral die Welt retten zu wollen.«

In Berlin berichtete mir später eine Medizinprofessorin, dass die Hälfte ihres Examensjahrgangs bereits Verträge in der Schweiz, Kanada oder den USA in der Tasche hätte. Personal großer Krankenhäuser kündigt, weil es Ansturm und Ansprüchen arabischer Großfamilien nicht mehr gewachsen ist und einfach nicht mehr kann. Lehrern und Erzieherinnen geht es ähnlich. Davon redet keiner. Allein in Berlin sind rund fünfzig Planstellen von Schuldirektoren unbesetzt. Warum wohl?!

Deutschland hat ein gewaltiges Auswanderungsproblem. Davon spricht niemand. Die Besten hauen ab. Es fehlen

Facharbeiter, Ingenieure, Mediziner, Lehrer ... Viele sind frustriert von politischen Fehlentscheidungen einer zunehmenden Einwanderung in die Sozialsysteme. Überfordert von den Ansprüchen einer Integrationspolitik, die viel mit Bürokratie, aber wenig mit Praxis zu tun hat.

»Nennen Sie mir einen Politiker, der seine Kinder in Willkommensklassen schickt oder selbst in Problemvierteln wohnt«, fragte mich einer der jungen Schiffsreisenden. In meinem Bestseller *Schluss mit euren ewigen Mogelpackungen – Wir lassen uns nicht für dumm verkaufen* habe ich darüber geschrieben, dass Politiker ihre Kinder vorzugsweise auf Privatschulen schicken. Da braucht es keinen Kommentar mehr.

Steuerlast und Bürokratenwillkür vertreiben die Elite aus dem Land. Die Ausreisewelle hat inzwischen historische Dimensionen: Allein im Jahr 2016 verließen 281 000 Deutsche das Land, die höchste Zahl seit Gründung des Statistischen Bundesamtes. Man spricht bereits vom »Exodus der Klugen«. Nach OECD-Angaben verliert kein Land so viele Akademiker wie Deutschland. Laut *stern* haben 2016 rund 4 000 Millionäre Deutschland verlassen, während es 2015 noch 1 000 waren. Unternehmer, die für Jobs sorgen. Die Strompreise zu hoch, der Sozialstaat zu großzügig, das Alter nicht gesichert, marode Infrastruktur. Woher sollen Arbeitsplätze für Kinder und Enkel kommen bei der »dümmsten Energiepolitik der Welt« (*Wall Street Journal*)?

Das Fachblatt *Wirtschaftswoche* klagt: »Wir verlieren ausgerechnet die Guten, Leistungswilligen, Selbstbewussten, Risikobereiten. Diese Talente fehlen der Wissenschaft als Ideenlieferanten, sie fehlen den Unternehmen als Fachkräfte, sie fehlen dem Staat als Steuerzahler, dem Standort als Gründer. Und sie fehlen der Gesellschaft als Vorbilder.«

Damit unser Land nicht weiter ausblutet, brauchen wir Politiker, die »bei Trost« sind und die Ausreisewelle als Ansporn betrachten, eklatante Fehlentscheidungen schleunigst zu korrigieren. Unternehmer, keine Unterlasser. Hoffnungsträger, keine Bedenkenträger. Mutmacher statt Miesmacher.

Keine Willkommenskultur für die Bundeswehr

Sie sind uns herzlich willkommen, wenn das Schneechaos ganze Landstriche von der Außenwelt abschneidet, Wälder brennen oder das Hochwasser in den ersten Stock steigt. Aber sonst sollen sie uns bitte schön vom Leibe bleiben. Wohl kein Land der Erde behandelt seine Soldaten so wie Deutschland. Alles, was Bundeswehr heißt, soll sich am besten in den Kasernen verstecken. Aber bitte nur so lange, bis linke Gelöbnisgegner und Bürgermeister verzweifelt um Hilfe schreien, wenn ihre Stadt in den Hochwasserfluten unterzugehen droht. In Sachsen wurde die Bundeswehr im Hochsommer 2019 doch tatsächlich (der Wahlkampf ließ grüßen!) zum Kampf gegen Borkenkäfer eingesetzt.

Aber auf Kampfstiefel müssen unsere Soldaten vier (!) Jahre warten. Wegen »begrenzter Produktionskapazitäten«. Was sind wir für ein Land geworden: Flugzeuge, die nicht fliegen, U-Boote, die nicht schwimmen. Panzer, die nicht rollen. Und jetzt Soldaten ohne Schuhwerk, »als würden Feuerwehrleute Brände in Pantoffeln löschen müssen«, so

Experten. Wer beschützt die Bundeswehr vor den Minister*innen?! Und es gibt ideologisch verwirrte Alt-68er-Pfarrer, die sich weigern, Paare zu trauen, bei denen der Bräutigam als Berufssoldat in Uniform erscheint.

Am schlimmsten sind diese verlogenen Sonntagsreden aus der Politik: Da ist vom Staatsbürger in Uniform die Rede, von unserer Parlamentsarmee und der Bundeswehr als Teil der Gesellschaft. Aber wenn es ernst wird, kneifen nicht wenige. Muss denn ein Gelöbnis oder der Große Zapfenstreich unbedingt auf einem öffentlichen Platz sein? Gehts nicht auch hinter Kasernenmauern? Am liebsten würde man den Staatsbürger in Uniform verstecken.

Wenn ich in Israel oder in den USA bin, sehe ich, wie Völker und Nationen zu denen stehen, die ihre Freiheit und Sicherheit verteidigen. Wer in Uniform einen Laden betritt, bekommt einen Sonderrabatt – »Heldenrabatt« heißt es gedruckt auf manchem Kassenzettel. Busse und Bahnen sind für Soldaten gratis. Das ist nun endlich auch in Deutschland im Gespräch. Alle Zeremonien, auch in Frankreich oder England, sind öffentlich und können ungestört stattfinden, weil das Volk Hetze und Krawall gegen die Armee ächtet.

Anders in Deutschland. Ganz anders. Am 12. November 2019 sollte im Gedenken an die Geburtsstunde der Bundeswehr 1955 ein öffentliches Gelöbnis vor dem Reichstag stattfinden. Aber so einfach ist das in der deutschen Hauptstadt nicht. Da wird ja selbst den amerikanischen Luftbrücken-Helden ein Überflug mit den alten Rosinenbombern aus Umwelt- und Sicherheitsgründen verboten. Auch gegen das Gelöbnis hat sich das Bezirksamt Berlin Mitte eine aparte

Begründung einfallen lassen. Man höre und staune: Das Bezirksamt Mitte ist zuständig. Wir sind eine Bananenrepublik! Der Rasen müsse dringend saniert werden, und anschließende Renovierungsarbeiten zögen sich leider bis in den November. Das Gelöbnis fand dann doch noch statt.

Am historischen 20. Juli, an dem die Parlamentsarmee endlich aus dem geschützten Hof des Verteidigungsministeriums wieder in die Öffentlichkeit vor das Parlament, das Reichstagsgebäude wollte, hieß die abenteuerliche Ablehnungs-Begründung: Die Beregnungsanlage auf der Wiese vor dem Reichstag werde gerade repariert. Ich will mir gar nicht ausmalen, wie Trump oder Macron auf so etwas Beknacktes reagiert hätten. Oder deren Bevölkerung. Bei uns degradiert kleinkarierte Behördenwillkür die Hauptstadt zur Provinz.

Es ist schon schlimm genug, dass die Berliner SPD den Bundeswehrsoldaten Auftrittsverbot in den Schulen erteilen will, wenn sie über den Dienst der Armee aufklären und informieren wollen: »Militaristische Werbeveranstaltungen passen nicht zu unserer friedliebenden Gesellschaft.« Und noch schlimmer: »Für Töten und Sterben macht man keine Werbung.« Da fasst man sich nur noch an den Kopf. Dann sollen sich diese Herrschaften künftig selbst retten, wenn Oder, Spree oder Elbe über die Ufer treten.

Unvergessen die erste öffentliche Gelöbnisfeier nicht weit von meiner Heimatstadt entfernt in Bremen am 6. Mai 1980. Erstmals außerhalb der Kaserne. Die Proteste dagegen, von Kirchen, Gewerkschaften, SPD-Politikern und dem Kommunistischen Bund Westdeutschland organisiert, führten schließlich zur größten und brutalsten Straßenschlacht in der Bremer Geschichte. 257 Polizisten wurden zum Teil schwer verletzt, sechs Bundeswehrfahrzeuge brannten aus, Polizeiwagen wurden beschädigt.

Gelöbnis und Großer Zapfenstreich sind die feierlichsten Zeremonien der Bundeswehr. Wenn »Staatsbürger in Uniform« vereidigt oder geehrt werden, gehört das schon qua definitionem in die Öffentlichkeit. In den seltenen Fällen, wo das geschieht, müssen Polizeiaufgebote bis zu 1000 Mann in Stellung gebracht werden, um das Selbstverständlichste von der Welt vor dem Mob der Chaoten zu schützen.

In Bremen gab es einen beispiellosen Skandal. Letztlich war es die Kapitulation des Staates in seiner schlimmsten Form. Wie gesagt: in Frankreich, England oder den USA völlig undenkbar. Dem Staatsoberhaupt, der ausgerechnet in Bremen aufgewachsene Bundespräsident Karl Carstens, konnte das Land, das er repräsentiert, keinen gesicherten Zugang in das Weserstadion garantieren. Eine ohnmächtige Kapitulation vor dem linken Mob. Er musste mit einem Hubschrauber auf den Fußballrasen eingeflogen werden. Das Staatsoberhaupt! Unfassbar.

Helmut Kohl nannte die mit brutaler Gewalt geführten Proteste einen »in der Geschichte der Bundesrepublik einmaligen Skandal«. SPD-Fraktionschef Herbert Wehner bat öffentlich »um Verzeihung, dass Soldaten und Offiziere der Bundeswehr durch Akte beleidigt und bedrängt worden sind, die unserem demokratischen Gemeinwesen unwürdig sind«. Sein SPD-Genosse und Bremer Landesvorsitzende Konrad Kunick empfahl dagegen, »auf überholte militärische Traditionsformen zu verzichten«. Von »überflüssigem Säbelrasseln« war die Rede.

Die Reparatur einer Beregnungsanlage gegen das Gelöbnis der Bundeswehr. Das ist so skurril, dass einem die Worte fehlen. Oder einem Worte einfallen, die zum Beispiel der Alt-Grüne Jürgen Trittin 1998 sagte: »Wer öffentliche Gelöbnisse veranstaltet, muss sich über Rechtsradikale in Armee und Gesellschaft nicht wundern.« Kein Kommentar.

Greta und die Gnadenlosigkeit der Klima-Religion

Ja, Deutschland war einmal Maß und Mitte. Doch heute sind wir nicht mal mehr Mittelmaß. Wir exportierten einst begehrte Güter und Dienstleistungen in alle Welt. »Made in Germany« war das gefragteste Gütesiegel rund um den Globus. Doch nicht nur Materielles gehörte zum Export aus dem Land der Erfinder und Entdecker, der Dichter und Denker.

Hier wurde der Buchdruck erfunden, die Bibel begann ihren Siegeszug, die Botschaft des Evangeliums erreichte die entlegensten Völker. Goethe, Schiller, Thomas Mann gaben ganzen Epochen Maß und Mitte. Aus Deutschland kam Bach, der Fünfte Evangelist. Zuletzt ein Papst, den ich immer scherzhaft als meinen intelligentesten Leser bezeichne. Persönlichkeiten, die die Welt verändert und geprägt haben.

Was ist davon geblieben? Nicht mal Mittelmaß! Die deutsche Hauptstadt schafft es noch nicht einmal, einen Flughafen zu bauen. Ein schreiendes Symbol für den Niedergang! Volksparteien droht die Auflösung. Das Internetvideo eines blau gelockten Jünglings aus Wuppertal reicht, um eine Traditionspartei hilflos aus den Angeln zu heben. Vier lange Tage brauchte die Partei Konrad Adenauers und Helmut Kohls, um endlich (und falsch) zu reagieren. Die Quittung kam binnen Tagen, bei der Europawahl.

Auch die Kirchen marschieren mit, sind kein Bollwerk mehr gegen eine Inflation des Zeitgeistes. Ihre Botschaft ist beliebig und belanglos geworden, verwechselbar und konturenlos. Wenn alles gleich gültig ist, wird bald alles gleichgültig. Einst boten sie ihr einzigartiges Kapital, das sie konkurrenzlos wichtigmacht: Hoffnung über den Tod hinaus. Bildung, die ihren Namen verdient.

Der Reformator Martin Luther und der Pietist August Hermann Francke haben das Schulwesen begründet und entwickelt. Das Christentum als gesellschaftsprägende Kraft mit nachhaltiger Wirkung. Doch jetzt geht es lawinenartig abwärts. Beispiel Hamburg: Im Jahr 2019 hat die dortige Katholische Kirche weitere Schulen geschlossen. Was für ein Signal! Abschied des Christentums aus der wichtigsten Einflusszone. Und kein Aufschrei geht durchs Land.

Statt auf die viel beschworene Nachhaltigkeit zu setzen, begnügt man sich mit dem kurzfristigen Silberstreif einer Sternschnuppe namens Greta. Schließlich hat sie ja auch mal ein Jahr mit der Schule ausgesetzt, um das Klima zu retten. Dass man jedoch für Klimaforschung Mathematik, Physik und auch ein bisschen Ethik braucht, hat sich wohl noch nicht überall herumgesprochen. Schüler reduzieren die ohnehin mangelnde Bildung auf eine Viertagewoche. Was braucht man Wissenschaft, wenn das Herz den Ton angibt und doch Demonstrationen reichen, um dem Klimaschutz Nachdruck zu verleihen. Da schaden Bildung und Fakten nur. Der jüdische Publizist Henryk M. Broder spricht von einer »Infantilisierung der Politik«.

Das muss man erst mal hinkriegen: als 16-Jährige fast die gesamte Wissenschaft zu willigen Gefolgsleuten zu machen oder zum Schweigen zu bringen. Höhepunkt: die versammelte UNO-Prominenz, die dem vierminütigen nervenden Greta-Geschrei betroffen und betreten zuhörte, als handele es sich um die Offenbarungen von Fatima. Keiner fragte, wer warum und wozu diesem Kind diese Tirade aufgeschrieben und sie mit ihr eingeübt hat. Aber warum auch? Gretas Mutter schreibt in der offiziellen Biografie: Greta könne CO_2-Moleküle riechen. Wenn das kein Grund zur Heiligsprechung ist.

Ich, Jahrgang 1952, lasse mich jedenfalls nicht von dieser Klimasekte als Umweltsünder beschimpfen, von Kindern, die elektronisch hochgerüstet und mit Flugreisen verwöhnt sind. Wenn einer nachhaltig gelebt hat, dann meine Generation: zu Fuß zur Schule, defekte Kleidung gestopft, Essen nach Jahreszeit aus der Region, Spielen in der Natur und nicht auf Konsolen, Ferien mit dem Fahrrad ... Seltene Erden, die von Kinderhänden gewonnen und als Schrott wieder nach Afrika entsorgt werden, habe ich nicht verbraucht. Nein, so haben wir nicht gewettet!

Wie peinlich: Leibhaftige Kirchenführer stehen hilflosverzückt am Straßenrand und jubeln den Klima-Kids zu, als gäbe es kein Halten. Was brauchte man auf dem Evangelischen Kirchentag in Dortmund 2019 Jesus, wo man doch Greta und Angela hatte. Ein führender Theologe meinte – und es hörte sich an wie aus einer fernen Zeit –, es habe dort völlig Jesus-freie Gottesdienste gegeben.

Doch viel schlimmer: Bischöfliche Blasphemie schreckt nicht davor zurück, Greta und ihre Gefolgschaft mit Jesus, dem Heiligen Geist oder zumindest mit Propheten zu vergleichen. Man fasst es nicht, wenn man diese anbiedernden, peinlichen und primitiven Vergleiche im Internet aufruft. Als seien es Fake News.

Tja, vielleicht will die geschundene Funktionärsseele auch nur etwas von der Liebe abbekommen, die der kindlichen Klimagöttin entgegenstrahlt. Einmal umjubelt, einmal nicht kritisiert oder ausgepfiffen werden. Einmal nicht an die Missbrauchsskandale denken oder die Gebote Gottes, die man (irrtümlich!) als lebensfeindlich empfindet. Endlich einmal nicht Spielverderber und Spaßbremse genannt werden. Kirchen, die Maß und Mitte verloren haben. Kirchenführer, die lieber alles über Bord werfen, nur um einmal im großen Konvoi des Zeitgeistes geliebt zu werden. Wie erbärmlich. Mir sagte einmal ein lebenserfahrener Pfarrer: Wenn Kirche von der Welt bejubelt wird, hat sie etwas falsch gemacht.

Einige meinen sogar, Jesus wäre auch mitmarschiert, zumindest im Geiste. Nur haben diese Leute vergessen, dass der damals zu Fuß durch Israel wanderte und auf einem Esel nach Jerusalem ritt. Umweltfreundlicher geht es nicht. Er wurde nicht im Klima killenden SUV seiner Mutter vor die Schule gefahren, den Anhänger der letzten Flugreise noch am Rucksack baumelnd.

Ach, apropos Esel: den wollten politisch korrekte Tierschützer aus den Oberammergauer Passionsspielen verbannen. Offizielle Alternative: ein E-Roller. Ja, Gott hat die Oberstübchen tatsächlich unterschiedlich möbliert: Die Akkus sind doch ein CO_2-Schlag gegen die Umwelt.

Die fundamentalistische Klima-Ersatzreligion hat ihre

eigenen Gebote und Gesetze, da kann man sich langwierige demokratische Prozesse sparen. Was soll man noch debattieren (vor Jahrzehnten das Markenzeichen von Kirchentagen), wenn doch alles in Ordnung ist und keiner Rechtsstaatlichkeit oder Fachwissens mehr bedarf. Hauptsache, das Herz schlägt links, was dann auch ohne Umschweife dem Willen Gottes gleichgesetzt wird.

In der offiziellen Schlussansprache des Dortmunder Kirchentages hieß es denn auch programmatisch-selbstgewiss aus dem Munde einer examinierten und ordinierten Pastorin, wie leicht man doch Gott zum politischen Menschenvertreter machen kann. Zu einer Art menschlichem Erfüllungsgehilfen. Bei den Frommen nannten wir sowas früher schnöde »Gott als Groschenautomat unserer Wünsche«, aber seit Bonhoeffer wissen wir: »Es gibt erfülltes Leben trotz vieler unerfüllter Wünsche.« Doch so etwas wäre wahrlich für einen sendungsbewussten Kirchentagsabschlussgottesdienst mit lediglich 37 000 Teilnehmern (zwei Drittel waren bereits abgereist) eine Nummer zu klein. Wenn schon, dann Weltenrettung global und kosmisch.

Also skandierte Frau Pastorin vollmundig und von stürmischem Applaus begleitet: »Wir sehen, wo Gott in der Welt wirkt – durch die Leute von Sea-Watch, SOS-Méditerranée und Sea-Eye, durch Greta Thunberg und die Schülerinnen und Schüler, durch so viele andere – und dabei machen WIR mit ... Behaltet euer Vertrauen, seid unerschrocken, zeigt gemeinsam euren Glaubensmut. Wir haben Gott auf unserer Seite.«

Komisch, die 68er skandierten doch noch als schärfsten Vorwurf gegen die klerikalen Altvorderen, 1914 habe man genau zu wissen geglaubt, wo Kirche stand: an den deutschen Waffen, die Pfarrer fleißig segneten. Oder 1933, als man deutschchristlich auch genau wusste, wo Gott wirkt: in der nationalsozialistischen Bewegung. Formal theologisch also auf der gleichen Ebene wie die Kirchentagspredigt: Mit der Berufung auf Gott verlässt man den menschlich allzu menschlichen demokratischen Diskurs, man schafft quasi die Demokratie ab, denn wagen Sie es mal, Gegenargumente vor einer schweigenden, debattenunwilligen Zuhörerschaft zu entfalten. Der Druck ist fast schon märtyrerhaft.

Dann fällt auch Pharisäertum gar nicht mehr so auf. Der Heuchelei wurde zu Beginn der Sommerferien 2019 die Krone aufgesetzt. Auf dem Höhepunkt der vom Establishment bejubelten »Fridays for Future«-Demonstrationen gab es einen absoluten Passagierrekord auf dem Berliner Flughafen Tegel. 2,2 Millionen Passagiere im Ferienmonat, ein Plus von mehr als zwanzig Prozent gegenüber dem Vormonat, ein neues Allzeithoch für Tegel. Ein Flughafenmitarbeiter berlinerisch-cool gegenüber Reportern: »Wenn es wirklich so etwas wie Flugscham gibt, würden wir das in Tegel zuallererst merken.« Steigende Flugraten, explodierende SUV-Zulassungen. Ein Hoch auf die Greta-Jünger!

Diese Riesen-Schlitten sind inzwischen Marktführer, Klima hin oder her. Allein im Jahr 2018 gab es 990047 SUV-Neuzulassungen. Marktanteil 2019: deutlich über dreißig Prozent. Man will ja mithalten können, den Anschluss an die Nachbarn nicht verpassen. In ihrem fundamentalistischen Sendungswahn fallen Klima-Kids jedoch inzwischen mit Nagel und Feile über die Lackierung her. Sachbeschädigung für einen guten Zweck. Hauptsache, man verpasst die nächste Klima-Demo nicht. Doch wie kann man glaubwürdig für die Umwelt demonstrieren, wenn zum Beispiel hinterher die Stadtreinigung kommen muss, um die Müllberge zu entsorgen?!

Aber solche Kleinigkeiten stören nur die missionarische Sendung, mit Jesus zu marschieren, wenn es um eine so gute Sache geht. Dasselbe gilt für die Grünen, die ich natürlich immer wieder in der Businessklasse sitzen sehe, in der sie Kurzstreckenflüge auf Steuerzahlers Kosten unternehmen, die sie für die Allgemeinheit allerdings abschaffen wollen.

Für die Rettung des Weltklimas geben Grüne alles, scheuen weder Kosten noch Mühen. Kein Weg ist zu weit für die Mainstream-Missionare. Claudia Roth setzte sich zusammen mit einem CDU-Bundestagsabgeordneten im Februar 2019 in den Flieger, Business natürlich, und flog sage und schreibe 41 000 Kilometer der Klima-Katastrophe entgegen. Die Fidschi-Inseln, das Traumziel in der Südsee. Bangladesch, Kiribati und Australien wurden auch noch schnell mitgenommen.

Die Öffentlichkeit erfuhr über diesen steuerfinanzierten Geheimtrip erst durch beharrliches Nachfragen von Journalisten. Die schlappe Ökobilanz der Weltreise, wohlwollend gerechnet: 17 Tonnen CO_2-Anteil pro Person, siebzehn Tonnen! Ein Klacks, brachte die Klima-Expertin doch als Erkenntnis mit ins heimische Berlin: »Eines machte die Reise besonders deutlich: die Dringlichkeit, unverzüglich global umzusteuern.« Das hätte sie auch während einer Radtour durch den Spreewald erkennen können ...

Und was macht unsere Klima-Kanzlerin? Natürlich kann sie nicht wie die Klima-Heilige Greta ein Jahr Regieren schwänzen, um gemütlich mit dem Schiff zu fahren. Aber zum G20-Gipfel nach Japan flog sie Ende Juni 2019 gleich mit zwei Luftwaffenmaschinen. Zwei, weil ja im Land der Erfinder und Entdecker, der Dichter und Denker ein Regierungsflugzeug immer mal eine Panne hat und die bemitleidenswerten Minister dann schnöde »mit Linie« fliegen oder irgendwo in der Einöde die Reparatur abwarten müssten.

Stunden nach dem Klimaschutz-Schnellschuss der Bundesregierung im Herbst 2019 eilten Kanzlerin und Verteidigungsministerin zu drei riesigen Maschinen, um getrennt (!) in die gleiche Richtung in die USA abzuheben. Drei, falls eine kaputtgeht. Die Luftverpestungs-Schickeria kennt keine Hemmungen: Sechs Ministerien haben ihren Hauptsitz in Bonn, 475 Kilometer von der Hauptstadt entfernt. Pikant, ja erbärmlich: auch das Moralin triefende Umweltministerium.

Was hilft all die CO_2-Heuchelei, wenn Regierungsbeamte allein im Jahr 2018 für Flüge zwischen Bonn/Berlin 109 422 Tickets lösten, hin und zurück. Dem standen nur 26 661 Bahnfahrkarten gegenüber. Und die Berliner rot-rot-grüne Landesregierung fuhr mit 16 (!) Luxuslimousinen beim »Fußgängergipfel« vor. Zuvor hatten sich die Mitglieder des Abgeordnetenhauses übrigens eine 60 (sechzig)-prozentige Diätenerhöhung genehmigt.

Im heißen Hochsommer 2019 besetzten mehr als 6 000 Öko-Demonstranten den Braunkohle-Tagebau im rheinischen Garzweiler. Acht Polizisten wurden verletzt, als die selbst ernannten Klima-Aktivisten das Kohlekraftwerk stürmen wollten. Dabei zertrampelten sie mehrere Äcker eines Bauernhofes, der bereits seit dem 17. Jahrhundert im Familienbesitz ist. Alles wurde von den Umwelt-»Schützern« niedergerannt: Petersilie, Möhren, Weizen auf vierzig Hektar. Felder und Früchte – alles platt. Eine Furche des Todes, fünf Meter breit, einige hundert Meter lang. Erbarmungslos. Der Bauer klagt verzweifelt gegenüber der Presse: »Man rennt nicht einfach durch Gemüsefelder. Das sind doch Lebensmittel. Die Pflanzen haben wir angebaut, der Ertrag ist unser Lohn.«

Er habe zumindest mit einer Entschuldigung gerechnet. Was jedoch kam, waren Hohn, Spott und selbstgerechte Häme. Der Berliner Grünen-Politiker Georg Kössler, selbst in Garzweiler vor Ort, twitterte: »Deine Möhren sind nicht wichtiger als unser Klima. Sorry!« Die Klima-Religion kennt keine Gnade. Von Greta beseelt gibts für den Furor kein Halten. Allein die gute Sache zählt. Der Zweck heiligt die Mittel, wenn einem sonst schon nichts heilig ist. Der Bauer zeigt sogar Verständnis für die Demos. Aber dass dafür seine Ernte, das Werk harter Arbeit, zerstört wird, das geht zu weit.

An einer Schule in meiner Nähe, immer vorne bei den Klima-Demos mit dabei, sah ich den Hausmeister, wie er mit einem (sicherlich völlig klima-unschädlichen) Staubsauger das Laub zusammenfegte. Nirgends Klima rettende Schüler in Sicht, die mit Harke und Besen zu Werke gegangen wären. Für manches, was Bildung, auch Persönlichkeitsbildung und Herzensbildung darstellt, ist die Bezeichnung Mittelmaß noch weit untertrieben, ein echter Etikettenschwindel.

Sollten unsere Kinder wirklich nur noch Greta zum Vorbild haben? Verscherbeln wir inzwischen alles unter Wert, was Maß und Mitte einmal ausgezeichnet hat? Es ist nur eine Frage der Zeit, wann man des (wichtigen) Themas überdrüssig geworden ist. Wenn man endlich merkt: Der Kaiser hat ja gar keine Kleider. Doch was bleibt? Haben wir dann nicht unsere Bildungsressourcen längst verbraucht und vergessen, die Substanz verzehrt?

Der große dänische Philosoph Sören Kierkegaard hat recht: »Wer sich mit dem Zeitgeist vermählt, wird bald Witwer sein.« Ich wünsche und erhoffe mir den Tag, an dem unsere jungen Leute die alberne Anbiederung und die billige Ranschmeiße der heutigen Erwachsenengeneration leid sind und wieder nach echten Autoritäten, Persönlichkeiten und Vorbildern fragen. Leute, die sich mit dem Mittelmaß nicht länger abfinden wollen und Maß und Mitte suchen. Ganz nebenbei: Wenn unseren 68er-Demos – ich war kurz vor dem Abitur – damals Eltern, Lehrer oder Bischöfe zugejubelt hätten, hätten wir gewusst, dass wir etwas falsch machen ...

Ich sah den Leserbrief einer Schulklasse, der Bände spricht. »Wir wollen auch das Klima retten«, schrieben die Schüler. »Aber wir gehen freitags nicht zur Demo, denn wir wollen etwas lernen.« Meine Empfehlung, das nachzumachen: statt »Friday for Future« lieber ein »Friday for Education«. Bildung ist nämlich alles. Freitags doppelt lernen, um die Probleme der Zukunft meistern zu können. Das wäre ein Anfang, an dessen Ende unserer Umwelt wirklich geholfen wäre.

Wissenschaft
wider Winnetou

Man könnte es als Karnevalsgag abtun, als Comedy oder als Sommerloch-Thema. Wenn dieser Irrsinn nicht auch noch von unseren Steuergeldern finanziert würde. Schließlich müssen wir ja nicht nur diese »Lehrstühle« (besser: Leerstühle!) bezahlen, sondern dann auch Millionen neuer Bücher für die staatlichen Bibliotheken. Nachdem die politische Korrektheit der Sprachpolizei bereits von *Pipi Langstrumpf* über die *Bibel* bis hin zum Zigeunerschnitzel zu siegen drohte, geht es jetzt ans Eingemachte.

Wie fasziniert war ich als Kind von den ersten Karl-May-Filmen, die in den frühen 1960er Jahren in die Kinos kamen. Auch von den Büchern, wir hatten alle Bände zu Hause. Wie haben wir bei *Winnetou 3* geweint, als der Häuptling der Apachen starb – übrigens als frommer Mann. Hatte doch das Gute sonst immer gesiegt. Jetzt sollte alles aus sein? Niemand hat diese Rolle so überzeugend gespielt wie der »ewige«, scheinbar alterslose Pierre Brice. Für Millionen Deutsche prägte er das Bild der Indianer.

Doch das soll jetzt vorbei sein! Weg mit all den verharmlosenden Jugenderinnerungen, weg mit all der Nostalgie, Sentimentalität und Sehnsucht, die Karl May uns ins Herz legte. Eine »Forscherin« vom »Obama Institute for Transnational American Studies« in Mainz, was so wichtig klingt wie Weißes Haus, FBI und Harvard zusammen nicht, gräbt nämlich das Kriegsbeil aus. Unberufen und von niemandem legitimiert erklärt die Frau Professor, all die Bücher, die Filme und die traditionellen Karl-May-Festspiele in Bad Segeberg und Elspe seien politisch inkorrekt und böten ein völlig falsches Bild von der wahren Historie.

So kann die erstaunte Öffentlichkeit Sätze vernehmen wie diesen: »Wenn in den USA erst indianische Kulturen zerstört wurden und dann hauptsächlich ein klischeehaftes Bild von ›dem Indianer‹ zirkuliert, nimmt man Menschen indigener Herkunft ihre Selbstbestimmung.« Mit sowas schafft man es wenigstens auf die Titelseite von *BILD*, und die Leser können sich nun eine Meinung bilden, für welchen Stuss ihre Steuern verpulvert werden – wie aus dem Henrystutzen abgefeuert, dem legendären 25-Schuss-Gewehr Old Shatterhands.

Die Dame hat in ihrem ideologischen Verbots- und Korrekturwahn allerdings übersehen, dass die jährlich sagenhaften 180 000 Besucher von Bad Segeberg sehr wohl über die bittere Vergangenheit der Indianer informiert werden. Indian Village und das Nebraska-Haus zeigen auf dem Festivalgelände, wie das Leben im Wilden Westen wirklich war. Dass Karl May pure Fiktion ist, weiß doch jedes Kind. So sagt denn auch Gojko Mitic, der Winnetou in den *DEFA*-Filmen der DDR und später in mehr als 1 000 Aufführungen in Bad Segeberg verkörpert hat: »Die Welt hat andere Probleme als Karl May.«

Ähnlich reagierte die einzige (linke!) Sinti-Abgeordnete im Europäischen Parlament auf mein Buch *Rettet das Zigeunerschnitzel*, heute noch ein Bestseller: »Behaltet doch euer Zigeunerschnitzel. Es gibt wichtigere Probleme auf der Welt.« Der *stern* machte daraus sogar eine Titelgeschichte.

Auch Pierre Brices Witwe Hella fährt der Frau Professor

in die Parade: »Die Jugend braucht heute mehr denn je die Werte, die Karl May durch Winnetou und Old Shatterhand überliefert hat.« Sie nennt unter anderem Frieden, Kameradschaft, Treue und Nächstenliebe. Und ganz nebenbei: Seit über dreißig Jahren kommen Mitglieder des Winnebago-Stammes aus Nebraska nach Bad Segeberg und sind von den Aufführungen begeistert.

Aber so ist es mit den selbsternannten Missionaren der politischen Korrektheit: Während die Betroffenen das ganz cool sehen, ereifern sich die »Wissenschaftler« umso mehr. Wer weiß, was uns im ehemaligen Land der Dichter und Denker noch so alles blüht. Solange dieser Irrsinn von Universitäten schweigend hingenommen wird und die Mit-Professoren sich nicht schämen, keinen Widerstand zu leisten, rollt die staats-alimentierte Lawine weiter ins Tal der Ahnungslosen.

Es wird nicht mehr lange dauern, bis Alexandras Song *Zigeunerjunge* aus dem Verkehr gezogen wird und das Volkslied *Lustig ist das Zigeunerleben* auf den Index kommt. Othello, der »edle Mohr« von William Shakespeare, darf ja auf der Bühne jetzt schon nicht mehr schwarz geschminkt werden. Und die Tage des Klassikers der Weltliteratur *Onkel Toms Hütte* sind auch bereits gezählt, inklusive der Bus- und U-Bahn-Stationen auf Amrum und in Berlin.

Die russisch-deutsche Schriftstellerin Olga Martynova, Trägerin des Ingeborg-Bachmann-Preises, schrieb in der *FAZ*: »Wenn ich von Kulturbeamten unterschriebene Flyer bekomme, wo Dichter*innen und Teilnehmende begrüßt werden, fühle ich mich unter Druck gesetzt.« Als in der Sowjetunion Geborene sei es für sie ein Déjà-vu: »Absurde sprachliche Empfehlungen von einer Kulturbehörde.« Alt-Bundespräsident Joachim Gauck nennt diesen PC- und Gender-Wahn schlicht und treffend: »Betreutes Sprechen«. Der liberale Konstanzer *Südkurier* meint: »In politisch korrekten Zeiten schwingt bei jedem Satz die Furcht mit: Spreche ich gerade wie Joseph Goebbels?«

Wie gesagt: Wenn es das bloße Hobby einzelner »Wissenschaftlerinnen« wäre, könnten sie ihre Spielwiese gerne behalten und die Welt mit Comedy beglücken. Aber solange wir das mit unseren Steuern finanzieren müssen, ist Schluss mit lustig. Denn diese Herr(!)schaften sind doch nicht ganz bei Trost.

Von hysterischen Müttern und coolen Richtern

Kyrie eleison – Herr erbarme dich! Das möchte man am liebsten rufen, wenn's nicht schon wieder gegen alle genderpolizeilichen Regeln verstoßen würde. Dabei geht es um den Berliner Dom, und da wundert es mich ohnehin, dass es das bei der stramm rot-grün durchideologisierten evangelischen Kirche überhaupt noch gibt: einen echten Knabenchor.

Doch wie lange noch? Eine Mutter (eine Juristin aus Prenzlauer Berg!) klagte beim Berliner Verwaltungsgericht, weil ihre Tochter nicht mitsingen darf. Divers und diskriminierungsfrei solle der legendäre Chor sein, nicht wie anno dunnemals eine Domäne reiner Männlichkeit. Wo kämen wir denn da hin: Männer unter sich. Nur eine Art von Toilette und so. Nix da! Gleiches Recht für alle! Gendergleichheit soll gelten, wo sie eigentlich nichts verloren hat. Ich kenne genug Frauenchöre, wo Männerstimmen auch nicht stören dürfen. Oder spezielle Unternehmungen wie Ladys Lunch oder Frühstückstreffen für Frauen, die ihren guten Sinn haben.

Aber nein: Eine neunjährige Berliner Göre (darf man das überhaupt noch sagen, ohne sprachpolizeilich belangt zu werden?) will unbedingt im Berliner Staats- und Domchor mitsingen. Besser sollte man vielleicht sagen: Es ist die Frau Mama, die will, dass ihre Tochter wollen soll. »Fällt dieser Frau eigentlich überhaupt nicht auf, dass sie ihre kleine Tochter für ihre politischen, ideologischen Ziele instrumentalisiert? Mir tut das Mädchen leid«, heißt es in einem Leserbrief der *Morgenpost*. Und: »Vielleicht kann ein guter Psychiater der Frau helfen.« Ein Hauch von Greta und ihrer Biografin, der Frau Mama, liegt in der Luft.

So sang das einzige Mädchen unter den zahlreichen Knaben vor, und das Auswahlkomitee kam zu dem erwartbaren Schluss, dass das Stimmlein nicht in das Gesamtklangbild passt. Trägerin des Chores ist nicht der Dom, nein, schlimmer: die Universität der Künste, also noch genderbewusster, als es die kirchliche Polizei erlaubt. Dennoch: Njet! Eine herrliche Begründung: »Die Aussicht, dass Ihre Tochter im Chor aufgenommen wird, ist so groß wie die eines Klarinettisten, in einem Streichquartett zu spielen.« Bingo!

Das hält Frau Mutter, Klangbild hin, Knabenchor her, für eine »geschlechtsspezifische Benachteiligung«. Obwohl jeder weiß, der Ohren und Verstand hat und seinen Kopf nicht nur zum Essen gebraucht, dass es anatomische Unterschiede im Singvermögen von Mädchen- und Jungenstimmen gibt, lehnt das die Klägerin in ihrer unmusikalisch-ideologischen Verblendung ab.

Es hat ja niemand behauptet, dass Mädchen etwa schlechter singen können, da sei Gott vor, vor dem alle gleich sind. Aber anders eben, weshalb es ja auch spezielle Frauenchöre gibt oder so etwas wie Alt und Sopran in der Oper.

Diesen Irrsinn hat uns nun die angeblich wissenschaftliche Gender-»Forschung« eingebracht: dass für solchen Unfug unsere Gerichte arbeiten müssen. Ich wüsste Wesentlicheres. Das Berliner Verwaltungsgericht entschied im Sinne der Kunst- und Kulturfreiheit. Demokratische Vielfalt, nicht ideologische Enge: Es gibt auch weiterhin musikalische Diversität! Eben reine Knaben- und reine Mädchenchöre. So wie zum Beispiel am ehrwürdigen Dom zu Köln.

Andernfalls hätten wir mal eben Jahrhunderte Kulturgeschichte geopfert (Dieser Chor zum Beispiel ist 554 Jahre alt.) und uns dann womöglich noch an den Komponisten samt ihren Noten vergriffen. Der Irrsinn neu geschriebener alter Literatur lässt grüßen, inklusive der Unfug einer »Bibel in gerechter Sprache«.

Köstliche Szene vor Gericht: Chorleiter Kai-Uwe Jirka auf die Frage, ob man eine Mädchenstimme zu einer Knabenstimme umformen könne: »Ja, aber nur mit Gewalt.« Da kommt also noch einiges auf uns zu ...

Und übrigens: Just während sich das Berliner Verwaltungsgericht ernsthaft mit diesem Unsinn befassen musste, kam ein dramatischer Hilferuf des Geschäftsführers des Deutschen Richterbundes, dass »zehntausende Kriminelle einfach so davonkommen, weil die zuständigen Behörden völlig überlastet sind«.

Zweierlei Ma(r)ß

Da messen Sie aber mit zweierlei Maß, fuhr ich in einem Sommerinterview der Grünen Claudia Roth in die Parade. Sie hatte sich gerade darüber ereifert, wie schnell bei manchen CDU- und FDP-Politikern der Wechsel vom Parteiamt in die Wirtschaft verläuft. Das sei doch nun wirklich unglaubwürdig, würde der Demokratie schaden und sei ja auch sowas wie Amtsmissbrauch, wenn es in die Branche geht, mit der man vorher »auf der anderen Seite« zu tun gehabt hatte. Ich war gut vorbereitet, auch ohne Fragezettel. Ihr sei wohl entgangen, dass ihr grüner Parteikollege Matthias Berninger direkt vom Amt des Staatssekretärs im Bundeslandwirtschaftsministerium zum Nahrungsmittelhersteller Mars gewechselt ist.

Im Ernährungsministerium hatte er sich noch für eine Aktion gegen Übergewicht bei Kindern stark gemacht, jetzt war er Lobbyist für ebenjene bei Beleibten beliebten Süßwaren. Heuchelei zum Quadrat. Schlimmer gehts nimmer.

Überhaupt haben die Grünen ein Händchen dafür, genau dort für viel Geld Jobs zu finden, wo deren Ideologie nichts zu suchen hat. Und da die Grünen in ihrem Engagement per se gut sind, bleibt der Sturm der Entrüstung meist im Wasserglas. Die ach so kritischen Medien verstummen in Ehrfurcht – bis auf wenige Ausnahmen.

So auch im Sommer 2019, als es in Berlin erstaunlich wenig Aufsehen gab bei einer Personalie, die zum Himmel stinkt – was Geld ja bekanntlich nicht tut. Kerstin Andreae, stellvertretende Fraktionsvorsitzende und wirtschaftspolitische Sprecherin der Grünen, wurde Vorsitzende der Hauptgeschäftsführung des Bundesverbandes der Energie- und Wasserwirtschaft. Nun wird Frau Grün künftig die Interessen von Braunkohle- und Atomkonzernen vertreten. Auf Parteitagen die Welt in Gutmenschen und Bösewichte einteilen, doch null Berührungsängste bei der eigenen Karriere.

Jener Mars-Mensch misst zum Beispiel weiter mit zweierlei Maß. Inzwischen erklärt er für den Bayer-Konzern, warum die Glyphosat-Firma Monsanto doch ganz okay ist.

Nicht von schlechten Eltern war auch der Wechsel der grünen Finanzexpertin Christine Scheel zum hessischen Energieversorger HSE (HEAG Südhessische Energie AG). Das bisschen Atom, was da 2011 noch strahlte, war bei der Rochade natürlich zu vernachlässigen.

Der ehemalige Wirtschaftsstaatssekretär Rezzo Schlauch hatte es nicht so gut getroffen. Erfolglos tingelte er über Land, um für den türkischen Präsidenten und Semi-Diktator Erdogan Investoren zu finden. Aber wer will schon richten? Was grün tut, das ist wohlgetan!

Und ewig läutet die Kuhglocke

Der Klang der Kuhglocken gehört zu den Alpen wie Enzian und Edelweiß. Und Streit um Kuhglocken gehört ebenso zur ländlichen Folklore wie der Anlass selbst. Anhänger verklären das tierische Geläut gern als »Soundtrack der Alpen«. Doch je mehr städtische Zuzügler und ländliche Traditionen aufeinanderprallen, desto mehr häufen sich Gerichtsverfahren über das, was früher selbstverständlich war. Hahnenschrei, Glockenläuten und Gerüche aller Art werden beklagt und verdammt. Immer mehr Prozesse dieser Art beschäftigen die ohnehin überlasteten Gerichte.

Da kommen Städter zum Urlaub aufs Land, doch so ganz Land soll es nun auch nicht sein. Man will nichts hören, nichts sehen und nichts riechen von all dem, was typisch Land ist. Warum fahren die eigentlich dahin? Warum ziehen Leute in die schönste Provinz, wenn sie daran alles schlecht finden?

Seit Jahren mühen sich Gerichte um einen Fall im beschaulichen oberbayerischen Holzkirchen. In dem filmreifen Nachbarschaftsstreit geht es um die Kühe einer Bäuerin, von deren Geläut sich ein Ehepaar gestört fühlt, das neben der Weide wohnt. Inzwischen hat das Oberlandesgericht geurteilt: Die Kühe dürfen weiter läuten.

Dabei hatte das klagende Ehepaar sogar Tonaufnahmen mitgebracht, die beweisen sollten, dass das Gebimmel eine Lautstärke von siebzig Dezibel hat. Und sie hatten sich einen Lokaltermin am Tatort erhofft, damit sich das Gericht ein Bild nicht nur von dem Lärm machen kann, sondern auch von den Fliegen, »die die Kühe umschwirren und dann in Scharen zum Grundstück wechseln«. Damit geht das Holzkirchner Kuhglocken-Drama wohl in die nächste Aufführung. Revision.

Andere Nachbarn hätten gelassener reagiert. Diese Glocken gehörten schließlich zur bayerischen Tradition. Für eine neu zugezogene Familie hat das Geläut sogar etwas Entspannendes und Beruhigendes. Wer das nicht wolle, müsse ja nicht aufs Land in ein Kuhdorf ziehen. Da duftet es nun mal nicht nach Eau de Cologne, aber schließlich auch nicht nach Abgasen. Und statt dauerndem Straßenlärm kräht frühmorgens einmal der Hahn.

Die Glocken sind eine uralte Tradition mit einer lebensrettenden Funktion: So konnten die Hirten ihre frei laufenden Kühe rechtzeitig finden, bevor sie im Nebel abstürzten oder sich verirrten. Die Glocken sind schlichtweg ein Signalinstrument, so ein Brauchtumsforscher. Und ich denke: Wer sich unter hupenden Autos wohler fühlt als unter idyllischem Glockengeläut, der soll einfach seine Koffer packen.

Eine neue Front im Kuhglockenstreit erlebt gerade die Schweiz. Dort schreien Tierschützer auf: Das Umhängen von Glocken sei pure Tierquälerei. Dazu hat sich nun die Wissenschaft offiziell geäußert: »Untersuchungen der Eidgenössischen Technischen Hochschule Zürich brachten bislang kein belastbares Ergebnis über eine mögliche Beeinträchtigung des Kuhwohlseins durch Glocken.« Nun können sie also quasi amtlich für Mensch und Tier läuten. Ist doch schön.

In Bayern gibt es übrigens eine Facebook-Abstimmung »Kuhglocken out«. Dagegen gründete sich eine Gruppe »Pro Kuhglocken«. Dreimal dürfen Sie raten, wer mehr Likes hat ...

Von redenden Pulten und der Bürger*innenmeister*innenwahl

Die Hannoveraner*innen und Niedersächs*innen sind zu beneiden. Denn wer hat schon etwas zu lachen, wenn der Amtsschimmel wiehert oder der Steuerbescheid kommt?

Meist ist die behördliche Bürokratie ja staubtrocken wie ein Stück Knäckebrot. Oder Amtliches wird bewusst in unverständliches Kauderwelsch verpackt, sodass selbst kritische Leser bald ermüden. Hatte nicht erst Bundesinnenminister Horst Seehofer getönt, bestimmte Gesetze würde man bewusst in schwebender Unverständlichkeit belassen, um die Bürger nicht zu erschrecken oder zu empören?!

Und nun Hannover! Ausgerechnet! Die niedersächsische Metropole, weder bekannt durch übermäßigen Humor noch durch regenbogenfarbene Attitüde, macht sich zur Vorreiterin einer Sprache, die sich offiziell »geschlechtsneutral« nennt, beim (vor allem lauten) Lesen jedoch eher nach Comedy klingt. Damit setzen sich die Stadtverwaltenden in Hannover nicht nur viel Spott und Häme aus, sondern auch an die Spitze der Gender-Bewegung.

Die schönste Reaktion war die Überschrift einer Tageszeitung: »Hannover schafft die Lehrer ab.« Voreiliger Schülerjubel wurde schnell mit einer kalten Dusche der Realität angepasst. Denn gemeint war natürlich: Das Wort Lehrer, und das ist nun wirklich ein Unwort, genauso wie Radfahrer oder Rednerpult. Igitt!

Das muss selbstverständlich, so ordnet es die Stadtverwaltung für jeden Bediensteten (ach, wie soll der/die denn nun heißen?!) verbindlich an, ab jetzt Lehrende, Radfahrende oder Redepult heißen. Fortschritt: die Rede. Oder ist es vielleicht gar das Pult, das redet? Sollten sich keine passenden Formulierungen finden lassen, müsse das Gender-Sternchen her, wie es die zuständige Dezernent*innenkonferenz vorschlägt. Jenes Sternchen, das der Verein Deutsche Sprache (VDS) so herrlich zu »fünf Deppenapostrophe in kreisförmiger Anordnung« karikiert hat. Das lese- und augenfeindliche Zeichen wird von Sprachpolizist*innen inzwischen Gender-Star genannt. Ach, da hört man das bemitleidenswerte Sternchen fast flehentlich rufen: »Hilfe, ich bin ein Gender-Star, holt mich hier raus!«

»Sehr geehrte Damen und Herren« fällt natürlich auch weg, denn das begrenzt die anwesenden Zuhörenden auf Männer und Frauen und übersieht den Faktor D wie »divers«. Tabula rasa: »Für eine geschlechtergerechte Verwaltungssprache ist die Bezeichnung Frau/Herr in der Regel überflüssig.« Klar, kennen wir: Aus den Eltern, vorsintflutlich Mutter und Vater genannt, wird Elter 1 und Elter 2. Aus Teilnehmerliste wird Teilnahmeliste (klingt ja auch viel menschlicher und persönlicher), und das stinknormale Wählerverzeichnis wird zum Wählendenverzeichnis aufgehübscht. Und die nächste Bürgermeisterwahl in Niedersachsens Keks-Metropole wird dann wohl korrekt Bürger*innenmeister*innenwahl heißen müssen. Mir geht das sowas von auf den Keks.

Übrigens: Während ich diesen Text in den Computer tippe, wird pausenlos alles rot unterstrichen, also als Fehler gebrandmarkt. Muss ich mich jetzt schämen? Oder reicht es, wenn mein PC das tut, weil er partout nicht »pc« schreiben will, also politisch korrekt ... Ich bräuchte wohl Expertenwissen. Aber halt! Das heißt ab sofort nach Hannoversch-Altonaer-Mundart: Fachwissen. Und aus dem Anfängerkurs wurde der Einstiegskurs.

Die Niedersachsen, sturmfest und erdverwachsen, an der Spitze des Gender-Irrsinns, gleich gefolgt von den kühlen Hanseaten in Hamburg-Altona. Die rund 11 000 »Mitarbeiter_innen/Mitarbeitenden/Mitarbeiter*innen« dürfen künftig nicht mehr schreiben, wie ihnen der Schnabel beziehungsweise der Kuli gewachsen ist oder wie es normal denkende Menschen (zum Beispiel deren Eltern oder Kinder) tun.

Nein, das Sprachdiktat (Joachim Gauck: »Betreutes Sprechen«) fordert statt »Herr« oder »Frau« ein bloßes »Liebe Gäste!« oder »Guten Tag!«. Ich würde, um ganz sicher zu gehen, ein einfaches »Tach!« oder »Moin!« vorschlagen.

Auch das CSU-regierte Augsburg schläft nicht den Schlaf der (Gender-) Gerechten, man will ja schließlich nicht als mittelalterlich gelten (da reicht die Altstadt). Darf man dort eigentlich noch »Grüß Gott!« sagen? Ob auch die gute alte Augsburger Puppenkiste schon ausgedient hat?

Verzweifeln muss man aber nicht unbedingt. Das widerspricht ohnehin unserer christlich geprägten europäischen Kultur, wo bekanntlich in jeder Krise eine Chance steckt: »Wo aber Gefahr ist, wächst das Rettende auch« (Hölderlin). Deshalb: Verzweifelnde dürfte es nach dieser Logik gar nicht geben. Laut deutscher Grammatik ist das nämlich Partizip Präsens. Es wären also Menschen, die Tag und Nacht, Stunde um Stunde am permanenten Verzweifeln sind. Und das ist schlicht unchristlich.

So gratuliere ich immer wieder (auch konservativen oder frommen) Organisationen, die von Mitarbeitenden oder Studierenden sprechen. Was für ein Glück haben die doch. Deren Mitarbeiter oder Studenten sind rund um die Uhr bemüht, ihren Auftrag zu erfüllen. Trotz aller gewerkschaftlichen Vorgaben. Niemals schlafen, ruhen, essen, die Seele baumeln lassen. Immer nur auf Arbeit – wie auf Droge, unermüdlich. Backende, Schlossernde, Zimmernde heißen die neuen sprachpolizeilich verordneten Berufsbezeichnungen. Dabei finde ich Zimmerfrau viel schöner.

Der Gipfel sprachlicher Hirnlosigkeit ist es, auch den Singular einzufälschen: »Der Studierende« hörte ich unlängst aus dem Munde eines »Professors« von einer grammatikalisch tief gefallenen Hochschule. Selbst wenn es sich eindeutig um einen einzigen Mann handelt, benutzen Ahnungslose das Unwort Studierende. Reif für die Anstalt!

Meine anwohnenden Arbeitgebenden und Arbeitnehmenden in der Nachbar*innenschaft sind mitsamt ihrem Eheteil (der auch Ehepartei genannt werden kann) empört, Reklame, Briefbögen oder Artikel*innenbezeichnungen auf die neueste Ständin bringen zu müssen. Sie verlangen dringend nach einer Freizeitbetreuungsperson oder nach Mithelfenden, die das Anliegen zur obersten Priorität machen – früher, zur Steinzeit, durfte man das Chefsache nennen. Die einzig Glücklichen sind die werbeindustriell Arbeitenden, können sie doch an den Reklamespots für Baldrian und Kopfschmerztabletten (die werden zunehmend gebraucht!) einen Riesenreibach machen: Nix mehr mit »Fragen Sie Ihren Arzt oder Apotheker«. Diese Durchsage verlängert sich nun um einige Minuten. Gender-Selbstgerechtigkeit als kapitalistischer Konjunkturmotor. Und sollten die konsumierenden TV-Zuschauenden das bis zum Ende durchhalten, haben sie bis dahin garantiert den Namen des Mittels vergessen ...

Ach so, was Hannover angeht: Dieser ganze Gender-Spuk geisterte Anfang 2019 durch die dortigen Amtsstuben. Zur selben Zeit kämpfte der Traditionsverein Hannover 96 gegen den Abstieg aus der ersten Liga (verloren), kämpfte der Gendergerechtigkeit predigende Oberbürgermeister gegen eine Filzaffäre (verloren) und kämpfte das weltweit bekannte »Gesicht« der Stadt, die Hannover-Messe, um den Verbleib der renommierten Computermesse Cebit (verloren). Der Bahnhof verlor durch Dauerdefekt das zentrale Stellwerk und der wichtigste Arbeitgeber VW verlor mal eben Tausende von Stellen. Gewonnen hat man Gender. Das ist doch was, oder?! Da jubeln die Bürger, sprich die in Hannover Wohnenden, die schon länger oder erst kürzer dort Lebenden.

Übrigens: Hannovers Oberbürgermeister ist inzwischen weg vom Rathausfenster wegen Verdachts der Untreue. Problemlos kann man ihm nebenbei auch Untreue gegenüber deutscher Grammatik und bürgerfreundlicher Sprache nachweisen ...

Doch ernsthaft: So ganz wehrlos sind Lieschen Müller und Otto Normalbürger nun auch nicht. Es rollt eine Welle des Protestes, die selbst die sonst so behäbige Schweiz erreicht hat. Ausgerechnet zum »Tag der Frauenproteste 2019«, an dem Zehntausende auf die Straße gingen, gab es eine überraschende Umfrage unter den Eidgenossinnen: Die Mehrheit der Schweizer*innen lehnt diesen Sternchen-Quatsch rigoros ab.

In Deutschland ist das nicht anders. Laut *INSA*-Umfrage wollen nur 27 Prozent, dass die Sprache »angepasst wird«, der Rest ist rigoros dagegen.

Dem Aufruf des »Vereins Deutsche Sprache« unter dem Motto »Schluss mit dem Gender-Unfug« folgten im März 2019 binnen weniger Tage Zehntausende. Eine nie dagewesene Koalition über alle ideologischen Grenzen hinweg, organisiert unter anderem vom VDS-Vorsitzenden Professor Walter Krämer, der Schriftstellerin Monika Maron und dem langjährigen Präsidenten des Deutschen Lehrerverbandes Josef Kraus: Dieter Hallervorden und Hans-Georg Maaßen, Rüdiger Safranski und Dieter Nuhr, der Berliner Musicalproduzent Bernhard Kurz (*Cats*, *Phantom der Oper*) und Matthias Schmutzler, Solotrompeter der Sächsischen Staatskapelle, Politiker wie Dieter Althaus (CDU) und Wolfgang Thierse (SPD) oder der römische Kardinal Walter Brandmüller und der evangelikale Lutheraner Peter Hahne.

Meine Bücher waren nicht ganz unbeteiligt, das Thema über Jahre hinweg hochzuhalten. Auf kaum ein Thema kommt so große, einhellige Resonanz wie auf diese elende Sprachpanscherei.

Für mich war dieser Bildungsnotstand immer auch ein Zeichen von Glaubensnotstand. So bilanziert die *FAZ* zu Recht: »Das Gender-Mainstreaming hat den Charakter einer säkularen Religion angenommen. In Hannover hat sie eine ganze Stadtverwaltung befallen. Ihre Vertreter ignorieren die Erkenntnisse der Grammatikforschung beharrlich. Strukturelle Analysen zum Maskulinum als generischem Genus sind für sie verstockter Unglaube.«

Das generische Maskulinum beschert uns Deutschen übrigens die klimafreundlichste und CO_2-ärmste Sprache der Welt. Gender ist umweltfeindlich: Die Reden immer länger, der CO_2-Ausstoß der Hörenden und Redner*innen unermesslich, und für die immer pralleren Texte müssen immer mehr Regenwälder abgeholzt werden. Kommentar der *Neuen Zürcher Zeitung*: »Es wäre an der Zeit, das generische Maskulinum neu zu entdecken. Es ist von schlichter Eleganz, weil es niemanden aus-, dafür aber alle einschließt. Die Sprache gehört nicht höheren Genderbeauftragten oder Verwaltungsbeamten, sie gehört allen, die sie täglich mit Freude und Feingefühl benutzen.«

Also: Rettet unsere Sprache! Rettet auch die Mundarten, die schon Hitler und Honecker vergeblich ausrotten wollten! Sprache heißt Sprache, weil sie gesprochen wird und sprechbar bleiben muss. Der ideologische Genderismus ist Selbstmord an einer lebendigen Sprache. Dagegen wehre ich mich, bis die Pfarrer_innen und die Sargtragenden mich zur letzten Ruhe betten.

BMW, Abraham und Jesus

Ein merkwürdiges Interview! Das Merkwürdigste, was ich seit Langem gelesen habe. Des Merkens würdig. Das (heimliche) Thema: Und die Bibel hat doch recht. Offiziell: Im *Manager Magazin* (Juni 2019) beklagte das reichste Geschwisterpaar Deutschlands, wie schwer die beiden doch an und mit ihrem Reichtum zu tragen hätten. Der »krönende« Satz: »Wer würde denn mit uns tauschen wollen?«

Den Kollegen war es gelungen, die sonst öffentlichkeits- und medienscheuen BMW-Erben Susanne Klatten und Stefan Quandt zu einem hochinteressanten Interview zu bewegen. Aussagen, über die man lange nachdenken kann. Eben: Des Merkens würdig. »Diese Rolle als Hüter des Vermögens hat auch persönliche Seiten, die nicht so schön sind«, sagt Frau Klatten. »Man ist ständig sichtbar und gefährdet, muss sich schützen ... Wir arbeiten jeden Tag hart dafür.« Die beiden fühlen sich missverstanden, wenn es oft heißt: »Die streichen ja nur ihre Dividende ein.«

Wahr ist: Allein 2019 bekam das Geschwisterpaar rund ein Milliarde Euro Dividende aus ihren BMW-Beteiligungen. Klatten hält dort 20,9 Prozent, Quandt 25,8 Prozent. Geerbt haben sie das von ihrem Vater Herbert Quandt. Auch an weiteren Unternehmen sind sie beteiligt. Es ist also alles ererbt, sie könnten die Hände in den Schoß legen. Das machen sie jedoch nicht, sie investieren oder sind an großen Stiftungen beteiligt. Das ist vorbildlich, ohne Zweifel.

So weit, so gut. Es ist beispielhaft, weil diese Familie zu allem gehört, nur nicht zum prahlerischen und verschwenderischen Jetset der primitiven Schickimicki-Gesellschaft. Vor allem im Alten Testament der Bibel wird Reichtum als Segen betrachtet, auch als Belohnung von Gott. Erzväter wie Abraham werden als besonders rechtschaffen und gottesfürchtig beschrieben, wofür Gott sie mit Reichtum segnet: »Und der Herr wird machen, dass du Überfluss an Gütern haben wirst, an Frucht deines Leibes, an Jungtieren deines Viehs, an Ertrag deines Ackers« (*5. Buch Mose* 28, 2 ff). Dazu gehört auch ein Überfluss an Gold oder Silber (*2. Buch Mose* 24, 35).

Doch entscheidend ist immer, was aus den Maßstäben des Glaubens heraus mit dem Reichtum gemacht wird. Das moderne Wort dafür heißt Stiftungen. Ohne das Geld der Reichen, ich denke zum Beispiel an die tief gläubige Schuhunternehmerfamilie Deichmann oder die Familie Loh, Chefs des Weltkonzerns Rittal, würde es manche wohltätige, christliche und missionarische Organisation gar nicht geben.

Bei Jesus im Neuen Testament ist es dann schon anders. Da kommt eine neue Komponente hinzu: Das ewige Leben und die Seligkeit im Himmel sind allemal wichtiger als der größte Reichtum, den ohnehin »die Motten und der Rost fressen«. Man solle sich lieber Schätze im Himmel sammeln (*Matthäus-Evangelium* 6, 19). Und gleich einen Vers weiter heißt es warnend: »Wo dein Schatz ist, da ist auch dein Herz.«

Wie topaktuell die uralte Bibel ist, sieht man am Gleichnis vom reichen Kornbauern, das Jesus erzählt. Es lohnt sich, mal im *Lukas-Evangelium* den spannenden Text nachzulesen (Kapitel 12, 15 ff). Er könnte heute geschrieben sein, jeder Satz ein Hammer. Nur ein paar Worte, doch die haben es in sich! Dieser reiche Mann wird von Jesus in hohem Maße gelobt, weil er eigentlich alles richtig macht. Er ist ein Unternehmer, der seinen Namen verdient. Die meisten Unternehmer müssten ja heute Unterlasser heißen, weil sie nichts unternehmen.

Doch er sitzt nicht auf seinem Geld, er investiert, er denkt in die Zukunft, er handelt radikal: Ihn erwartet eine große Ernte. Dafür sind seine Scheunen zu klein. Nun baut er nicht an oder um, er reißt alles ab und baut neu. Er tut alles, was der neuen Situation angemessen ist. Ein moderner, umsichtiger, wagemutiger Unternehmer, der konsequent und strategisch handelt. Er geht auf volles Risiko.

Doch dann kommt der hammerharte Satz Gottes: »Du Narr, diese Nacht wird man deine Seele von dir fordern. Und wem wird dann gehören, was du bereitet hast?« Dieser Mann hat unternehmerisch alles richtig gemacht, jedoch das Entscheidende vergessen: Er hat seine Rechnung ohne

Gott gemacht. Er hat Gott nicht einkalkuliert. Er hat nicht daran gedacht, als Kandidat des Todes, wie wir es alle sind, zu bedenken: Am Ende, bei der Schlussbilanz, kommt es nicht auf irdischen Reichtum an, da zählt allein das Herz. Ob es am Geld oder an Gott hängt.

Die weltbekannte Begegnung von Jesus Christus mit dem reichen Jüngling macht überdeutlich, welche verführerische Gefahr und Selbsttäuschung im Reichtum liegen kann: Als er dem Rat von Jesus, alles zu verkaufen, nicht folgen wollte und er das ewige Leben damit verspielte, ging er traurig davon. Nur wer sein Herz an Gott hängt, kann fröhlich sein, so steht es schon im Buch der Sprüche.

»Wer Gott folgt, riskiert seine Träume, setzt eigene Pläne aufs Spiel«, dichtete in den 1980er Jahren der wortgewaltige Chemnitzer Jugendpfarrer Dr. Theo Lehmann. Auch den Plan des großen Geldes. Doch wer diesen Traum nicht platzen lassen will, dem bleibt nur noch der traurige Weg weg vom Himmel.

Das Einzige, was an dem Klatten-Quandt-Interview wirklich traurig ist, ist der fast schon selbstgefällige Satz, der wohl Mitleid erregend klingen soll und doch so absurd ist: »Wer würde denn mit uns tauschen wollen?« Beide haben zusammen 37,5 Milliarden Euro Vermögen. Und sie müssten sich schützen, weil sie gefährdet sind. Ich wüsste viele, die gern mit ihnen tauschen würden: unterbezahlte Altenpfleger und Krankenschwestern. Polizisten, die sich in den Städten, die sie schützen sollen, die Mieten nicht mehr leisten können. Ich kenne viele, die sich für 'nen Appel und 'nen Ei abrackern, ohne die aber unser ganzes europäisches Wohlfühl-System zusammenbrechen würde.

Und müssen sich nur die ach so bedauernswerten Quandt-Erben schützen?! Was ist denn mit den Polizisten, die sich dem linksradikal-gewaltbereiten Mob beim G20-Gipfel, bei Häuserbesetzungen oder den Anti-Kohle-Demos in Garzweiler aussetzen müssen. Soldaten, die ihren Kopf für unsere Sicherheit und den Schutz vom Islam terrorisierter Länder hinhalten müssen. Feuerwehrleute und Notärzte, die in ihrer lebensrettenden Arbeit behindert werden. Oder unschuldige, oft anonyme Menschen, die auf unseren Straßen mordender Messerstecherei ausgesetzt sind. Oder deren Wohnungen von Banden ausgeraubt werden. Und die vielen Besorgten, die sich nicht mehr trauen, ihre Meinung frei zu äußern.

Ach, da ließe sich so mancher nennen, dem es schlechter geht als Milliardenerben, wie immer sie auch heißen. Die weder Reichtum haben noch sich den Schutz leisten können, den sie eigentlich bräuchten. Eigentum verpflichtet, heißt es im Grundgesetz. Die genannten Familien beherzigen das. Was ihnen meist entgegengebracht wird, ist Neid, eine typisch deutsche Krankheit. Doch sollte man dann lieber ein ruhiges, verantwortliches Leben führen, statt solche Antworten in öffentlichen Interviews zu geben. Mal als kleiner Ratschlag von einem, der von seiner Pension recht gut leben kann ...

Neue Tees mit alten Eso-Sprüchen

Nein, früher war wirklich nicht alles besser. Aber wir wussten es besser. Nehmen wir nur mal die Teesorten. Als Nordseefan liebe ich natürlich den Friesentee, richtig schön zelebriert mit Sahne und Kandis in der korrekten Reihenfolge. »Friesisches Wölkchen« passt dann schon mal als Name und lässt klar seinen Ursprung erkennen: das herrliche Wölkchen, das entsteht, wenn man die Sahne von der Seite in die Tasse laufen lässt.

Früher wusste man, was man kaufte. Heute muss man erst mal das Kleingedruckte auf der Verpackung lesen, eine Zumutung für Augen und Geduld. Hatte ich als Kind einen verdorbenen Magen, gab es ganz schlicht Pfefferminz oder Kamille. Was waren das noch für Zeiten, als es ganz stinknormalen Malventee gab, Hagebutte oder Sanddorn.

Heute steht man im Supermarkt vor dem Teeregal und glaubt, in einem esoterischen Club gelandet zu sein. Der Fantasie sind keine Grenzen gesetzt: Heiße Versuchung, Gute-Laune-Mischung, Magical Forest ... Der Inhalt kann alles oder nichts sein. Irgendwie beknackt: Landlust, Freude und Harmonie, Teamwork-Tee, Ruhige Seele, Abwehr aktiv ...

Geschmacksrichtungen wie Schokolade, Käsekuchen, Gummibärchen mag trinken, wer will, doch ich will wissen, was ich trinke. Da helfen die tollsten Namen nichts. Grüner Tee oder Rotbusch, meinetwegen auch Apfel. Dann aber mit Klarnamen und ohne die Kreativität von Werbepsychologen, die dem Tee Eigenschaften andichten, die nur durch einen ganz großen Glauben in Erfüllung gehen.

Man fragt sich ohnehin: Trinkt man »Gute-Laune-Tee«, weil selbige einem fehlt? Denn der »Schietwettertee« wird ja auch nicht getrunken, damit es regnet, sondern weil das Wetter eben schiete ist. Also ist diese ganze Namenslyrik im Grunde genommen unlogisch. Vielleicht gibts gegen Unlogik ja auch einen Tee, der gelassen macht. Und apropos

»Ruhe und Gelassenheit«: Der *Südwestrundfunk (SWR)* hat diese Fantasieprodukte mal unter die Lupe genommen mit der erschreckenden Erkenntnis, dass vor lauter Belastungen und Schadstoffen oft weder Ruhe noch Gelassenheit geboten sind. Da passt schon eher »Ruhe sanft«! Also dann doch lieber die gute alte Kamille!

Nur eins würde ich ausnahmsweise akzeptieren: wenn jemand die besondere Mischung »Sei bei Trost« erfindet.

Wahlversprechen: Lügen wie gedruckt

Ein riesiges Plakat, das ans Herz geht. Und damit hätte es sein Ziel schon erreicht. Man sieht eine Frau im weißen Arztkittel mit einem Stethoskop um den Hals. Freundlich, geradezu mild lächelt sie einen älteren Herrn an, der neben ihr sitzt und dem sie den Blutdruck misst. Daneben steht in großen Lettern: »Landärzte stärken. Krankenhäuser erhalten. In jeder Region.« Es ist ein Plakat der SPD für die Brandenburgische Landtagswahl 2019. Die Anmutung ist völlig klar: Da macht eine junge Landärztin einen Hausbesuch bei einem Kranken, und das soll dank SPD auch so bleiben oder noch besser werden.

Doch nichts an dem Plakat hat etwas mit der Realität zu tun. Nichts ist so, wie es scheint. Das Ganze ist das, was man neudeutsch ein Fake nennt, eine gedruckte Lüge. Die Frau ist keine Ärztin, sondern in Wahrheit eine Sekretärin aus der Parteizentrale, als Medizinerin verkleidet. Und der »Patient« ist (glücklicherweise) nicht krank, sondern kerngesundes Parteimitglied der SPD. Reines Theater also.

Auch die Plakate, mit denen der Spitzenkandidat der SPD wirbt, sind nicht besser. Da sieht man Dietmar Woidke, wie er »zufällig« mit einer älteren Dame am Gartenzaun spricht, so von Mensch zu Mensch. Diese Frau gehört weder in den Garten noch an den Zaun, sondern ins Büro der SPD-Zentrale. Sie ist im wahren Leben SPD-Geschäftsführerin. Und das Wahlplakat »für kostenfreie Kitas« zeigt einen Parteimitarbeiter in der Rolle als Vater – mit Kindern, die gar nicht seine sind.

So kann man sich seinen eigenen Wahlkampf kaputtmachen. Das Ergebnis war dann auch entsprechend: verheerende Verluste für die SPD, die sich jedoch verzweifelt an die Macht klammerte. Plakate, über die man spricht, helfen. Plakate, über die gespottet wird, sind eine Katastrophe. Und die größte Katastrophe: Die anderen Parteien machen es kaum anders, im Gegenteil. Peinlich ist es nur, wenn es auffliegt.

Solche Plakate, auf denen Parteisoldaten und -soldatinnen Theater spielen, bestärken nur das, was die Bürger ohnehin denken: Die meisten Wahlkampfslogans sind leere Versprechungen. Worthülsen, die falsche Erwartungen wecken. Nach der Wahl hält sich sowieso kein Politiker mehr an das, was er im Wahlkampf hoch und heilig versprochen hat. Durch diese Fake-Plakate wird dieses festeste aller festen Vorurteile gegen die Politik nur noch verfestigt.

»Ist der noch bei Trost?!«, war mein erster Gedanke, als sich der damalige SPD-Vorsitzende und Vizekanzler Franz Müntefering im Sommer 2006 in den Satz verstieg: »Wir werden als Koalition an dem gemessen, was in Wahlkämpfen gesagt worden ist. Das ist unfair.« Man reibt sich die

Augen, schaut noch dreimal hin, hört noch mal in die Mediathek und stellt dennoch fest: Der hat das tatsächlich so gesagt. Es sei unfair, Politiker an ihren Wahlversprechen zu messen. Ja, woran denn sonst?!

Man kann sich dann die Steuerzahler-Millionen sparen, die für sinnlose Wahlveranstaltungen und sinnfreie Wahlplakate verpulvert werden, wenn das ohnehin alles Fake ist. Damals ging es übrigens um keine Lappalie auf irgendeinem politischen Nebenschauplatz, es ging um das zentrale Wahlversprechen der SPD: Mit uns wird es keine Erhöhung der Mehrwertsteuer geben. Auf Plakaten und Kundgebungen skandierte derselbe Müntefering, der plötzlich von allem nichts mehr wissen wollte, mit ihm werde es diese »Merkel-Steuer« niemals geben. Und dann, als er nach der Wahl mit ebenjener Frau Merkel im Duo die Bundesregierung anführte, gab es nicht nur die Erhöhung auf 18 Prozent, die Merkel gefordert und die Müntefering erbittert bekämpft hatte. Nein! Es gab gleich noch einen Prozentpunkt drauf.

Also: Aus null Erhöhung SPD-Versprechen und zwei Punkte Erhöhung Merkel-Forderung vor der Wahl wurde nach derselben eine satte Drei-Punkte-Erhöhung auf 19 Prozent. Wenn schon lügen, dann dreist. Und anschließend die Wähler beschimpfen, sie wären zu blöd zu verstehen, dass man sich an seine Wahlversprechen nicht halten muss. Die müssen wirklich nicht bei Trost sein.

Was Müntefering meint, ist natürlich klar: In einer Koalition muss man Kompromisse eingehen und kann seine Versprechungen nicht eins zu eins umsetzen. Das weiß doch jedes Kind. Doch in diesem Fall hätte der Kompromiss gelautet: Erhöhung der Mehrwertsteuer auf 17 Prozent. So wären sich beide Partner einen Schritt entgegengekommen. Aber noch einen Punkt draufzusatteln ist so dreist, dass einem jedes Verständnis für die Kunst des politischen Kompromisses abhandenkommt. So wird die Politiker-Verdrossenheit nur noch befeuert. Selbst schuld!

Ich ertrage diesen Dschungel von Plakaten nicht mehr, durch den man sich vor Wahlen schlängeln muss. Da müssen ganze Regenwälder dran glauben, damit sinnfreie Sprüche einem das Blaue vom Himmel versprechen und Kandidaten, von denen man nach der Wahl oft nie wieder etwas hört, einem in voller Selbstdarstellung entgegenstrahlen. Und das oft mit Fotos, die mit der Realität auch nichts zu tun haben.

Paradebeispiel der Lächerlichkeit war das Plakat der SPD-Spitzenkandidatin für die NRW-Landtagswahl 2010, Hannelore Kraft. Ihr Foto glich einer Zeitreise. Warum in aller Welt muss eine 58-jährige Kandidatin wie ein 30-jähriges Model aussehen? Warum muss sie mit Fotos schummeln, um Ministerpräsidentin zu werden? Der Schuss ging nach hinten los. Die Häme nahm kein Ende. Und wo wir schon mal bei Frau Kraft sind: Die brachte es tatsächlich fertig, riesige Anzeigen für eine bessere Bildung zu schalten (»Kein Kind zurücklassen!«), in denen gleich (zur Anschauung?) ein peinlicher Rechtschreibfehler zu finden war: Der SPD sei es zu verdanken, dass es »seid 2010 rund 7 200 mehr Lehrer in NRW gibt«. Seid statt seit! Der klassische Grundschulfehler.

Der Glaubwürdigkeit unserer Politik wäre mehr geholfen, statt Fake-Plakaten und Kandidaten-Selbstdarstellung das direkte Gespräch mit den Bürgern zu suchen. Ungefiltert. Übrigens das Erfolgsrezept vieler Quereinsteiger oder Direktkandidaten, die kaum Geld für teure Wahlkampagnen haben. Der gute alte Marktstand hat noch längst nicht ausgedient! Und wer es fertigbringt, dazu noch die »neuen Medien« zu nutzen mit Chatten und Twittern, der ist auf der sicheren Seite.

Aber das schaffen noch nicht mal steinreiche traditionelle Volksparteien mit ihrer teuren Infrastruktur und ihren riesigen Apparaten. Da musste nur ein blaugelockter Pastorensohn aus Wuppertal namens Rezo kommen, ein Video ins Internet stellen, und die angegriffene CDU brauchte vier ganze Tage und Nächte und 14 Millionen (!) »Likes«, um aus dem Koma zu erwachen und den Ernst der Lage zu erkennen. Dieser kommunikative Mega-Gau hat die Europawahl 2019 entscheidend beeinflusst. Aber das ist ein anderes Thema, das einen ratlos zurücklässt.

Politiker und Journalisten zwischen Gutdenk und Neusprech

Joachim Gauck klang bei seiner Antrittsrede als Bundespräsident stark nach Martin Luther, als er an die anwesenden Politiker appellierte: »Redet offen und klar, dann kann verloren gegangenes Vertrauen zurückgewonnen werden.« Vielleicht hatte er dabei an Sätze wie diese gedacht, die nach krachenden Wahlniederlagen aus Politikermund wie Hohn wirken. Nach dem Dank an die Wählerinnen und Wähler und alle engagierten Plakatkleber und Plakatkleberinnen, die den Mut nie verloren haben, heißt es dann in TV-Statements: »Heute ist kein Tag für Schuldzuweisungen. Natürlich ist es jetzt wichtig, die Situation eingehend und vollumfänglich zu untersuchen und gemeinsam mit Experten ohne Wenn und Aber zu analysieren. Alles muss auf den Prüfstand, um dann nach einem zeitnahen, aber nicht übereilten Urteil die nötigen Konsequenzen zu ziehen ...«.

Die Sprache der Politiker, auch Kauderwelsch genannt, ist eine Mischung aus Neusprech und Gutdenk, aus Worthülsen und Sprachkosmetik, aus Sprechblasen und Fachchinesisch, aus Versatzstücken und Polit-Phrasen, aus Allgemeinplätzen und Fremdwörtern. Jedenfalls ist es nicht die Sprache der normalen Leute und nicht der Klartext, den Luther gesprochen und gefordert hat: dem Volk aufs Maul schauen, ohne ihm nach dem Munde zu reden.

Dabei ist ganz nebenbei Kauderwelsch auch eine Art Herrschaftsinstrument. Hier wird bewusste Unverständlichkeit geradezu zum Ritual erhoben und dient dazu, vor dem Bürger die wahren Ab- und Ansichten zu verschleiern. Die EU, also »Brüssel«, hält dabei alle Rekorde und ist somit ein Monument der Bürgerferne. Je komplizierter die zu entscheidenden Dinge sind, desto kruder ist deren sprachliche Verpackung. Bei der Euro-Rettung blickten selbst die Politiker nicht durch, die dann mal eben für ein paar Milliarden ihre Hand hoben. Doch die Bürger wurden nahezu sediert mit Floskeln wie Euro-Rettungsschirm, Finanztransaktionssteuer, Fiskalpakt, ESM oder EFSF ...

Zu einer Rede des über seine Doktorarbeit gestürzten CSU-Politikers Karl-Theodor zu Guttenberg schrieb ein spitzfedriger Zeitungskorrespondent: »Eigentlich hatte er nicht viel zu sagen, aber das kam gewaltig rüber.« Als Wirtschaftsminister zu seiner klaren Distanz zur Kanzlerin in Sachen

Opel-Zukunft befragt, umhüllte zu Guttenberg seine Antwort als Schulbeispiel von Metapher-Klempnerei: »Die Brücke für mich war, dass die gesamte Bundesregierung zu einer Gesamt-Einschätzung gekommen ist. In diese Einschätzung ist meine abweichende Haltung mit eingeflossen.« Aha ... Wer Sachverhalte so verschleiert, liefert nichts als Mogelpackungen.

Das Schlimmste ist, wenn dieses Kauderwelsch auch noch mit dem Neusprech der Wichtigtuer aufgehübscht wird, diesem elenden Denglisch. Selbst Hans-Dietrich Genscher, legendärer Außenminister und nun wahrlich weit- und weltgereist, monierte: Was soll man davon halten, wenn man mitten in Deutschland zu einem »Get-together« eingeladen wird, das um 18 Uhr beginnt und ein »Open End« hat. Das »Outfit« ist freigestellt, der »Event« findet in einer »coolen Location« statt, wo es »Drinks« und »Fingerfood« und die »Buttons« am »Info-Counter« gibt. Lassen Sie sich also Zeit zum »Smalltalken und Networken«. Wie albern!

Man muss nicht jedes Modewort – vor allem in der Jugendsprache – gleich verdammen, aber der Muttersprache seines Vaterlandes Respekt zu zollen, das hat mit Deutschtümelei nichts zu tun. Die Schönheit der eigenen Sprache ist ein lebendiger Ausdruck unserer kulturellen Identität. Es gibt allerdings tausend Möglichkeiten, unsere Sprache zu verhunzen, schwierig, verwirrend und unverständlich zu machen. So wird das eigentliche Ziel von Sprache kaputt gemacht: verstanden zu werden.

Das Schwelgen in wolkigen Wortgirlanden und das Fabulieren und Filibustern in Fachausdrücken soll einem den Anstrich des Eingeweihtseins geben. In seiner legendären

Berliner »Ruck-Rede« warnte Bundespräsident Roman Herzog vor »Sprachungetümen, in denen sich deutsche, lateinische, griechische und englische Wortteile paaren und die dann noch zu den abenteuerlichsten Buchstaben-Kombinationen gekürzt werden«.

Ich erinnere mich an Einladungen zur Bundespressekonferenz, BPK genannt: »11.15 Uhr BM Meier, StS'in/BMAS Müller und STS/BMAS Schulze«. Gemeint waren die Köpfe des Bundesarbeitsministeriums. Oder: »Dienstag hält StS'in/BMFSFJ Lehmann die Keynote beim DF.« Im Klartext: Die Staatssekretärin des Familienministeriums spricht ein Grußwort beim Deutschen Frauenrat. Wie singen die *Fantastischen Vier* so schön: »HNO, EKG und AOK/LBS, WKD und IHK/UKW, NDW und HubertK/BTM, BKA, hahaha!«

Das beste Kompliment für einen Politiker sollte sein: Er redet Klartext. Aber aus lauter Angst, als Populist verschrien zu werden, wenn man populär redet, versteckt man sich lieber im Floskel-Wald. Die höchste Kunst der Kommunikation ist, komplexe Sachverhalte in verständliche Worte zu übersetzen. Es ist simpler, sich hinter Kauderwelsch zu verbergen, als einfach und verständlich zu reden.

Das gilt genauso für Buchautoren. Für mich ist es wie ein Ritterschlag, wenn Zuschauer oder Leser einem attestieren: Sie versteht man wenigstens. Nur so funktioniert positive Streitkultur, nur so funktioniert wahre Volksherrschaft. Ohne klare Sprache kann man keine klare Position beziehen. »Hahne schreibt, wie der Stammtisch spricht«, geiferte ein filigraner Feuilletonist. Was für ein Kompliment!

Der französische Schriftsteller, Drehbuchautor und Politiker André Malraux fasst es tiefsinnig so zusammen: »Verständliche Sprache bei einem Politiker zeugt von gutem Gewissen.« Der Umkehrschluss dieser Einsicht ist bezeichnend. Unvergessen: Auf dem Weg in ein Fotostudio, um das Titelbild dieses Buches zu »schießen«, fuhr ich durch die Berliner Karl-Marx-Allee. Just dort sendete *rbb-Inforadio* einen Originalton des Kanzleramtsministers über die Kosten der neuen CO_2-Abgaben – in meinen Augen eine gigantische Arbeitsplatzvernichtungs-Orgie.

Zuvor hatte Frau Umweltministerin gefordert, die Inlandsflugpreise drastisch zu erhöhen. Klar, was schert das Politiker, die ohnehin fröhlich auf Steuerzahlers Kosten die Businessclass füllen. Zeitgleich kam übrigens die Meldung, dass für die Vereidigung der neuen Verteidigungsministerin die Abgeordneten zu einer Sondersitzung des Bundestages aus dem Urlaub eingeflogen werden. Für 90 (in Worten: neunzig) Sekunden und 44 Wörter Eid! Da schlägt das Klima Purzelbaum!

Nein, der Klimaschutz würde nicht nur übers Geld geregelt, heißt es nun via Radio aus dem Kanzleramt. Die Bürger sollten sich keine Sorgen machen. Allerdings gäbe es ein paar »Bepreisungselemente«. Ich habe mir das bei einer roten (!) Ampel gleich aufgeschrieben: »Bepreisungselemente«. Wer denkt da in der Karl-Marx-Allee nicht gleich an Erichs Winkelemente, im Oktober 1989 parademäßig letztmalig eingesetzt. Mit verbaler Spachtelmasse wird die Wahrheit verschleiert und die Herrschaft durch Wortgeklingel angetreten.

George Orwell lässt grüßen. In seinem Roman *1984* (vieles aus dem seinerzeit real-existierenden Stalinismus übernehmend) schreibt er 1948 bereits ein »Wörterbuch der

Neusprache«, wie vorausschauend! »Wir geben der Neusprache ihren letzten Schliff. Wir merzen jeden Tag Wörter aus.« Die Neusprache hat das Ziel, die Reichweite der Gedanken zu verkürzen, sie ist eine Art Wirklichkeitskontrolle. »Die Revolution ist vollzogen, wenn die neue Sprache vollendet ist.« Es wird kein Denken mehr geben.

Klar, der pädagogische Euphemismus spricht heute von »einseitig Begabten« statt von Dummen, von »schuldistanzierten« Jugendlichen statt von Schulschwänzern – die ganz aktuell ja Klimaschützer heißen. Orwell pur! Früher hieß es Deutsche, heute »schon länger hier Lebende« (Angela Merkel).

»Bepreisungselemente« – ja, seid ihr denn noch ganz bei Trost! Da fasst man sich doch an den Kopf vor lauter Fassungslosigkeit. Ich war also richtig in Fahrt für die Fotoaufnahmen!

Dieses ganze Parteien-Blabla klingt wie Comedy. Nur ein paar Kostproben aus Partei- beziehungsweise Wahlprogrammen: Großschutzgebietsverwaltungen, Vergesellschaftungsexperimente – was für ein Buchstabensalat. Infrastrukturprojekte sollen durch Build-Operate-Transfer umgesetzt werden. Prävention kann Multimorbidität verhindern. Ein Prädatoren-Managementplan soll Artenvielfalt schützen ... Aber wer, bitte schön, schützt uns vor diesem Kauderwelsch einer bürgerfernen pseudo-wichtigen Politsprache?! Ich hätte gern mal die Live-Übersetzung in die Weltsprachen gehört, als Bundeskanzlerin Angela Merkel mit dem Monsterwort »Waldkohlenstoffpartnerschaft« die Klimadebatte der UNO-Vollversammlung bereicherte.

Deshalb Schluss mit dem schrecklichen Blabla und

dieser elenden Phrasen-Drescherei. Die Liste illustrer Beispiele ist endlos. Wörter, die kein normaler Mensch benutzt: politische Hausaufgaben machen, alternativlos, am Scheideweg stehen, Zivilgesellschaft (das Gegenteil von Militärdiktatur?), integrale Konzepte, strukturelle Ökologisierung, die schon länger hier Lebenden, gesamtgesellschaftliche Aufgaben, nachhaltig, Nullzinspolitik, Minuswachstum ... Doch Vorsicht! Peter Struck, einstiger SPD-Verteidigungsminister, hat recht: »Die Medien verschanzen sich genauso hinter Fachchinesisch und Expertensprech.« Journalisten müssen jedoch die Nebelsprache der Politiker durchdringen, entlarven, zur Kenntlichkeit entstellen! Besser kann man es gar nicht auf den Punkt bringen, als ich es neulich in einer Karikatur sah. Fragt ein Politiker den anderen: »Was haben Sie unlängst zur Steuerreform gesagt?« Antwort: »Nichts.« »Na, das weiß ich. Aber wie haben Sie's gesagt?« So etwas gnadenlos aufzudecken ist guter Journalismus. Wobei man, wie Axel Rothkehl in der *Neuen Osnabrücker Zeitung* ein Porträt über mich titelte, »auch lächelnd Biss zeigen kann«.

Aber auch Journalisten spielen ihre Rolle in einem seltsamen Bündnis zwischen Worthülsen-Politikern und Kauderwelsch-Korrespondenten. Ein steter Beweis, wie wohlig man sich in der gemeinsamen Parallelwelt eingerichtet hat, weit weg vom normalen Bürger. »Mancher Hauptstadtjournalist, der sich mit anbiederndem Polit-Sprech in den eigenen Fragen verheddert, darf sich nicht wundern, wenn am Ende eine vernünftige Antwort fehlt« (Jörg Quoos).

Es darf nicht länger Stilelement bleiben, Dinge in der Schwebe zu halten, indem man viel redet und nichts sagt.

In unzähligen Interviews mit Spitzenpolitikern habe ich dieselbe Erfahrung gemacht, die das TV-Urgestein Frank Elstner so beschrieb: »Kaum hat der Toningenieur das Mikro abgekabelt und die Gästebetreuerin ein frisches Pils gezapft, können Politiker plötzlich Klartext reden. Ist die Kamera an, wird schwadroniert.«

Für Journalisten wie für Politiker gilt der unüberbietbar aktuelle Ratschlag von Jesus Christus in seiner berühmten Bergpredigt: »Eure Rede aber sei: Ja, ja, nein, nein. Was darüber ist, das ist vom Übel« (*Matthäus* 5, 37). Damit einem nicht das passiert, was der messerscharfe Satiriker Karl Kraus in bitterer Ironie über beide Berufsstände sarkastisch anmerkt: »Es genügt nicht, keinen Gedanken zu haben: Man muss ihn auch ausdrücken können.«

Behördenterror – oder: Ordnung muss sein

Schade, dass ausgerechnet der von mir geschätzte Heinz Buschkowski das »Opfer« war. Aber diesen Gag konnte ich mir einfach nicht entgehen lassen. Es war bei einem der letzten Sonntagabend-Talks von Günther Jauch aus dem Berliner Gasometer. Die 350 anwesenden Studiogäste applaudierten begeistert.

Obwohl das Thema traurig war: die zunehmende Zahl vernachlässigter, misshandelter und missbrauchter Kinder. Skandalöse Todesfälle in Bremen, Berlin und Hamburg ließen die Leute auf die Barrikaden gehen. Doch der damalige Neuköllner Bezirksbürgermeister musste eingestehen: »Wir haben zu wenig Personal in den Jugendämtern. Die sind jetzt mit Migration und Integration schon völlig überfordert.« Das brachte mich vollends auf die Palme. Und ich »krönte« meine Philippika mit dem umjubelten Vorschlag: »Dann sparen Sie doch Kräfte beim Ordnungsamt ein, die Jugendämter sind lebenswichtig!«

So viel kleinkarierten Bürokraten-Terror wie beim Ordnungsamt erlebt man selten in einem Staat, der weder in der Lage ist, seine Grenzen zu sichern noch seine Bürger zu schützen. Wobei ich betone: Die meist uniformierten Mitarbeiter tun das, was ihnen in fernen Galaxien lebende Politiker zu tun anordnen – insofern stimmt der Name Ordnungsamt in doppelter Hinsicht. Mir tun diese Leute oft leid, die ähnlich wie Polizisten diesen behördlichen Schwachsinn umsetzen müssen.

Aber ein bisschen Kulanz ... Ich sah den Knöllchenschreiber am Straßenanfang, sprang schnell auf völlig leerer Nebenstraße in die Bäckerei und ließ das Auto in zweiter Reihe stehen. Nach zwei Minuten war ich wieder draußen und der Mann völlig außer Atem zeitgleich an meinem Wagen. Wie lächerlich, durch einen 380-Meter-Spurt in sommerlicher Gluthitze ein sicheres Opfer abzukassieren, statt ein Auge mit einer lächelnden Verwarnung zuzudrücken.

Die Bäckerei war kurz vorher drei Wochen lang renoviert worden. Für ein paar Stunden stand täglich ein Brotwagen vor der Tür, blockierte gerade mal zwei der ohnehin wegen Ferien leeren Parkplätze. Eines Morgens: nix Brotwagen, nur schimpfende Bauarbeiter. Das Ordnungsamt hatte eingegriffen und für Ordnung gesorgt. Solche Behördenwillkür führt dazu, dass die letzten Einzelhändler und Gastwirte resigniert ihre Läden dichtmachen.

Dasselbe, als ich mit Kollegen draußen essen war, die Autos vermeintlich ordnungsgemäß in Sichtweite geparkt. Doch ein Wagen ragte 15 Zentimeter zu weit auf den Gehweg. Fünfzehn Zentimeter! »Das Ordnungsamt«, diesmal in weiblicher Form, kannte keine Gnade.

Ganz zu schweigen von den Geschichten, die Gastronomen von ihren Terrassen erzählen. Da kriechen Uniformierte auf der Erde herum, um die Entfernung vom Tischbein zur Straße oder vom Stuhl zur Hauswand zu messen. Millimetergenau. Die stört es nicht, dass unsere Großstädte inzwischen durch Leihfahrräder oder diese unsäglichen Elektroroller vermüllt sind. Auch nicht, wie rücksichtslos damit gefahren wird. Nein, die Gutmenschen unter den Mobilen darf man doch nicht verschrecken.

Apropos Brotwagen und Hahnes zweite Reihe: Es hätte für alle Parkraum gegeben, wäre nicht gerade ein Minister in die noble Gegend gezogen. Dafür wurde ein gelber Postbriefkasten entfernt, ebenso einige der orangenen Mülleimer mit den meist witzigen Aufschriften, und obendrein noch von der Anwohnerschaft dringendst benötigte Parkplätze gesperrt. »Der Herr Minister braucht es bequem und sicher«, so der vielsagende Kommentar eines patrouillierenden Polizisten.

Mein Vorschlag sorgte für Heiterkeit bei Bäckerei und Polizei: Da der Herr Minister, laut *WELT* »die wandelnde Plattitüde«, doch oft mit meist kaputten Regierungsflugzeugen unterwegs ist, könnte man eine Ampel schalten und zwischendurch, zum Beispiel bei der nächsten Panne, die Parkplätze kurzzeitig freigeben. Oder eben jemanden vom Ordnungsamt schicken.

Zug und Flug: ein Fluch?

Die Lust aufs Fliegen könnte einem glatt vergehen. Also nicht dem gewöhnlichen Volk wie unsereins, aber den Spitzenpolitikern. Die sind bekanntlich trotz allem Klimaverdruss unverdrossen Vielflieger. Und wenn sie zu den Verfassungsorganen gehören oder Mitglieder des Bundeskabinetts sind, kommen sie sogar in den Genuss eines Sonderservices, der sich wohlklingend Flugbereitschaft nennt. Aber was heißt schon Bereitschaft? Wenn denn mal eine solche Staatsmaschine startbereit ist, geht sie zumeist irgendwo während des Fluges kaputt.

Ständig werden neue Pannen gemeldet, welcher Minister in welcher Wüste steckt – also nicht in sie geschickt wurde. Es wäre fast besser, die gelungenen Flüge zu melden. Die anderen gehören inzwischen zur Normalität. Und bis die bestellten fliegenden Neuzugänge einsatzbereit sind, ist vermutlich eine neue Politikergeneration im Einsatz. Also: Tapfer durchhalten, denn der ganze Spaß (im Jahr 2017 exakt 438 Flüge) kostet uns Steuerzahler mehr als eine viertel Milliarde Euro, nicht eingerechnet die Materialerhaltung von mehr als hundert Millionen.

2018 gehörte Kanzlerin Merkel naturgemäß zu den häufigsten Fluggästen. Auch sie stand immer mal irgendwo rum. Flug-Konkurrenz machen ihr als Vielflieger der Bundespräsident und die Minister für Äußeres und Verteidigung. Besonders peinlich sind die Pannen, wenn sie dem Entwicklungsminister in einem armen afrikanischen Land passieren, dem man doch zeigen will, was man alles entwickeln kann. Alles, außer Flugzeuge und Flughäfen. Auf welchem Erdteil dann die Bananenrepublik ist, lässt sich unschwer vermuten.

Also liegt es nahe, zumindest für innerdeutsche Reisen die Bahn zu nehmen. Ausgerechnet zum 70. Jahrestag des Grundgesetzes versagte die Präsidentenmaschine auf dem Flug nach Karlsruhe. Der Pilot meldete vor dem Start eine defekte Cockpitscheibe. »Aus Zeitgründen«, so berichtet die *FAZ*, sei die Nutzung einer anderen Maschine der Flugbereitschaft nicht möglich gewesen. Praktischerweise sind die ja in Köln und nicht in Berlin stationiert. Folglich wurde Bundespräsident Steinmeier »spontan auf einen Privatjet umgebucht«. Da hätte man doch umwelt- und finanzfreundlich auf die spontane Idee kommen können, genauso spontan in den Zug zu steigen.

Bei der Journalisten-Nachfrage, welcher Minister denn so alles mit der Bahn reist, kommen meist nur zögerliche Antworten. In der Regel Allgemeinplätze wie der Satz von Umweltministerin Svenja Schulze: »Wann immer möglich, ist der Verzicht auf Flüge die richtige Wahl für das Klima.« Karlsruhe lässt grüßen! Toll auch die Antwort: Der Minister/die Ministerin fahre »auch« mit der Bahn. Eine interessante Reaktion kam von Entwicklungsminister Gerd Müller: »Ich nutze, wann immer es mir möglich ist, das Angebot der Bahn für meine Dienstreisen.«

Da sind wir also bei des Pudels Kern beziehungsweise beim Hauptproblem allen Reisens: Nicht »wann immer es mir möglich ist«, sondern richtiger »wann immer es der Bahn möglich ist« muss es heißen. Nun bin ich kein Minister, aber die Möglichkeiten der Bahn sind für alle Reisenden gleich beschränkt. Nach drei Wochen intensiven Bahnfahrens vor Kurzem habe ich so alle Varianten erlebt. Und einmal, wirklich nur einmal, konnte ich aus dem Zug eine SMS absetzen mit dem fast wundersamen Inhalt: »heute erstmals pünktlich«. Doch wie zur Bestrafung meines Übermutes blieb die Bahn wenige Kilometer später vor Hildesheim stehen. Eine gefühlte Ewigkeit, Grund unbekannt.

Höhepunkt war das Abenteuer von dreimal Umsteigen, da sollte man gleich drei Wochen einplanen. All das wurde noch dadurch übertroffen, dass am Spandauer Bahnhof ein Zug in meine westfälische Heimat zunächst zehn Minuten Verspätung hatte (»Grund ist ein defekter Vorzug«), dann zwanzig Minuten (»Grund ist ein Defekt am Zug«), dann 25 Minuten (»Grund ist die zu späte Bereitstellung des Zuges«) und plötzlich wie von Geisterhand von der Anzeigetafel verschwand, ohne dass eine Begründung oder ein Ersatzzug genannt wurden. Er war einfach weg.

Nun weiß ich, warum unsere Regierenden nur beim Thema Klimaschutz das große Zug-Wort schwingen, ansonsten aber Bahnhöfe verschämt meiden. Man ist sich nicht mehr sicher, ob von Berlin aus der geplante Zug überhaupt fährt. Die Fahrgastverbände beklagen als Hauptgrund der ständigen Zugausfälle: Es gibt nicht genug Lokführer. Politiker dagegen gibt es zu viel, der Bundestag soll ja demnächst größer werden als Chinas und Nordkoreas Akklamations-»Parlamente«. Da hätten mal lieber ein paar kommende Bundestagsabgeordnete auf Lokführer lernen sollen. Doch der Beruf ist längst nicht mehr so attraktiv, wie er einst Traum für Kinder war. Dazu kommt der hohe Krankenstand bei hartem Schichtdienst und häufig wechselnden Einsatzzeiten. Und die Gewerkschaften haben starre Regeln erstritten, nach denen nicht mal so schnell ein kurzfristiger Ersatz hergezaubert werden kann. So konnte einige Tage einer der wichtigsten europäischen Flughäfen nicht angefahren werden, weil der Leiter eines zentralen Stellwerks bei Frankfurt/Main erkrankt war. Denn vieles lässt sich machen, nur: Ohne Lokführer fährt kein Zug.

Ausgerechnet in der heißesten Zeit des Jahres 2019 – mit Blick auf die Temperaturen und das Ferien-Verkehrsaufkommen – konnte man an manchen Bahnhöfen verzweifeln. Da waren Verspätungen noch das kleinere Übel. Wer es also mit dem Klima ernst meint und dabei nicht nur an andere denkt, müsste sich schleunigst um mehr Personal, besseres Material und um größere Zuverlässigkeit bemühen. So könnten die Politiker selbst verhindern, zu Opfern zu werden. Und wir hätten auch alle etwas davon.

Der Herzinfarkt einer blutleeren Kirche

Wofür ist eigentlich die kirchliche Kanzel da? Nicht nur der Sozialdemokrat Helmut Schmidt bemängelte einst als Kanzler, »eine Predigt ist etwas anderes als die *Tagesschau*«. Ihm seien die Gottesdienste viel zu politisch. Doch es ist so sicher wie das Amen in der Kirche: Es gibt kaum Pfarrer, die im Laufe ihrer Ansprache nicht irgendwann den Hebel umlegen – weg vom Bibeltext Richtung Parteipolitik. Nur an *ein* Weihnachtsfest kann ich mich erinnern, an dem eine einfühlsam predigende, an der Bibel orientierte Pastorin es fertigbrachte, eine ganze Ansprache lang ohne die Wörter Flüchtling, Seenot, Klimakatastrophe, Rechtsradikalismus oder Migration auszukommen.

Der liberale Chefredakteur der WELT, Ulf Poschardt, löste Weihnachten 2017 eine tsunami-artige Debatte im Internet aus, als er nach dem Kirchenbesuch twitterte: »Wer soll eigentlich noch freiwillig in eine Christmette gehen, wenn er am Ende der Predigt denkt, er hat einen Abend bei den Jusos beziehungsweise der Grünen Jugend verbracht?!« Kein Wunder, dass die Kirchen eine nie geahnte Massenflucht erleben: Allein 2018 traten aus der katholischen Kirche 216 000 Mitglieder aus (29 Prozent mehr als 2017), 220 000 aus der evangelischen (11,6 Prozent mehr). Insgesamt 436 000 Austritte! Eine Großstadt!

Und die Evangelische Kirche in Deutschland (EKD) lässt verlautbaren, als sei nichts geschehen: Die Gottesdienstzahlen zeigten doch, »dass die Kirchenaustritte das Engagement für den Glauben und das Leben in der Kirche keineswegs bremsen«. Welche Gottesdienstzahlen? Man hat den Schuss immer noch nicht gehört?! Die WELT kommentiert treffend: »Solange das Steuergeld noch sprudelt, schlafen Kirchen weiter – ohne jede Existenzangst.«

Nachdenkenswert der Standpunkt des dänischen Philosophen Sören Kierkegaard auf dem Höhepunkt der Liberalisierung der skandinavischen Kirchen. Er schrieb 1854 in seiner Streitschrift *Der Augenblick*: »Dadurch, dass du es bleiben lässt, am öffentlichen Gottesdienst teilzunehmen..., hast du beständig eine, und zwar eine schwere Schuld weniger: Du nimmst nicht daran teil, Gott zum Narren zu halten.«

Was ist eigentlich die Mitte einer christlichen Konfession? Wo schlägt das Herz? Wo ist das Zentrum für die Gläubigen, woran wird Kirche sichtbar? Jedes Kind kennt die Antwort, jeder Atheist weiß sie: Es ist der Gottesdienst! Der Markenkern einer Kirche, und darin ist sie konkurrenzlos, ist der sonntägliche Gottesdienst.

Von Anbeginn ist das so: Hier versammeln sich Menschen, um Gottes Wort zu hören, zu singen und zu beten, zu taufen und das Heilige Abendmahl zu feiern. Der neomarxistische Philosoph Jürgen Habermas bezeichnete das in seiner historischen Disputation mit dem damaligen Kardinal Joseph Ratzinger staunend als »einmalige Ressource, die die Christen gegenüber allen anderen auf der Welt haben: diese zweckfreie Gemeinschaft«.

Umso erschütternder und bezeichnender, wenn man sich die Statistiken anschaut: Im Jahr 2017 gingen durchschnittlich nur noch 3,3 Prozent der knapp 22 Millionen Mitglieder der evangelischen Kirche in den Gottesdienst. Ganze 734 000 von 22 Millionen, ein Desaster. Müsste sich die Kirche davon finanzieren, sie wäre längst pleite. Seit Jahren befindet sich der Gottesdienstbesuch im freien Fall. Von den 23 Millionen Katholiken in Deutschland gehen immerhin (2017) noch 9,8 Prozent zur Messe, erstmals liegt der Anteil der Kirchgänger jedoch unter der 10-Prozent-Marke.

Die EKD und die Landeskirchen zum Beispiel haben zusammen rund 241 000 hauptamtliche Mitarbeiter, so die offizielle Statistik »Zahlen und Fakten zum kirchlichen Leben 2019«. Dazu kommen, exakt gezählt, 1 098 157 Ehrenamtliche. Die evangelische Diakonie hat zudem 525 707 Beschäftigte und rund 700 000 Ehrenamtliche. Das sind also die

Leute, die direkt von der Kirche leben beziehungsweise mit ihr eng verbunden sind. Will heißen: Nähmen die, was man erwarten könnte, am Herzstück kirchlichen Lebens, dem sonntäglichen Gottesdienst teil, die Besucherzahl wäre erheblich höher. Ohne Worte!

Einzig die Kirchentage waren (!) es, die diese erbärmliche Statistik aufzuhübschen verstanden. Da herrschte, von öffentlich-rechtlichen Medien breit übertragen, tagelang der Eindruck: Kirche ist das Lebendigste, Jüngste und Bestbesuchte, was man sich neben dem Sport vorstellen kann. Doch der Gottesdienst? Er wird meist zum Abschluss eines Kirchentages als eindeutiger Höhepunkt gefeiert.

Vom Dortmunder Kirchentag 2019 berichtet das katholische Blatt *Publik-Forum*, das nicht durch besonders konservative Kritik auffällt: »Halb leer war das Borussen-Stadion beim Schlussgottesdienst, der nicht nur in der Kirchentagslogik, sondern auch im christlichen Selbstverständnis den Höhepunkt der Treffen darstellt.«

Der Kommentator fragt sich, was diese erschreckende Tatsache bedeutet: »Zeigt sich darin nur die verständliche Erschöpfung der Teilnehmenden nach fünf dichten Tagen? ... Oder symbolisiert das halb leere Stadion, dass das Feiern von Gottesdienst und das Bekenntnis zur Kirche für viele verzichtbar sind?«

Ähnliches konnte man ausgerechnet auch im Luther-Jubeljahr 2017 beobachten: Während zuvor über 100 000 politisierte Obama-Fans ans Berliner Brandenburger Tor pilgerten, einer Veranstaltung, deren Absender »Kirche« außer durch Anwesenheit eines Bischofs durch nichts zu erkennen war, blieben beim Schlussgottesdienst auf den menschenleeren Elbwiesen von Wittenberg ein paar Jesus-Fans unter sich.

Das Fernsehen korrigierte in der Live-Übertragung mehrmals die Zahlen nach unten, zum Beweis flog ein Hubschrauber des Deutschen Luft- und Raumfahrtzentrums (DLR) über das Gelände. Bilder sagen mehr als tausend Worte. Die *ZEIT* schrieb am 31. Mai 2017 einen aufschlussreichen Artikel (»eine wunderbare Vermehrung von Teilnehmern«), wie aus zunächst 250000 möglichen Besuchern offiziell 120000 wurden, die in Wahrheit zu 25000 (!) zusammenschrumpften ... Eine kraftvolle Predigt über das achte Gebot hätte den Organisatoren helfen können!

Hat Gottesdienst keine Konjunktur? Im Gegenteil! Wo das Evangelium der Bibel, die frohe Botschaft und gute Nachricht von Jesus Christus in des Wortes bester Bedeutung verkündigt wird, sind die Gottesdienste voll. Da, wo jenseits von Tagesaktualität und Parteipolitik, jenseits dieser elenden Rechthaberei und ideologischen Belehrungen das Wort Gottes im Mittelpunkt steht und die Seele des Menschen angesprochen wird, da ist was los. Ich erlebe das immer wieder dankbar.

Nach den Erfolgen der AfD in den östlichen Bundesländern forderten Bischöfe von den Kanzeln herab von den Politikern »eine hohe Sensibilität für die Sehnsucht der Menschen nach Freiheit, Sicherheit und einem gerechten Miteinander«. Bleibt die bescheidene Frage: Wo gehen Kirchen denn auf diese Sehnsüchte ein? Auf die Sehnsucht nach Vergebung der Schuld und Sorge für die Seele, nach Hoffnung über den Tod hinaus, nach Lebenssinn und dem Wunsch, Gott und den Menschen gerecht zu werden?

Will die Institution Kirche also keinen Herzinfarkt erleiden, gibts nur einen Weg: weg von all dem, was Sprachpolizei, Genderwahn, Tagespolitik oder Theologenwillkür einem vorgeben. Diese Pseudoreligion hat sich längst mit ihrer blutarmen Theologie der leeren Kirchenbänke als Totengräber einer lebendigen Gemeinde erwiesen. Zeitgemäß und modern soll es sein, richtig. Aber nicht modisch und dem Zeitgeist angepasst.

Seid ihr noch bei Trost, mit all diesem parteipolitischen Allotria das letzte Dach, unter dem sich alle jenseits politischer Präferenzen zusammenfinden können, abzufackeln? Sucht den Trost, wo er zu finden ist: im Heiligen Geist, der in der Bibel »der Tröster« heißt.

Schulprobleme schnell gelöst

Schreiben ist ihr Ding nicht. Einen Deutschtest hätte die Dame wohl nie bestanden, die sich Bildungssenatorin von Berlin nennt. Die Briefe, die Sandra Scheeres an Eltern oder Schulen schickte, strotzten nur so von Fehlern und waren so verquast abgefasst, dass sie Gegenstand ständiger Satire wurden.

Beispiel: »Der Entwicklungsstand und die Entwicklungsfortschritte werden mit Ihnen besprochen und bei Unterstützungsbedarf individuelle Fördermaßnahmen für Ihr Kind abgeleitet. Mit dem Erhebungsbogen Quasta auf der Grundlage des Sprachlerntagebuches wird im Sinne des Gesetzes zu dem vorgegebenen Zeitpunkt der Sprachstand für Kinder ab einem Alter von vier Jahren festgestellt.« Selbst

»Bildungsbürger« waren mit diesem an Migranten gerichteten Brief überfordert, der höchstens für ein Quiz herhalten könnte: »Suchen Sie den grammatikalischen Fehler und erklären Sie den Inhalt.«

Nun zeigt sich – mit viel dramatischeren Folgen –, dass Frau Scheeres auch nicht rechnen kann. In der Hauptstadt, dem Eldorado von politischer Parallelgesellschaft und migrantischer Multikulti-Unterschicht, fehlen bis zum Schuljahr 2020/21 rund 26 000 Schülerplätze. Und rund 1 200 Lehrer gibts schon jetzt zu wenig. Doch was heißt Lehrer?!

Nach den Sommerferien 2019 stellte man plötzlich und unerwartet fest, dass von den jetzigen Lehrern lediglich vierzig Prozent »echte«, also ausgebildete Pädagogen, sind. Sechzig Prozent sind Quer- und Seiteneinsteiger.

Nun hat das nicht unbedingt etwas mit Qualität zu tun. Ein Nebenerwerbs-Lehrer oder rekrutierter Rentner mit Herzblut ist allemal besser als ein desinteressierter Vollakademiker. Meine Tante gehörte nach dem Krieg zu solchen Quereinsteigern – fast ohne jede Ausbildung. Zu ihrer Beerdigung kamen viele ehemalige Schüler, um sich bei dieser prägenden Frau zu bedanken. Wer kann das schon von sich sagen?

In Großstädten wie Berlin hat die Misere einen glasklaren Grund, doch niemand spricht darüber offen. Zu groß ist die Angst, als ausländer- und fremdenfeindlich zu gelten, gar als Nazi. Denn die Wahrheit kennt doch jeder: Lehrer unterrichten eben nur notgedrungen an bestimmten Schulen mit bestimmten Milieus und stimmen mit den Füßen ab. Ich kenne Lehrerinnen, die lieber dreißig Kilometer aufs Land fahren, als in Klassen zu unterrichten, in denen nur zehn Prozent der Kinder überhaupt Deutsch verstehen. Die Bürger(-lichen), die es sich leisten können, machen es nicht anders. Landflucht umgekehrt!

Viele Berliner Lehramtsstudenten zum Beispiel kehren der Hauptstadt nach bestandenem Examen schnellstens den Rücken – oder gehen an Schulen oder in Stadtteile, in denen das deutsche Bürgertum das Klientel bildet. Berlin-Zehlendorf hat die meisten regulären Lehrer, der Brennpunkt Hellersdorf die wenigsten. Zufall?

Da hilft selbst die politisch hilflose »Brennpunktzulage« nichts. Immer mehr Lehrer lassen sich krankschreiben, immer weniger wollen noch Schulleiter werden. Fast jede zehnte Grundschule ist bundesweit ohne Rektor. Kein Aufschrei geht durchs Land. Das gleiche Problem bei den Kindergärten: Allein in Berlin fehlen 11 900 Erzieherinnen, im Mini-Bundesland Brandenburg 8 200. Auf dem Rücken von immer weniger Fachkräften wird die politische Bildungsidiotie ausgetragen (griechisch für Laie, Nichtfachleute).

Das Problem wäre einfach zu beheben. Es bräuchte nur ein klitzekleines freiwilliges Signal, einfach nur etwas Selbstverständliches. Politiker könnten sich sogar Gesetze sparen, mit denen sie uns einfache Bürger ja so gern drangsalieren bis hin zum Plastiktüten-Verbot und den Ölkännchen auf den Gasthaustischen.

Es reicht, wenn sich Politiker und die sie ideologisch flankierenden Pastoren vor der gern zitierten Zivilgesellschaft verpflichten: Wir schicken unsere Kinder, Enkel, Neffen und Nichten ab heute demonstrativ auf Brennpunktschulen, die sich der wertvollen, von Kanzeln und Kathedern eindringlich geforderten Integration und Inklusion widmen. Denn die richtige Mischung macht's ja an den Schulen, wie wir aus den Sonntagsreden wissen. Wäre doch ein Klacks! Wir schaffen das!

Gerade durch die politisch verordnete »Inklusion« wird die Regelschule zum Auffangbecken auch für emotional-sozial auffällige Kinder und Jugendliche. In der Förderschule hatten beziehungsweise hätten sie dafür ausgebildete Pädagogen, jetzt wird eine ganze Klasse samt Lehrer damit überfordert. Förder- und Regelschüler sind nun gleichermaßen Opfer.

Doch das einzudämmen und abzumildern könnten Kinder aus Politiker- oder Pastorenhaushalten nebst ihren Eltern sicher helfen. Auch durch interfamiliäre Freundschaften über den Schulalltag hinaus. Damit rückten Gesetzgeber wie Schönredner wieder näher an die Realität. Was für ein Mehrfachgewinn!

Dann kämen auch Lehrer nachgezogen, die sich von dem kräfteraubenden Förderunterricht und den zusätzlichen Besprechungen mit Soziologen und Psychologen nicht mehr abschrecken ließen. Das würde auch klimaschädliche Schülerreisen in Schweizer oder Londoner Internate sparen und Privatschulen entlasten. So einfach geht das.

Das verschwiegene Schwert

Zufall? Kurz bevor ich diesen Text in den Computer tippen will, zappe ich noch mal durchs Fernsehprogramm. Auf dem Platz der *ARD* teilt mir mein Kabelanbieter auf der Hinweistafel 13 mit, dass dieser Sender derzeit kein Programm hat. Ich solle doch mal in meiner Fernsehzeitung nach den Uhrzeiten schauen. Ein irrer Zufall. Sowas hatte ich noch nie. Hinterher stellte sich das als Panne heraus.

Nun, vielleicht gibt es gerade nichts »gesellschaftlich Relevantes« zu berichten, dachte ich. Oder nichts, was von »gesamtgesellschaftlicher Bedeutung« ist. Auch nichts, was gerade eine »politische beziehungsweise gesellschaftliche Diskussion ausgelöst hat«. Mit genau diesen Worten erklärten nämlich gebührenfinanzierte Leitmedien wie die *ARD-Tagesschau* und der *Deutschlandfunk* (*DLF*), warum man nicht darüber berichtet hatte, als der angebliche Syrer Issa Mohammed mitten auf einer Stuttgarter Straße mit einem Langschwert seinen Mitbewohner Wilhelm L. auf bestialische Weise getötet hatte.

Der Mörder stammte eigentlich aus Jordanien, war jedoch mit falscher Identität unkontrolliert nach Deutschland gekommen und lebte unbemerkt als Syrer unter uns. Sein Opfer soll von dem Schwindel erfahren haben.

Es gibt sogar Bildmaterial von dieser schrecklichen Tat, wie der illegale Asylbewerber immer und immer wieder mit dem Schwert auf sein Opfer einschlägt. Aufgenommen von einem Anwohner.

Doch *ARD* und *DLF* war diese brutale Tat mit dem außergewöhnlichen Tatwerkzeug keine Silbe wert. Man fasst es nicht. Komisch: Für die *New York Times* und die *Daily Mail* (London) war es eine Meldung.

Passte unseren Medien das gerade nicht ins gesamtpolitische Konzept, so kurz vor den Landtagswahlen in Mitteldeutschland? War doch gerade bekannt geworden, dass Hunderttausende mit gefälschten Identitäten im Land leben. Sogar ein bekannter Bundesliga-Fußballer sollte eine selbst gestrickte Legende haben.

Das soll alles gesellschaftlich nicht relevant genug für eine Nachrichtenmeldung sein? Ein Schelm, wer Böses dabei denkt. Man beachte, was aus dem Ausland alles gemeldet wird, ohne dass es uns derart betrifft und betroffen macht.

Der *Deutschlandfunk* brachte dann Tage später doch noch eine Nachricht von gesellschaftspolitischer Relevanz und gesamtpolitischer Dimension: dass der baden-württembergische Justizminister Guido Wolf (CDU) es als »gedankenlos« kritisiert habe, dass das Mordvideo im Internet verbreitet würde. Das ist nun wirklich eine Meldung wert …

Politik – ein gnadenloses Geschäft

Dass viele Bürger vom Politikbetrieb die Nase voll haben, das haben sich die Politiker selbst zuzuschreiben. Dazu bedarf es der ach so bösen Medien gar nicht. Der Alltag bietet genug Anschauungsmaterial, um die Verdrossenheit der Wähler zu verstehen. Dazu kommt nun noch das Internet, das die Gnadenlosigkeit im Umgang zwischen den Partei-»Freunden« geradezu potenziert. Es gibt eben keine allgemeine Politikverdrossenheit, wie man es gerne schön- und kleinredet. Das Entsetzen richtet sich gegen die Politiker als Personen. Wobei die meisten, das muss man gerechterweise betonen, tadellos arbeiten.

Besonders die SPD, die sich immer wieder als solidarischer Traditionsverein und älteste Partei Deutschlands rühmt, bietet nahezu täglich Neues aus der Welt der Erbarmungslosen. »Wenn wir schreiten Seit' an Seit' ...« wird bis heute am Schluss jedes Parteitages gesungen. Und doch immer wieder das alte Lied: Nirgends geht es brutaler zu als bei den Linken im Lande.

Beispielhaft, wie gnadenlos Andrea Nahles im Sommer 2019 nach nur dreizehn Monaten als SPD-Vorsitzende aus dem Amt gemobbt wurde. Regelrecht vom Hof gejagt. Es traf sie so hart, dass sie über Monate völlig von der Bildfläche verschwunden war, sogar ihre Handynummer wechselte. Für niemanden war sie zu erreichen. Einfach abgetaucht.

Wie einst Oskar Lafontaine, der im März 1999 in Bonn ins Auto stieg Richtung Saarbrücken, nachdem er Knall auf Fall die Posten des SPD-Vorsitzenden und Finanzministers hingeschmissen hatte. Ohne jegliche Erklärung, einfach weg. Das war damals mein erster Tag in der Leitung des *ZDF*-Hauptstadtstudios, unvergessen. In der Live-Sendung am Abend war ich dann umgeben von Politikern, die das Blaue vom Himmel heuchelten, wie leid ihnen das alles täte. Dabei waren nicht wenige im Hintergrund an Demontage und Intrige beteiligt gewesen.

Doch jener Lafontaine war ja nun auch nicht von schlechten Eltern, was Hetze und Häme betrifft. Als Kanzler Helmut Schmidt im Sommer 1982 in der Debatte um den NATO-Doppelbeschluss Bündnistreue mit den USA einforderte, holte Lafontaine zum größtmöglichen Tiefschlag aus und erklärte, mit den von Schmidt gelobten Sekundärtugenden »Pflichtgefühl, Berechenbarkeit, Machbarkeit, Standhaftigkeit« könne man »auch ein KZ betreiben«. Als wäre er nicht ganz bei Trost. Lafontaines spätere Frau Sahra Wagenknecht wurde, wie jeder weiß, von der Führung der Linkspartei so lange gemobbt, bis sie sich 2019 entnervt und verbittert von ihren Ämtern zurückzog.

Selbst vor körperlichen Auseinandersetzungen schrecken die ach so solidarischen Linken nicht zurück. Unvergessen der Grünen-Parteitag 1999 in Bielefeld, ich war als Berichterstatter vor Ort. Es ging um die deutsche Teilnahme am Kosovo-Krieg. Selten habe ich in einer Versammlung, in der ja auch Regierungspolitiker aus Bund und Ländern saßen, leibhaftige Parteivorsitzende und Funktionsträger aller Ebenen, eine solche Aggressivität erlebt. Die Friedenspartei im Nahkampf und Grabenkrieg. Ähnlich »konsequent«, wie ich manche »Fridays for Future«-Klima-Demo erlebe, bei der hinterher die Stadtreinigung ganze Müllberge beseitigen muss und Mami mit dem Klima killenden SUV die Kinder abholt. Man will ja schließlich noch pünktlich den Flieger zum Wochenendtrip nach London erreichen.

Der damals ranghöchste Grüne, Außenminister Joseph Fischer, war in Bielefeld von seinen Sicherheitsbeamten vor seinen eigenen Leuten nicht mehr zu schützen. Gewalt brach sich Bahn bis an den Vorstandstisch, wo er saß. Er wurde von einem »grünen« Farbbeutel hart am rechten Ohr getroffen, an den Folgen leidet er bis heute.

Wer jedoch meint, die Demontage von Führungspersonen und der ätzende Umgangston seien ein Alleinstellungsmerkmal der politischen Linken, muss sich getäuscht sehen. Zwar geben sich Union und FDP gerne als Hort der Bürgerlichkeit, als Säulen von Anstand und Respekt, doch nicht nur hinter den Kulissen sieht es völig anders aus. Wenn ich erzählen dürfte … Allein, was Franz Josef Strauß über Helmut Kohl dachte und sagte und dieser über jenen, könnte Bände füllen.

Manches geschieht aber auch auf offener Bühne, man denke nur an die peinliche Abkanzelung (im wahrsten Wortsinn!) von Angela Merkel durch ihren Unions-»Freund« Horst Seehofer auf dem CSU-Parteitag im November 2015. Oder eine besondere »Begegnung unter Parteifreunden«, die sich vor Zeugen abspielte: Der damalige Kanzleramtsminister Ronald Pofalla (CDU) fuhr den beliebten Innenpolitiker Wolfgang Bosbach jenseits aller Christlichkeit an: »Ich kann deine Fresse nicht mehr sehen. Ich kann deine Scheiße nicht mehr hören.«

Die spätere Präses der evangelischen Synode Irmgard Adam-Schwaetzer donnerte einst ihrem FDP-»Freund« Jürgen Möllemann entgegen: »Du intrigantes Schwein!« Doch unschlagbar ganz oben auf der Hitliste der Fäkal-Etiketten unserer Politik-Prominenz: Joseph Fischers Ausfall gegen den damaligen Bundestagsvizepräsidenten Richard Stücklen (CSU): »Mit Verlaub, Herr Präsident, Sie sind ein Arschloch!« Solche Vorbilder wünscht man sich doch, die einen so richtig zum Wählen animieren ...

Und während sich die politische Klasse 2018 noch künstlich über Alexander Gauland erregte, der mit seiner AfD »die Regierung jagen« wollte (ja, was sonst ist denn die Aufgabe einer Opposition?!), inszenierte sich Andrea Nahles als neue SPD-Chefin öffentlich und programmatisch mit der Ankündigung, die politische Konkurrenz werde »auf die Fresse bekommen«.

Mit dieser Körperregion haben es Spitzenpolitiker ohnehin besonders gern. Wolfgang Kubicki, nicht nur FDP-Frontmann, sondern auch Vizepräsident des Deutschen Bundestages, sprach in einem *ZEIT*-Interview von regelrechten Gewaltfantasien, die ihm zum Beispiel im Gespräch mit dem Grünen-Politiker Anton Hofreiter gekommen seien: »Noch so 'n Spruch, Kieferbruch.«

Ehre macht auch ein anderer Bundestagsvizepräsident diesem hohen Amt, das eigentlich zur Neutralität verpflichtet und als Vorbild dienen soll: Der SPD-Politiker Thomas Oppermann schrieb in einer Twitter-Nachricht (also kein verbaler Ausrutscher in der Hitze des Gefechts): »Du armseliger Verleumder!« Gemeint war der ehemalige Juso-Funktionär Filippos Kourtoglou, heute IG-Metall. Dieser hatte aus Sorge um seine Traditionspartei SPD geschrieben: »Wenn euer Geltungswahn nicht bald endet, spaltet ihr die Partei.«

Klar, Politiker waren auch früher keine Heiligen. Mit Samthandschuhen ging's da noch nie zu. Man denke nur an die vernichtende Häme Herbert Wehners gegen seinen SPD-Genossen Willy Brandt (»Der Herr badet gerne lau.«). Doch hielt sich das alles noch im Rahmen. Heute scheinen alle Dämme gebrochen zu sein. Respekt, Anstand und Haltung haben kaum noch Konjunktur. Sigmar Gabriel äußerte im Wahlkampf 2012: Ziel der SPD sei es, nicht nur die Regierung abzulösen, sondern »rückstandsfrei zu entsorgen«. Johannes Kahrs wiederholte diese Aussage 2013 in folgendem Tweet: »Wir (die SPD) wollen ja alle die Merkel entsorgen und besser regieren.« Diese gnadenlose Unmenschen-Sprache wurde jedoch erst zum Skandal, als die AfD sich dieses »vorbildlichen« Vokabulars bediente. Ein Schelm, der Böses dabei denkt ...

Dass jemand, der gravierende Fehler gemacht hat, seine Ämter abgeben muss, ist klar. Heute geschieht das allerdings meist wegen überzogener Empörung oder weil ein Sündenbock her muss. Nicht nur in den a-sozialen Medien heißt dann die Devise: »Freigegeben zum Abschuss.« Bei Andrea Nahles reichte die Häme der eigenen Leute zuletzt sogar bis ins Körperliche, in ihren Kleidungsstil und ihr Auftreten.

»So brutal darf Politik nicht sein«, barmte Linken-Politiker Dietmar Bartsch. Und Juso-Chef Kevin Kühnerte vor den Mikrofonen, er schäme sich für seine SPD. Wobei wir wieder bei den Heuchlern wären. Auch ein Grund, warum sich immer mehr Bürger von ihren »Volksvertretern« abwenden. Die seien doch nicht mehr ganz bei Trost, erklären mir immer wieder besorgte Bürger als Begründung, mit »denen da oben« nichts mehr zu tun haben zu wollen.

Dabei ist das Rezept so einfach, geradezu kinderleicht, wie ich es von meiner Großmutter früher immer wieder zu hören bekam: »Das gehört sich nicht!«

Meinungspolizei mit Maulkorberlass

Darf man nicht mehr sagen, was man denkt? Gibt es in Deutschland einen ungeschriebenen Maulkorberlass von einer unheimlichen Sprachpolizei? Anfang 2019 tobte eine heftige Debatte im Lande, angestoßen von der Magdeburger Handball-Legende Stefan Kretzschmar. Seine These, klipp und klar und treffsicher wie ein verwandelter Siebenmeter: »Wir haben keine Meinungsfreiheit im eigentlichen Sinne.«

Und weiter: »Nur noch politische Mainstream-Meinung ist gefragt«, so »Kretzsche«, wie ihn seine Fans nennen. Als Beispiele nannte er »Wir sind bunt« oder »Refugees welcome«. Wer sich dazu, also zur Flüchtlingspolitik, gesellschafts- oder regierungskritisch äußere und von all dem Bunten nichts hält, bekomme »sofort jedes Wort vorgeworfen«. Man müsse inzwischen sogar um seinen Arbeitsplatz bangen oder – wie er – um seine Werbeverträge.

Starker Tobak? Total aus der Luft gegriffen? Zwei renommierte Meinungsforschungsinstitute sind dieser Frage nachgegangen – mit einer eindeutigen Antwort. Sowohl das *Institut für Demoskopie in Allensbach* als auch das Erfurter *INSA*-Institut (das am Wahlabend in Bund und Ländern übrigens immer am dichtesten an den realen Zahlen liegt) kommen zu dem gleichen Ergebnis: Die meisten Deutschen sind der Auffassung, nicht mehr offen reden zu können. Bestimmte Fakten und Ansichten unterdrücke man lieber, um nicht in die rechtsextreme Ecke gestellt zu werden.

Mehr als die Hälfte der Jugendlichen denkt das. Lediglich 18 Prozent der Befragten sagten, sie könnten frei und ohne Einschränkung ihre Meinung äußern. 18 Prozent! Und 35 Prozent ziehen sogar den Schluss, dass freie Meinungsäußerung nur noch im privatesten Kreis möglich sei. Eine schallende Ohrfeige für die Nation des Grundgesetzes! Eine Katastrophe für die Demokratie! Nebenbei: Zwei Drittel der Deutschen finden es laut Allensbach völlig übertrieben, dass Begriffe wie Ausländer mit umständlicher Wortakrobatik in »Menschen mit Migrationshintergrund« kosmetisch frisiert werden.

Die *BILD*-Zeitung fragte Prominente, wie sie über Kretschmars Intervention denken. Der ehemalige DDR-Liedermacher Wolf Biermann antwortet kurz und bündig: »Die Lüge dieses genialen Handballers ist ein Eigentor.« Differenzierter sieht es der Psychologe und Islam-Kritiker Ahmad Mansour, als Palästinenser in Israel aufgewachsen, fast Terrorist geworden, heute einer der wichtigsten Kenner des islamischen Extremismus in Deutschland: »Aus Angst, die Rechten zu stärken, sind in jüngster Zeit Tabus entstanden bei Themen wie etwa Islam oder Integration, die es schwer machen, offen und sachlich zu diskutieren.«

Der Politologe Jürgen Falter: »Wer bereit ist, den Unwillen der anderen zu akzeptieren, kann seine Meinung frei sagen.« Nur, wer hat schon diese Courage? Aus der Flut der Leserbriefe zu Kretzschmar nur einer: »Endlich mal ein Prominenter, der sich traut, das Thema anzusprechen.«

Nirgends wird deutlicher, was Sprachpolizei bedeutet, als bei der Kür des »Unworts des Jahres«. Quasi amtlich und offiziell verkünden unberufene Sprach-»Wissenschaftler«, die von niemandem legitimiert sind, was man alles nicht sagen darf. Todsünden, die es zu ächten gilt. Zum Beispiel 2018 das Wort »Anti-Abschiebe-Industrie«. Damit hatte der CSU-Landesgruppenvorsitzende Alexander Dobrindt zugespitzt sagen wollen, dass es Initiativen (oft kirchliche!) gibt, die Migranten gezielt Hinweise geben, wie sie sich einer Abschiebung entziehen können oder sie sogar rechtzeitig vorwarnen.

Komisch, das viel schlimmere Unwort des grünen (!) Ministerpräsidenten Winfried Kretschmann kam gar nicht in die engere Wahl: Die Gewalttätigen unter den arabischen Flüchtlingen seien »testosterongesteuerte Männerhorden«.

Kommt es also darauf an, wer welche Meinung äußert? Stehen linke Politiker oder »Säulenheilige« unter Naturschutz? Springer-Chef Mathias Döpfner kommentiert: »Deutschlands Politik- und Medieneliten schlafen den Schlaf der Selbstgerechten und träumen den Wunschtraum der Political Correctness.« Unter dem Tarnwort Toleranz betreibe man in Wahrheit Unterwerfung.

Ich denke an Helmut Schmidt. Der frühere Kanzler und Meister klarer Worte hatte bereits in den 1990er Jahren davor gewarnt, »nicht Integrierbares integrieren zu wollen«. Der Islam passe nicht zur europäischen Kultur und werde sich niemals anpassen. Im *FOCUS* erklärte Schmidt 2005: »Wir müssen eine weitere Zuwanderung aus fremden Kulturen unterbinden.« Die Zuwanderung aus Schwarzafrika oder Ostanatolien bringe unlösbare Probleme. »Diejenigen, die sich nicht integrieren wollen, hätte man lieber draußen gelassen.« Helmut Schmidt! Star der SPD! 2005! Hätten Kohl oder Strauß das gesagt, es wäre nicht nur die Sprach- und Meinungspolizei auf den Beinen gewesen.

Interessant: Auf den Unwort-Katalog schaffen es auch andere Wörter nicht. Warum eigentlich? Ist »alte weiße Männer«, eine pauschalierende Abfälligkeit gegen Menschen, die angeblich selbst niemals diskriminiert wurden, etwa kein Unwort? Oder das Totschlagwort Islamophobie, mit dem jegliche Kritik am Islam im Keim als rechtsradikale Verunglimpfung erstickt wird. Oder »besorgte Bürger«, ein Wort, mit dem Kritiker, die auf politische Missstände vor allem in der Flüchtlingsfrage hinweisen wollen, lächerlich gemacht und ins Abseits gestellt werden – natürlich ins rechtsextreme.

Diese Bürger meinte Joachim Gauck mit seiner hochinteressanten These von einer »erweiterten Toleranz in Richtung rechts«. Doch dieser weise Vorschlag ging im Hochsommer 2019 gleich im Geschrei der multikulturellen Parallelgesellschaft von linken Politikern und Journalisten unter. Man dürfe nicht jeden, »der schwer konservativ ist«, für eine Gefahr für die Demokratie halten, so der Altbundespräsident. Die Leute hätten es satt, abgestempelt und in die rechte Ecke gestellt zu werden, nur weil sie ihre Meinung äußerten. Es gibt eben Menschen, für die zum Beispiel Sicherheit und kulturelle Identität wichtig sind. Man müsse, so der Ostdeutsche Gauck, sorgsam differenzieren zwischen »rechts – im Sinne von konservativ – und rechtsextremistisch oder rechtsradikal«.

Etwas, wofür ich mich in meinem Bestseller *Schluss mit euren ewigen Mogelpackungen – Wir lassen uns nicht für dumm verkaufen* bereits zwei Jahre zuvor vehement eingesetzt hatte. Es kann doch nicht sein, dass das, was vor Jahren noch gängige Meinung war, plötzlich via Meinungsdiktatur mit dem Verdikt »extrem« versehen wird. Gegen den Relativismus dieser Meinungsdiktatur sollten wir wieder eine neue Leidenschaft für die Wahrheit entfachen!

Wir sollten uns das Wort von niemandem verbieten lassen. Nicht nur die Gedanken sind frei in der Demokratie des Grundgesetzes. Da sind mir die Mitteldeutschen ein großes Vorbild, die mit den Parolen »Wir sind das Volk« und »Wir sind ein Volk« – allesamt Unwörter der damals herrschenden Sozialisten in Ost *und* West! – unter Lebensgefahr auf die Straße gegangen sind.

Währenddessen saßen wir im Westen mit Chips und

Cola bequem vor dem Fernseher und schauten distanziert, wie das da wohl ausgeht in Plauen, Leipzig, Görlitz, Rostock oder Dresden. Eine Art Reality-TV.

Selbst westliche Medien, demokratisch legitimierte Politiker oder klerikale, kirchensteuerfinanzierte Funktionäre fanden damals den »Sozialismus mit menschlichem Antlitz« tausendmal attraktiver als diese reaktionären Wiedervereinigungs-»Spinner«. Doch die haben sich keinen Maulkorb umhängen lassen und kuschten weder vor der Stasi noch vor russischen Panzern noch vor der Mainstream-Meinung westlicher Pseudo-Intellektueller.

Beim Magdeburger Handballer Stefan Kretzschmar oder auch bei mir geht es heute nur um den »guten Ruf«, das werden wir wohl noch ertragen können. Denn wer zuletzt lacht, lacht bekanntlich am besten. »Nur die Wahrheit macht frei« (*Johannes* 8, 31–33).

Was bringt Deutschlands Zukunft?

Ich habe ihn schon zu Anfang meiner Medienzeit interviewt. Damals per Telefon als Moderator bei der *Europawelle Saar*. Immer interessant, kompetent und auf den Punkt: der »ewige« Zukunftsforscher Professor Horst Opaschowski (79) aus Hamburg. Was ich an ihm schätze: Er ist auf keine politische Farbe festzulegen, ist immer an der Sache und den statistischen Fakten orientiert. Kein Blick in die Glaskugel oder durch die rosarote Brille von Mainstream-Ideologien, sondern auf Wissenschaft und Forschung basierte Meinung. Umso hellhöriger wird man, wenn er geradezu testamentarisch beschreibt, was er drohend auf Deutschland zukommen sieht. Nichts Gutes, so viel vorweg. Es klingt fast apokalyptisch, was er den *BILD*-Kollegen beschreibt.

»Die größte Armut im Alter wird die Kontaktarmut sein.« Immer mehr Menschen leben allein – können jedoch allein nicht leben. Was man in jüngeren Jahren durch Berufstätigkeit und Freizeitvergnügen vielleicht noch überspielen kann: Im Alter schlägt die Einsamkeit voll durch und in Depression und Demenz um. Seit 2018 hat England ein Einsamkeitsministerium, auch in Deutschland gibts dazu Forderungen. Berlin soll jetzt einen Einsamkeitsbeauftragten bekommen – in gewohnt deutscher behördlicher Gründlichkeit: »Projektmittel von 100 000 Euro jährlich für die Einsamkeitsstelle«. Aber ist das die Lösung? Mit Bürokratie ist der Kontaktarmut nicht beizukommen.

Es sollten sich die mal selbstkritisch fragen und in die Pflicht nehmen lassen, die früher für »Kontakte« zuständig waren, allen voran die Kirchen. Doch die setzen in peinlichem Jugendwahn oft nur noch auf die kommende Generation. Man will ja schließlich nicht als überaltertes Kaffeekränzchen mit Seniorentanz wahrgenommen werden. Dann doch lieber ein Bündnis mit »Fridays for Future«. Aber auch Familien, Nachbarschaften, Vereine sind gefragt. Einsamkeit ist eine Katastrophe, die ohne viel Geld zu bekämpfen ist. Allein Zeit ist nötig.

Jeder Zweite, der heute geboren wird, kann hundert Jahre alt werden. Wer nur noch mit dem Handy aufwächst und sich ins elektronische Schneckenhaus zurückzieht, geht im Alter unter. Der bekannte Demenzforscher Professor Andreas Kruse (Heidelberg) warnte vor Jahren in meiner Sendung:

»Wer keine zwischenmenschlichen Erlebnisse und Erfahrungen hat, wer nichts auswendig gelernt oder gelesen hat, wer nur die einsam-isolierte Twitterei kennt, ist in hohem Alter mit großem Demenzrisiko verloren.« Ich erlebe es selbst bei Besuchen in Altenheimen: Die Senioren blühen auf, wenn man mit ihnen alte Volks- oder Kirchenlieder singt oder alte Erinnerungen abruft.

Als großes Problem der Zukunft macht Professor Opaschowski den immer früheren und vor allem erzwungenen Eintritt ins Rentenalter aus: »Für viele hat der Renteneintritt Fallbeilcharakter.« Es ist klar, dass viele Berufe körperlich so anstrengend sind, dass die Rente gerade rechtzeitig kommt. Aber die meisten würden gerne weitermachen. Viele sind ja mit siebzig heute noch agiler und aktiver als manche 50-Jährigen es vor hundert Jahren waren. Sie würden gerne weiter arbeiten, aber man lässt sie nicht – wegen einer total willkürlichen Grenze. Viele Rentner gehören an einen passenden Arbeitsplatz statt in den Schaukelstuhl.

Zumindest würden sie sich gern noch in die Gesellschaft einbringen. Aber sie wissen nicht, wie. So liegt das Können und Wollen vieler Älterer schlichtweg brach. Ich muss immer an den Dichter des *Kleinen Prinzen*, Antoine de Saint-Exupéry denken: »Das Leben eines Älteren ist wie ein Schiff, beladen mit wertvoller Fracht.« Und das wird, im Bilde gesprochen, versenkt. Man könnte zum Beispiel eine »Generationen-Börse« machen, wo Ältere den Jüngeren ihre Lebenserfahrungen anbieten. Mancher Betrieb wäre sicher froh, noch jemand zu haben, der mit ein paar Handgriffen aus langer Berufserfahrung heraus eine Maschine wieder in Gang bringt. Oder sei es, mit Kindern einen Drachen zu bauen oder einer vaterlosen Generation Tradition und Geschichte zu vermitteln. Denn nur wer seine Herkunft kennt, hat Zukunft.

Unsere Politik braucht eine Vision wie seinerzeit die Mondlandung. Das muss nicht so bombastisch sein, aber man braucht klare Ziele für ein Projekt, das unser Land für zehn oder zwanzig Jahre begeistern kann. Kennedys Rede an die Amerikaner ist legendär: »Wir haben beschlossen, in zehn Jahren zum Mond zu fliegen.« Was wir heute alles so beschließen, klingt zu hektisch, zu sehr von Wahlterminen diktiert, zu pragmatisch oder zu allgemein, um visionär und begeisterungsfähig zu sein. Bessere Bildung und Digitalisierung oder mehr Vereinbarkeit von Familie und Beruf – solche unverbindlichen Allgemeinplätze reißen niemanden vom Stuhl.

Noch eine Opaschowski-Horrorvision: »Die 40- bis 50-Jährigen sind die doppelt Gekniffenen.« Damit spricht er an, was gerne verdrängt wird. Nach dem Motto: Es ist doch noch immer gut gegangen. Doch viele dieser Generation können trotz Arbeit kein Eigentum erwerben und auch für ihre Rente nicht vorsorgen. Stattdessen werden wir von volksfernen Politikern dazu aufgerufen, fürs Alter Geld auf die hohe Kante zu legen. Nur: Wie soll das laufen? Das ist ein echter Teufelskreis. »Die Angst vor dem Notfall im Alter ist der Normalfall der Jungen.« Und was die Bildung von Eigentum angeht: Es wäre besser, unsere Polit-Ideologen würden viele zu Eigentümern machen, statt wenige zu enteignen.

Das alles könnten jedoch Luxusprobleme sein, wenn ein anderes Szenario aufgeht: Uns droht eine flächendeckende

Parallelgesellschaft. Eine immer größere »Community«, die ihre eigenen Gesetze, Bräuche und Rituale hat. Schon jetzt ist einer der häufigsten Namen der in Deutschland geborenen Jungen Mohammed. In Berlin beklagte eine Rektorin, dass von 108 eingeschulten Kindern nur noch ein deutsches ist.

Das sind weder Horrorvisionen noch Propaganda, das ist schlichte Mathematik und saubere Statistik. Da kaum jemand der über zwei Millionen Flüchtlinge (seit 2015) zurückgeführt wird oder freiwillig wieder geht (was ja normal ist, wenn der Fluchtgrund entfällt) und jährlich eine weitere Großstadt dazukommt, muss man tatkräftig verhindern, dass eine Parallelgesellschaft entsteht. Wenn das Christentum wirklich unsere tragende Kultur ist, dann kann ich nur mit Peter Scholl-Latour sagen: Ich fürchte nicht die Stärke des Islam, sondern die Schwäche des Christentums.

Aus falsch verstandener Toleranz wird Tafelsilber verschleudert und noch nicht mal ein Linsengericht eingefordert. Während des Ramadan verzichten Schulen inzwischen auf Ausflüge und Feste, aber auch Weihnachtsfeiern oder Osterbräuche werden aus Rücksicht abgeschafft. Das frühere Osterei ist längst zum Schoko-Ei mutiert. Wenn sich eine Mehrheit freiwillig und in vorlaufendem Gehorsam unterwirft, könnte es bald ein böses Erwachen geben: wenn die Mehrheitsverhältnisse sich geändert haben. Opaschowski rechnet mit zwanzig Jahren.

Das wichtigste Bollwerk gegen eine Parallelgesellschaft sei es, Integration mit aller Macht zu fordern. Doch dazu sind selbst die weltanschaulichen Mitträger unserer Kultur, die Kirchen, zu schwach und zu angepasst. Wenn konfessionelle Schulen schließen und selbst in christlichen Kindergärten das Kreuz von der Wand genommen wird, braucht man von Integration gar nicht zu reden. Das nennt man auf Deutsch: Unterwerfung.

Da wird Toleranz zum Tarnwort für Akzeptanz. Der Deutsche Fußballbund (DFB) scheint es zu akzeptieren, dass deutsche Nationalspieler türkischer Herkunft den Krieg gegen die Kurden verherrlichen. Mir hätte es schon gereicht, dass manche sich weigern, unsere Hymne mitzusingen. Dass gleichzeitig in deutschen Moscheen für Erdogans Sieg in Nordsyrien öffentlich gebetet werden darf – man glaubt es nicht. Und wenn die Hauptschimpfwörter und das schärfste Mobbing auf deutschen Schulhöfen »Jude«, »Christ«, »Schwuler« sind, muss es einem um die Zukunft bange sein. Dann werden wir bald andere Probleme haben als Einsamkeit und Altersarmut.

Einziger Trost ist für mich die Grundurkunde unserer Kultur, die Bibel. Jesus Christus ist Realist, kein Illusionist: »In der Welt habt ihr Angst.« Jawohl! Doch danach kommt ein dickes Aber: »Aber seid getrost, ich habe die Welt überwunden« (*Johannes-Evangelium* 16,33). Ich würde verzweifeln, wüsste ich nicht: Trost heißt Gegenwart Gottes im Leid. Auch im Leiden an unserer Gegenwart. Insofern: Ja, ich bin bei Trost!

Buschkowsky, die Landnahme und die deutsche Naivität

Wenn man mich nach Klartext-Politikern fragt, die sich nicht verbiegen lassen und unverdrossen zu ihren Ansichten stehen und diese auch gegen extremste Kontrahenten vehement und mutig verteidigen, dann sind es vor allem zwei »B-Politiker«. Beide schafften es nicht in die »A-Reihe« ihrer Parteien und wurden vom dortigen Mainstream-Management aus Positionen ferngehalten, die ihnen eigentlich auf den Leib geschrieben sind: zum Beispiel Innenminister. Beide fangen auch mit »B« an: Wolfgang Bosbach (CDU) und Heinz Buschkowsky (SPD). Vor allem in Sachen Multikulti und Verharmlosung des Islams zeigen beide klare Kante. Sie waren häufiger zu Gast in meiner Sendung, meist traten sie gegen ihre schärfsten Kritiker an. Niemals hörte ich von ihnen das inzwischen zum Ritual gewordene Absage-Argument: mit dem oder der trete ich nicht gemeinsam auf. Und gegangen ist auch keiner ...

Heinz Buschkowsky, der legendäre Bezirksbürgermeister von Berlin-Neukölln, ähnliche Einwohnerzahl wie die Großstadt Bielefeld, sorgt in seiner *BILD*-Kolumne regelmäßig für Schnappatmung bei seinen gutmenschelnden Genossen. So auch mit einem Begriff, der genau ins Schwarze trifft, voll auf die Zwölf: was die Muslime in Deutschland betreiben, sei eine »gesellschaftliche Landnahme«. Komisch: Es gab keinen Aufschrei gegen dieses »Unwort«, weil diese Auf-Schreihälse wohl genau wissen – da ist so viel Wahres dran, dass man keine schlafenden Hunde wecken will.

Landnahme heißt laut Wikipedia: Die Inbesitznahme fremden Grund und Bodens, unabhängig von Eigentumsverhältnissen, Zustimmung oder Duldung. Der Buschkowsky-Begriff stimmt höchstens insofern nicht, als wir ja bereit sind, das alles demütig und ohne jede Gegenwehr zu dulden – jedenfalls multikulti-beseelte Naive, die in der Regel in sicheren beziehungsweise gesicherten Häusern und Wohngegenden leben, ihre Kinder in Privatschulen schicken und den »Ausländer« nur als netten Gemüse- oder Teppichhändler oder liberalen Akademiker kennen. Doch was Buschkowsky so glaubwürdig macht: Er schreibt nicht aus einer Charlottenburger Jugendstil-Altbauwohnung, sondern buchstäblich aus dem Souterrain des »Problemkiezes« Neukölln. Der Mann weiß, wovon der redet.

Im Fall »Landnahme« meint er zum Beispiel den Dauerstreit um das Kopftuch. Permanent würden unsere Gerichte mit dauerklagenden Beamtinnen gelähmt, »und es wird auch einen nächsten geben und einen übernächsten, so lange, bis wir toleranten Bürger müde werden, gegen einen Prozess der gesellschaftlichen Landnahme anzukämpfen«. Die Taktik der Zermürbung wird geschickt angewandt, wie wir sie auch in Kindergärten, Schulen, bei Klassenfahrten oder in den Kantinen erleben. Irgendwann ist man es leid zu intervenieren, was nun gegessen werden darf oder ob man noch Weihnachten feiern kann – und man steht ja ohnehin in dem Verdacht, rechtsradikal zu sein, wenn man diese »Landnahme« kritisiert.

Diese »gesellschaftliche Landnahme« schreitet immer weiter fort. Erst benannte man bereitwillig Weihnachtsmärkte in Wintermärkte und das jüdische Laubhüttenfest in Herbstfeier um, doch bald wurden die Sternsinger beispielsweise in der Potsdamer Staatskanzlei nicht mehr empfangen und von den NRW-Linken beantragt, den Nikolaus aus öffentlichen Kindergärten zu verbannen. Landnahme! Erst wurde aus Rücksicht auf Muslim-Kinder in der Kita eine Alternative zum Schweinefleisch gekocht, heute gibt's in vielen Horten nur noch Rindfleisch – die Töpfe könnten ja »unrein« werden.

Einer Landnahme der besonderen Art leistete der damalige SPD-Chef Sigmar Gabriel Vorschub: Er nahm am Fastenbrechen in der Berliner Botschaft der Vereinigten Arabischen Emirate teil. In seiner Rede fielen so abenteuerliche Sätze wie: »Die Geschichte unserer Religionen verbindet uns mehr, als die meisten Christen das wissen.« Ach! Im Übrigen sei Kern der drei monotheistischen Religionen die Friedensbotschaft. Ach so! Erst türkischstämmige Genossinnen und Islamexperten mussten ihn daran erinnern, dass er irrt und außerdem auf dem Terrain jener feiert, die im eigenen Land Menschen auspeitschen, Vergewaltigungsopfer(!) bestrafen und die Frauen ihrer Menschenrechte berauben. Auch eine Form der Landnahme: Deutsche ihres kritischen Verstandes zu berauben. Übrigens hat Bosbach recht: Die Toleranz einer Weltanschauung oder Religion erkennt man immer daran, wie die sich in Ländern verhalten, in denen sie die Mehrheit haben. Die Emirate lassen grüßen!

Nebenbei erwähnt: Auch der Berliner evangelische Bischof war mit von der Partie, doch das wundert schon keinen mehr. Ein Islamexperte bilanziert: Eine solche Anbiederei hält der erlebten Praxis nicht Stand und wird dem gesellschaftlichen Frieden alles andere als dienen. Die

Leute fühlen sich für dumm verkauft und rächen sich mit Kirchenaustritt oder Protestwahl. Das Ergebnis der Bundestagswahl 2017 war deshalb nur für Ahnungslose ein Schock. Es war die erwartbare logische Konsequenz für Bürger, die den Mainstream der Naiven satt sind. Mehr Beweis für Elfenbeinturm und Polit-Parallelgesellschaft bedarf es nicht: Direkt nach der Wahl, die seine sächsische Heimat-CDU hinter die AfD sacken ließ, brachte Thomas de Maizière einen islamischen Feiertag ins Spiel. Weltrekord der Bürgerferne! Der langjährige *ARD*-Nordafrika-Korrespondent Samuel Schirmbeck lapidar: »Ohne Islamverharmlosung von Politik und Kirchen wäre die AfD niemals aufgestiegen.«

Der »Bund der Deutschen Katholischen Jugend« brachte ein noch bizarreres Kunststück fertig, von Verstand keine Spur: »Alle Christen glauben an Allah«, so lauteten Plakate, zu sehen in der Universitätsstadt (!) Tübingen. Eine Universität, die im Gründungssiegel in lateinischer Sprache die Jesus-Worte hat: »Ich bin der Weg und die Wahrheit und das Leben!«

Auch der verweigerte Handschlag für Frauen, von deutschen Spitzenpolitikern wie Renate Künast bagatellisiert, ist eine erfolgreiche Landnahme. Als ich in meiner Sendung darauf beharrte, sie möge mir das bitte als grüne Frauenrechtlerin und Vorkämpferin für Gleichstellung mal erklären, entgegnete sie durchaus schnippisch: »Sie stellen ja Fragen wie die AfD.« Ein berühmtes Totschlagargument, um einen in die »rechte«, in Wahrheit: rechtsextrem-nationalistische Ecke zu stellen. Kein Alleinstellungsmerkmal der grünen Partei, die anderen können das durchaus auch! Als ein besorgter Bürger, der gegen diese »Landnahme« protestiert, ist man bekanntlich schnell bei »Pegida« angesiedelt. Selbst von Rosa Luxemburg haben diese Salon-Sozis keine Ahnung: »Freiheit ist immer die Freiheit der Andersdenkenden!«

Da ist das Wort Diskussionskultur endgültig zur Mogelpackung pervertiert. Ich schrieb bereits vor Jahren in meinem Bestseller *Rettet das Zigeuner-Schnitzel*: Was vor zehn Jahren noch als völlig normal galt, ist über die Stufen konservativ, rechts, rechtsradikal nun fast zum Nazi geworden. Bin ich etwa Nationalist, wenn ich diese grundgesetzwidrige »Landnahme« nicht will?! Wenn Leute sich nicht mehr trauen, im Rahmen der Meinungsfreiheit ihre Ansichten und Befürchtungen zu artikulieren, ist es fünf vor zwölf.

Und das Schlimmste: Genau die, die durch eine für alle offene Gesprächsatmosphäre »Politik möglich machen sollten« (Richard von Weizsäcker), nämlich die Kirchen, schlagen mit der Moralkeule drauf, wenn man sich erfrecht, die Meinung zu haben, dass der Islam eben nicht unisono eine Friedensreligion ist und wir mit unseren Traditionen nicht klein beigeben dürfen.

Paradebeispiel: Deutsche Bischöfe legen das Amtskreuz, das Symbol des Leidens und Sterbens von Jesus Christus, bei ihrem Tempelberg-Besuch in Jerusalem einfach ab und verkaufen das als Toleranz. Mogelpackung! Das ist erfolgreichste Landnahme durch vorauseilenden Gehorsam, sonst nichts. Ganz im Sinne des türkischen Despoten Erdogan, der seine Leute dazu aufgerufen hat, den Felsendom und die Al-Aqsa-Moschee, also den Tempelberg, zu »beschützen«. Doch statt zum Beispiel Lehrer und Erzieherinnen vor dem Mob radikaler Jugendlicher und ihren Eltern zu beschützen, verteilt die EKD Hochglanzbroschüren gegen Fremdenfeindlichkeit. Verkehrte Welt!

Aus dieser Ecke der klerikalen Ahnungslosen hört man ja auch nach jedem Terroranschlag die stereotype Gebetsmühlen-Leier: Das hat alles nichts mit dem Islam zu tun! Als wären sie einer Gehirnwäsche unterzogen worden. Dabei sagt der renommierte frühere Präses des Verbandes der Landeskirchlichen Gemeinschaften Christoph Morgner klipp und klar: »Islam hat nicht unbedingt etwas mit Islamismus zu tun; aber Islamismus hat immer etwas mit dem Islam zu tun.« Und Landnahme pur ist der bewusst missdeutbare Irrsinn deutscher Nachrichtenmedien, die den Schlachtruf der Mörder »allahu akbar« (Allah ist groß!) mit dem Wort Gott – und nicht mit Allah – zitieren. Das wiederum führt dazu, dass schlichte Gemüter den Schluss ziehen, alle Religionen seien kriegerisch und es ließe sich ohne Religionen besser und sicherer leben. Oder dem naiven Kurzschluss selbst studierter Menschen mit Theologen-Abschluss, Allah und Gott, der Vater von Jesus Christus, seien ein und dasselbe. Herr, erbarme dich!

Dass die Buschkowskysche Landnahme inzwischen die deutsche Rechtsprechung erfolgreich erobert hat, lässt einen geradezu verzweifeln. Da bekommen islamische Schläger geringere Strafen, »weil das doch in ihrer Kultur eine Verteidigung der Familienehre ist«. Wo Grundgesetz draufsteht, steckt Scharia drin. Mogelpackung! Eine arabischstämmige Frau wurde mit ihrer Vergewaltigungsklage abgeschmettert, »weil das doch in ihrem Kulturraum kein Delikt ist«. Wenn es um Landnahme geht, ist jedes Mittel recht. Denn die »Eroberer« können sich ja auf eins felsenfest verlassen: Aus dem betroffenheits-duseligen Deutschland in seiner willkommens-kulturellen Seligkeit ist kaum mit Widerstand zu rechnen.

Diese Tatenlosigkeit beklagt in einem dramatischen Kommentar Springer-Chef Mathias Döpfner: »Wo war der Aufschrei der Empörung!«, fragt er, nachdem das Frankfurter Landgericht einer kuwaitischen Fluggesellschaft recht gab, keine israelischen Bürger befördern zu müssen. Wäre es ein Türke gewesen, »hätte es Lichterketten gegeben.« Kein Mucks von Politik und Kirche! Döpfner verschärft den Begriff »Landnahme« und spricht von »Unterwerfung« – bewusst in Anspielung auf den Roman von Michel Houellebecq, der fiktiv die Islamisierung Frankreichs bis in die Staatsspitze beschreibt. Leider keine Mogelpackung!

Ralph Knispel, immerhin Vorstand der Vereinigung Berliner Staatsanwälte, sieht bereits unseren Rechtsstaat gefährdet. Ein Mann, der es wissen muss. Diese dramatischen Warnungen vor existenzbedrohenden Missständen sind also längst kein Privatthema einer neu gegründeten Partei. Doch wo bleiben die anderen?

Es stimmt, was der SPD-Mann Heinz Buschkowsky prophezeit: Es kommt der nächste Prozess und dann der übernächste, und dann sind wir des Kämpfens müde. Und der Hardcore-Islam hat Geduld und langen Atem, ganz im Sinne Erdogans, der offen und unverhohlen bei einer Kundgebung in Köln dröhnte: Wir werden Euch bevölkerungspolitisch in die Knie zwingen. Diese schreiende Naivität, das nicht hören und ernst nehmen zu wollen, tut weh. Toleranz wird zum Tollhaus.

137

Auf ein solches Tollhaus-Phänomen weist Hans-Ulrich Jörges in einer *STERN*-Kolumne hin. Ich schätze ihn als Unabhängigen, denn er kann und konnte auch anders, lässt sich aber von den Realitäten überzeugen: »Der Islam hat mit dem Terror der Islamisten nichts zu tun? Das, Ihr Muslime, glaubt Euch niemand mehr. Denn die Terroristen kommen aus Euren Moscheen, sie zitieren aus Eurem Koran, und sie führen den Namen Eures Gottes auf den Lippen, wenn sie morden und sterben. ›Das ist für Allah!‹, riefen jüngst die Messerstecher von London.«

Es gibt keine Politikverdrossenheit

Kann man das ernsthaft behaupten? Alles spricht doch dagegen. Gibt es wirklich keine Politikverdrossenheit, von der Kommentatoren gerne schreiben, von der neue Parteien leben und von der selbst Politiker populistisch schwadronieren. Ein Ablenkungsmanöver! Eine Mogelpackung! Denn in Wahrheit ist das keine allgemeine Politikverdrossenheit, die wie Blei auf den Bürgern liegt – es ist eine Politik*er*verdrossenheit, die einen in Rage bringt. Nicht ein allgemeines Allerwelts-Phänomen also, sondern etwas ganz Konkretes, Personbezogenes.

Konkrete Menschen machen Politik, und nicht irgendwelche anonymen Mächte. Menschen, denen die Bürger, was ihre Pflicht ist, auf die Finger schauen. Gerade die Medien haben hier eine wichtige, sogar verfassungsrechtlich gebotene Aufgabe. Ich bin allerdings gegen Treibjagden auf Politiker, gegen Investigation als Tarnwort für den modernen Pranger, der wehrlose Menschen bloßstellt. Selbst bei einem Dementi oder einer Entschuldigung gilt die Devise: Etwas bleibt immer hängen. Qualitätsjournalismus braucht keine Folterwerkzeuge nach dem Motto: »Den oder die grillen wir heute.«

Aber was falsch läuft und für die Betroffenen unangenehm werden kann, darf nicht verschwiegen werden. So jene Statistik zum Ende der Legislaturperiode des Deutschen Bundestages im September 2017. Dabei kam heraus, dass drei Abgeordnete der CDU für die Teilnahme an nur zwei Sitzungen in der vierjährigen Periode bis zu 35 000 Euro kassierten. Alle drei waren sogenannte Nachrücker und erst kurz vor den Neuwahlen ins Parlament gekommen. Drei MdBs waren ausgeschieden, weil sie Minister in Landesregierungen geworden sind. Und das Gesetz schreibt vor, dass frei gewordene Plätze sofort nachbesetzt werden müssen.

Also wurden die drei Neulinge an einem Montag in der letzten Sitzungswoche vor der Bundestagswahl (bei der keiner von ihnen wieder kandidierte!) im Reichstag persönlich begrüßt und feierlich willkommen geheißen. Zwei Sitzungstage! Was für eine Kurz-Karriere! Einer bilanziert: Ich war dann noch bei einer Fraktionssitzung, habe eine Handvoll Bürgeranfragen bearbeitet und zwei Briefe an das Verkehrsministerium diktiert. Diktieren und Bearbeiten konnte er, weil ihm rechtlich alles zusteht, was ein Abgeordneter bekommt, der die vollen vier Jahre im Parlament sitzt: ein eigenes Büro, Mitarbeiter, Sekretärin, extra gedruckte Visitenkarten und Briefpapier, den Fahrdienst und 1. Klasse Bahn. Alles für nur ein paar Stunden Sitzung und eine Woche »Amtszeit«.

Das Entscheidende: Obwohl keiner der drei wegen dieser paar Tage seinen Beruf aufgeben oder einen größeren Umzug veranstalten musste, bezieht er volles Gehalt. Genau 9.541,74 Euro Abgeordnetendiät plus all die Gelder für Büro, Unkostenpauschale etc., die einem Mitglied des Bundestages nun mal zustehen. Ja, soll man da nicht wütend werden als Lieschen Müller oder Otto Normalverbraucher?! Jemand, der arbeitslos ist, nur einen Minijob hat oder sich als Alleinerziehende durchs Leben schuften muss, kann doch nur in die Tischkante beißen. Nicht wegen *der* Politik, sondern wegen der Politik*er*, die solche Irrsinnsgesetze beschließen beziehungsweise nicht sagen: Ich nehme dieses gewählte und gesetzlich geregelte Mandat zwar an, verzichte aber auf alle Annehmlichkeiten und die Zahlungen. Oder ich spende sie.

Wer für den Bürger nichts mehr tun und sich höchstens ein paar Tage auf Steuerzahlers Kosten Berlin anschauen kann, der sollte außer den reinen Kosten nichts bekommen – geschweige denn 35 000 Euro und einen Mitarbeiterstab! Kein Wunder, dass Bürger den Hals voll haben von solchen Politikern und sich ins Private zurückziehen oder ihren Frust bei der nächsten Wahl zum Ausdruck bringen.

Unsere Volksvertreter heißen Volksvertreter, weil sie das Volk vertreten und nicht Profit, Prestige und Privilegien. Pauschalverurteilung ist fehl am Platz, das ist mir zu diesem Thema wichtig. Aber die, die sich darüber beschweren, haben es selbst in der Hand, das durch entsprechende Gesetze, Verordnungen und Praxis zu unterbinden.

Die Flüchtlings-Bildungs-Mogelpackung

Ach, was hatte man uns alles vorgeschwärmt in jenen milden Sommertagen 2015, als sich das Heer von Flüchtlingen aus dem Osten zu uns wälzte. Die Österreicher, wir erinnern uns, hatten liebevoll und fürsorglich extra Schilder aufgestellt: »Germany!« Damit auch niemand der Flüchtenden sein Wunschziel verfehlt und bloß nicht im Alpenland, sondern erst jenseits der Grenze als Geflüchteter registriert wird. Der Münchner Hauptbahnhof verwandelte sich in eine Teddybär-Jubel-Willkommens-Station. Als kämen Boygroups zu ihren Teenie-Fans. Ein neues Wort ward geboren: Willkommenskultur.

Wer auch nur den leisesten Zweifel anmeldete, vielleicht eine klitzekleine kritische Frage stellte oder sich gar besorgt zeigte, wurde eiskalt abgemeiert mit Merkels Mantra: »Wir schaffen das!« Allein für »falsche« Fragen an »falsche« Personen wurde ich zur Rede gestellt, in rund zehn Sendungen konsequent durchgezogen. Da war jene junge Polizistin von der Grenze bei Rosenheim, die mit Tränen in den Augen schilderte, dass sie noch nicht einmal das Zählen der Flüchtlinge, geschweige denn die Aufnahme von Personalien schafften – und wie sie abends geschafft ins Bett sinke, tagsüber von jungen Arabern angepöbelt und angespuckt. Oder jener Landrat von der bayerisch-österreichischen Grenze, der klarstellte: Nur Jesus hätte Tausende mit ein bisschen Fisch und Brot speisen können, sein Landkreis könne dieses Wunder leider nicht vollbringen. Meine Frage nach kriminellen, vielleicht sogar terroristischen Elementen mitten im Massenstrom bürstete die Grünen-Frau Künast barsch ab: Ich solle gefälligst keine AfD-Fragen stellen. Pfui, Sie Nestbeschmutzer unserer kuscheligen Teddybären-Wohlfühl-Willkommenswelt! Kritik ist nicht gefragt, »besorgte Bürger« sind per se rechtsradikal. Majestätsbeleidigung in der Republik des Grundgesetzes, wer hätte so was vor Jahren für möglich gehalten.

Und dann kam der Prokurist eines großen, mittelständischen Familienunternehmens aus Hessen. Als Christen wären sie sich in der Geschäftsleitung einig: Wir nehmen junge Flüchtlinge als Lehrlinge auf, 24 junge Männer. Großes Lob im Land, auch das Fernsehen war da. Sprache lernen, Handwerk beibringen – und jeder bekam noch einen Paten aus der Firma, also Rundumversorgung mit allerbestem Willen. Bilanz: Geblieben sind zum Schluss nur zwei. Gründe: mangelnde Bildung, keine Arbeitsmoral, völlig andere Tages- und Lebensabläufe und die Erkenntnis, dass man in Deutschland auch ohne Arbeit über die Runden kommt.

Komisch! Als der Flüchtlingsstrom strömte, hatte man als gemeines Volk doch die Worte der Obrigkeit im Ohr: Es kommen die Motivierten, die Engagierten, all die, die wir dringend brauchen. Man gewann den Eindruck, als kämen nur syrische Ärzte und arabische Fachkräfte, nur junge Leute, die hungrig darauf sind, endlich anzupacken. Als Kritiker, selbst als leiser, konnte man einpacken. Da war man rechtsradikal, bestenfalls rechts, aber kein vollwertiger Gutmensch jener besten Willkommenszeit. Zwei ganze Jahre währte diese Mär.

Nie vergessen werde ich ein Hintergrundgespräch bei einem der großen Unternehmerverbände. Weil ich Vertraulichkeit achte, umschreibe ich dieses außergewöhnliche und prägende Erlebnis. Die größte Mogelpackung, die ich in diesen Jahren erlebte. Als könne die Kanzlerin mithören wie einst die Stasi, wurde uns Journalisten in einem Ostberliner Luxushotel mitgeteilt, wie froh man doch um jeden Flüchtling sei, und dass gar nicht genug kommen können. Wohlgemerkt: Keine klerikalen Kanzel-Illusionisten oder Claudia Roth, gestandene Unternehmensfunktionäre mit klarem Sachverstand lullten uns ein und jede kritische Nachfrage weg. Selbst ein früherer Kollege, immer hellwach gewesen, versuchte mich zu »bekehren«, doch endlich mit all dem konservativ-antiquierten Vorbehalt gegen alles Fremde aufzuhören. Schließlich wurde der Bildungsfachmann jenes großen Bundesverbandes aufgeboten: Ja, es ist »erwiesenermaßen« eine riesige Bereicherung, was und wer da zu uns kommt. Die Motivierten, Engagierten ... Ach, Sie wissen schon ...

Genau zwei Jahre später, als alles zu spät ist, endlich die Fakten, unbestechlich und teilweise von den Mogelpackungs-Behörden selber erstellt: 59 Prozent der Flüchtlinge haben überhaupt keinen Schulabschluss, neunundfünfzig! Auch 56 Prozent Syrer nicht, dem gelobten Land von Fachkräften und Ärzten. Hunderttausende sind ins Land gekommen, die wegen mangelnder Schul- und Sprachkenntnisse keinerlei Chancen auf dem Arbeitsmarkt haben. Je nach Herkunftsland haben bis zu drei Viertel überhaupt keine Schulbildung, so das Bundesinstitut für Berufsbildung (BIBB).

Die Bundesagentur für Arbeit (BA) hatte das schlicht unterschlagen und gar nicht gemerkt, dass rund 25 Prozent der 500 000 arbeitssuchenden Migranten gar keine Angaben zur Bildung gemacht hatten. Oder wollte es nicht merken, dass Etikettenschwindel im Spiel war. Oder durfte es nicht merken wollen, was am wahrscheinlichsten ist. Die verantwortliche Politik bot uns also Mogelpackungen, na toll! Peinlich, dass der Klartext ausgerechnet am Höhepunkt des Wahlkampfes herauskam, keineswegs nur von der AfD: Von den fast zwei Millionen Flüchtlingen und nachgezogenen Familien sind nur 13 Prozent erwerbstätig. Tja, Lügen haben kurze Beine! Und kleine Sünden werden bei der nächsten Wahl bestraft.

Und die Moral von der Geschicht'? Es geht mir nicht um Rechthaberei. Aber Wahrheit muss Wahrheit bleiben. Hätte man sich darum nicht herumgemogelt und die Kritiker nicht brutal ausgegrenzt, wäre uns vieles erspart geblieben. Gefühl ist ein ebenso schlechter Ratgeber wie Angst. Illusionen sind etwas für den Arzt, um ein abgewandeltes Helmut-Schmidt-Zitat zu nennen. Von einem Rechtsstaat erwarte ich Recht: Wer sichert unsere Grenzen? Wen lassen wir ins Land? Und wer darf bleiben und wer nicht? So einfach ist das. Interessant: Im Bundestagswahlkampf 2017 sahen das plötzlich fast alle so. Doch das Volk vergisst nicht so schnell. Einige mussten erfahren, wohin Mogelpackungen führen: Wer zu spät kommt ...

Selten wurde der 18-Uhr-Termin am Wahlabend ein solch kollektiver Schock. Allerdings nicht für die Beteiligten: Die CDU feierte wie auf einem anderen Planeten, wie bei dem 40-Prozent-Ergebnis 2013, so, dass ich wirklich glaubte, da würde bewusst ein Film falsch eingespielt, um zu sagen: So schön war das damals ... Pustekuchen, die mogelten sich wirklich so um die Realität. Noch schlimmer die erste Einlassung von CSU-Chef Horst Seehofer bei *Phönix*: »Ich kann das gar nicht glauben« – folglich feierte man es als Erfolg, dass es beim dramatischen 10-Prozentpunkte-Verlust erst mal keine Personaldebatte gab.

Motto: Lieb Vaterland, sollst ruhig sein ... Jetzt sichert uns das zunächst mal Macht an Isar und Spree! Nur dass dem Volk vom präsizesten Meinungsforschungsinstitut INSA, das bei jeder Wahl eindrucksvoll ergebnisnah ist, gleich in der ersten Umfrage ein weiterer Absturz der Union beschert wurde. Hätte man nicht gemogelt bei der Wahlnachlese, es wäre anders gekommen. Auch bei der nachfolgenden Landtagswahl in Niedersachsen oder mit dem Rücktritt des sächsischen Ministerpräsidenten Stanislaw Tillich.

Von Funny Facts und Kieselhumes

Als ich den Mietwagen am Flughafen übernahm, fiel mir gleich ein roter Papier-Anhänger auf, der am Spiegel baumelte. Unübersehbar wurde ich darüber informiert, dass sich auf diesem werbenden Druckerzeugnis neben dem bayerisch anmutenden Namen auf orangenem Grund »Funny Facts« befinden. Funny Facts, in riesig dicken Buchstaben geschrieben. Fünf solcher Facts waren dann aufgeführt, allesamt in deutscher Sprache, und alle originell. Zum Beispiel: In Hessen wurde ein Pferd mit einer Geschwindigkeit von 59 km/h geblitzt.

Ich wollte mir erst mal einen Drahtesel mieten, also machte ich mich auf den Weg und freute mich an dem »Funny Fact«, dass über 68,5 Prozent der deutschen Autobahnen ohne Tempolimit sind. Ich kam also ungebremst ans Ziel, einem Radverleih namens »E-motion e-Bike«, irgendwo neben der Firma Enterprise Rent-A-Car, die via Google noch schnöde »Autovermietung« heißt. Hätten die geschlossen, bietet das Branchenverzeichnis noch andere Bike-Shops an. Unterwegs hätte ich in derselben Straße noch in den Criminal Tearoom & Pub Baker Street einkehren können.

Aber der gesuchte Bike-Shop war geöffnet, open also. Und als ich schließlich auf dem Rad saß, mein Funny-Facts-Auto auf dem Parkplatz, sah ich die Stadtbahn und atmete auf: Ich war nicht irgendwo im Gewerbegebiet einer amerikanischen Kleinstadt gelandet, denn das große Schild der Haltestelle ließ keine Fragen offen. Ei wo sinn mir dann doo? In Kieselhumes! Bestes Saarländisch! Trotz E-motion e-Bike und Enterprise und den Funny Facts war ich schlicht und ergreifend, saa nur, in Saarbrigge. E scheener Gruß an de Sixt – es geht auch alles auf Deutsch!

Müllers Mathematik und Schwesigs Scheinheiligkeit

Für wie dumm hält man eigentlich das Volk?! Dreist versucht man uns hinters Licht zu führen und uns mit Mogelpackungen der Demokratie abzuspeisen. Und das immer in der Hoffnung, die Leute werden es nicht merken oder wenn, dann schnell vergessen. Wobei sie da leider oft recht haben. Nach der Schock-Wahl vom Herbst 2017 fand eine der großen Verliererinnen, die stellvertretende SPD-Vorsitzende und Ministerpräsidentin von Mecklenburg-Vorpommern, Manuela Schwesig, als erste Fassung und Stimme wieder: »Wir brauchen jetzt dringend Volksentscheide auf Bundesebene. Die Bürgerinnen und Bürger sollten nicht nur zu Wahlen, sondern auch dazwischen befragt werden.« Toll!

Für wie blöd hält die Dame uns denn? Am selben Tag dröhnte nur 213 Kilometer südöstlicher ihr SPD-Kollege Michael Müller, seines Zeichens Regierender Bürgermeister von Berlin, er wolle sich an den Volksentscheid nicht halten, der parallel zur Bundestagswahl stattgefunden hatte. Am selben Tag! Es ging um den Flughafen Tegel, den 56 Prozent der Berliner offenhalten wollen. Und was sagt Herr Müller – auch schon Wochen vor der Abstimmung: Er werde sich an das Ergebnis nur dann halten, wenn die Bürger, wie SPD, Grüne und Linke das wollen, für eine Schließung des Flughafens stimmen. Wünsch-Dir-was-Demokratie!

Und dann wird's noch dreister bei diesen Mogelpackungs-Sozis: Die 56 Prozent sieht Müller nicht als Niederlage, denn nach Umfragen seien ja vorher immerhin 75 Prozent für Tegel gewesen, jetzt 20 weniger. Ja, geht's noch?! Müllers Mathematik und Schwesigs Scheinheiligkeit – man treibt die Wähler förmlich in die Arme von Populisten. Nach dieser Rechnung hieße der Bundeskanzler jetzt Martin Schulz aus Würselen, der hatte schließlich vor der Wahl mal 100 Prozent. Müllers Rechenkünste entsprechen ohnehin dem Niveau seiner Schulen: Die Internationale Gartenausstellung IGA endete im Oktober 2017 mit zehn Millionen Euro Minus – für den Regierenden »ein Erfolg«. Klar, ein Klacks gegen das Milliardengrab Flughafen BER!

147

Niemand setzt sich in Sonntagsreden so sehr für Bürgerbeteiligung und Volksentscheide ein wie SPD, Linke und Grüne. Aber bitte nur, wenn's uns passt und das Ergebnis in unserem Sinne ist. Bei Tegel beruft man sich nun auf beschlossene Verträge und lässt den Volksentscheid nicht gelten, bei »Stuttgart 21« war es mit denselben Parteien exakt umgekehrt. Wahnsinn!

Wir haben eine repräsentative Demokratie, unsere Abgeordneten nennen sich Volksvertreter. Wenn sie das wirklich wären, bräuchten wir auch keine Volksentscheide. Durch die werden ohnehin meist sinnvolle Projekte verhindert, weil linke Aktivisten oder Gruppen mit Sonderinteressen die Bürger mobilisieren. Wer will schon gerne eine Kläranlage vor dem Haus, aber irgendwo muss sie schließlich hin. Und ein Krötenwanderweg ist auch allemal besser als eine Autobahn. Unsere Demokratie kennt einen guten Weg, wie man mit unfähiger Politik umgeht: die unfähigen Politiker abwählen.

Wolf Biermanns Oster-Ohrfeige

Es war eine Sendung, die ich nie vergessen werde: eine halbe Stunde konzentriertes Reden mit Wolf Biermann, dem wortgewaltigen Altkommunisten, und seinem Freund, dem evangelikalen Pfarrer Matthias Storck. Auf diese außergewöhnliche Combo kam ich, als Wolf Biermann zum 25. Jahrestag des Mauerfalls bei einer Sondersitzung des Bundestages singen sollte. Aber was heißt singen?! Biermann, in der Mitte des Saales und damit direkt vor der

Linksfraktion auf einem Hocker sitzend, Gitarre unter dem Arm, knöpfte sich erst mal jene MdBs vor – bis Bundestagspräsident Norbert Lammert eingriff mit der mehr rhetorischen Mahnung: »Sie sind hier zum Singen eingeladen!« Doch Biermann kofferte gegen die Linken: »Dass Sie hier jetzt sitzen, wo Sie doch Leute wie meinen Freund Matthias Storck auf dem Gewissen haben, den ich da oben auf der Besuchertribüne zufällig sehe. Für den waren meine Lieder im Stasi-Knast Seelenbrot.« Und schließlich sang er – viele weinten – eines dieser Seelenbrot-Lieder: »Lass dich nicht verhärten in dieser harten Zeit ...«

Was verbindet diese beiden Männer? Storck und seine Verlobte waren als Theologiestudenten 1979 in Greifswald auf offener Straße von der Stasi verhaftet worden. Was sie bis zu ihrem Freikauf nach Herford erlebten, war pure Folter. In unterschiedlichen Zuchthaus-Trakten untergebracht, pfiffen sie sich abends einzelne Liedzeilen Biermanns durch den winzigen Luftschacht im Wechsel zu. Seelenbrot! Nach vielen Jahren klingelten die Storcks einfach an Biermanns Hamburger Haustür, der war ja 1976 aus der DDR ausgebürgert worden – es entstand eine Freundschaft zwischen dem Skeptiker und dem Glaubensmann. Gewitzt schrieb er mir nach der Sendung in seine Autobiografie *Warte nicht auf bessre Zeiten!* in typisch Biermannscher Spiegelschrift: »Wenn wir die Sendung ohne diesen Hirten gemacht hätten, wäre der Titel: Peter und der Wolf.« Selten hat mich jemand auf Anhieb so beeindruckt wie Wolf Biermann, wir saßen noch lange zusammen – und vieles, was (leider) in Sendung und Buch unerzählt blieb, kam zur Sprache. Ich darf es jedoch zitieren.

Auch dieses Erlebnis mit Theologiestudenten, die kurz vor Ostern 2016 zu Biermann in die Hamburger Wohnung kamen. Über 30, die nun zu seinen Füßen saßen, um mit ihm zu diskutieren. Zuvor jedoch stellte die Sprecherin der Gruppe erst mal fest: »Dass das zwischen uns klar ist, lieber Herr Biermann: Wir glauben natürlich auch nicht daran, dass Jesus auferstanden ist. Aber an Ostern erzählt man das eben so!« Biermann: »Ich war so ungehalten und wütend über diese Anbiederei dieser jungen Leute, dass ich sie fast rausgeworfen hätte.« Er habe dann ziemlich scharf und deutlich gesagt, und es klingt auch wie eine verbale Ohrfeige: »Wissen Sie eigentlich, meine Dame, dass Ihr Glaube und Ihre Predigt ohne das leere Grab null und nichtig wären? Alles Christliche hängt doch daran, dass Christus auferstanden ist, sonst können Sie doch gleich einpacken!«

Und dann kam der Hammersatz, den ich mir sofort aufgeschrieben habe. Und man muss bedenken: Hier spricht kein gläubiger Christ, sicher auch kein Kommunist mehr, aber zumindest doch ein Skeptiker, ein Suchender, der seine streng kommunistische Mutter wegen ihrer Bibelkenntnis rühmt und selbst eine bessere hat als mancher Pfarrer. Es klingt wie ein philosophischer Schlüsselsatz mit einer missionarischen Dimension, weil's genau den Punkt trifft: »Die Auferstehung ist die tiefste Wahrheit im Evangelium. Ostern ist die härteste Währung auf dem Markt der Hoffnungen.« Wow! Besser kann man die Bedeutung der Auferstehung von Jesus Christus gar nicht beschreiben – vor allem in ihrer Dimension für die ganze Welt. Die härteste Währung ... Das heißt doch: Darauf ist Verlass gegenüber all den Luftschloss-Hoffnungen, die uns Ideologien, Philosophien und Religionen anbieten. Das war die Botschaft des Apostels Paulus, das war der Kern der Reformation Martin Luthers, das bewahrt heutige Christen davor, an Gespött, Verachtung und Verfolgung dieser Welt nicht zu verzweifeln: diese gewisse Hoffnung!

Auch ich lasse in Sachen Ostern nicht mit mir spaßen. Da blähen sich doch Leute, die zu dumm sind, einen Eimer Wasser umzuwerfen, plötzlich als Naturwissenschaftler auf nach dem Motto: Wie kann man denn nur in einer Welt mit Relativitätstheorie oder Atomkernspaltung daran glauben, dass ein Toter wieder lebendig wird. »Ich glaube doch eher an den Osterhasen, als dass Jesus auferstanden ist«, trompetete mir mal jemand in einer Talkshow entgegen und kam sich dabei wahnsinnig originell vor. Paulus schreibt, von Biermann großartig modernisiert: »Wäre aber Christus nicht auferstanden, so hätte unsere ganze Predigt keinen Sinn und euer Glaube hätte keine Grundlage« (1. Korintherbrief 15, 14).

Für jeden, der zwei und zwei zusammenzählen kann, ist Ostern weder Märchen noch Legende, sondern die bestbezeugte historische Tatsache der Antike. Denn dieser Korintherbrief wurde von Paulus geschrieben, als die Zeugen noch lebten. Wäre das Lüge, es müsste sich doch irgendwo in der antiken Literatur der Aufschrei finden lassen: Alles Betrug, alles Humbug, eher gibt es den Osterhasen ... Dreißig Jahre nach dem Ereignis fordert Paulus sogar dazu auf: Fragt doch mal diejenigen, die das gesehen haben. Fragt die Zeugen! Geht nach Jerusalem und überzeugt euch selbst, ob Jesus wirklich noch mal gelebt hat, nachdem er am Kreuz hingerichtet wurde! Ostern war nachprüfbar – das hat kein anderes historisches Ereignis der Antike von dieser Dimension zu bieten.

Wer von Ostern redet, steht auf dem festen Boden der Tatsachen. Ob man den Schritt weitergeht und daran glaubt, dass dies nun Auswirkungen auf das eigene Leben hat, das steht auf einem anderen Blatt. Aber das leere Grab auf das Niveau von Nestern des Osterhasen zu senken oder gönnerhaft zu betonen, als Akademiker glaube man so etwas natürlich nicht, das zeugt von mangelnder (historischer) Bildung.

Jesus lebt, das heißt: Er hat den Tod, den größten Feind des Menschen, besiegt, es gibt Hoffnung über den Tod hinaus.

Wenn das Grab leer ist, gibt es keine begrabenen Hoffnungen, auch wenn man, wie die Storcks, in einem DDR-Stasi-Knast buchstäblich begraben ist. Hoffnung ist das Seelenbrot, nicht an Verzweiflung und Sehnsucht zu verhungern. Auch durch eine solche Liedstrophe von Wolf Biermann, die wie ein Choral wirkt:

> »Wir wolln es nicht verschweigen
> In dieser Schweigezeit:
> Das Grün bricht aus den Zweigen,
> wir wolln es allen zeigen,
> dann wissen sie Bescheid!«

Der frühere Bundespräsident Johannes Rau sagte mir einmal: »Unsere Hoffnung muss immer größer sein als unsere Sorge, unsere Erwartung immer größer als unsere Erinnerung.« Das ist Ostern! Das ist in der Tat die härteste Währung auf dem Markt der Hoffnungen.

Mehr Durchblick hätte ich Wolf Biermann allerdings bei der Bundestagswahl 2017 gewünscht. Unter dem Motto »Demokratie feiern!« warb er fürs Wählen. Dem kann ich mich nur anschließen. Doch er verband das, ganz in Biermannscher Wortgewalt, die kein Pardon kennt, mit einer Pauschalschelte der Ostdeutschen. Sie wüssten Freiheit und Demokratie nicht zu schätzen, weil sie den »falschen Parolen« hinterherlaufen. Was dann am Wahlabend ja auch zu besichtigen war. Die frühere DDR-Bürgerrechtlerin Angelika Barbe (CDU) antwortete darauf in einem Offenen Brief im Polit-Magazin *Cicero*, dem eigentlich nichts hinzuzufügen ist. Sie drehte den Spieß mit guten Gründen einfach um: »Wer den Rechtsstaat schätzen gelernt hat, will ihn nicht wieder hergeben.«

Gegen das idiotische (= laienhafte) Argument, Ostdeutsche dürften doch nichts gegen Ausländer und Asylbewerber sagen, weil sie ja kaum welche hätten, konterte *Cicero*-Chef Christoph Schwennicke in meiner Sendung: »Auch Leute, die keinen Führerschein besitzen, können eine Meinung zum Tempolimit haben.« Und der renommierte Historiker Heinrich August Winkler, ideologisch völlig unverdächtig, schreibt den (Alt-)Parteien am Tag der Bundestags-Konstituierung ins Stammbuch, »dass sie es sich oft zu einfach gemacht haben, dass sie Probleme, von denen große Teile der Bevölkerung zu Recht beunruhigt sind, geleugnet, verdrängt oder schöngeredet haben ... innere Sicherheit, Migration und Integration.«

Die armen reichen Kinder

Jedes fünfte Hauptstadtkind ist überfordert. Das glaubt eine Studie belegen zu können, die rechtzeitig zum Schulbeginn nach den Berliner Sommerferien veröffentlicht wurde. In einer Zeitung las ich, worüber die meist zehnjährigen Schüler so alles klagen. Als ich dann auch noch die Studie durcharbeitete, war mir klar: Wir reden hier nicht mehr von Kindern, sondern von kleinen Erwachsenen, die man um ihre Kindheit betrügt. Wie gut hatten wir es doch früher in den 1950er Jahren, als die Schule um 13 Uhr schloss, noch schnell Hausaufgaben erledigt wurden und dann nur noch Spielen angesagt war. Ohne Handy und Markenklamotten, abends verschmutzt und abgekämpft wieder im Elternhaus zurück – aber glücklich! Es hat keinen Sinn, alte Zeiten zu verherrlichen. Aber ist nicht wirklich etwas dran, dass die heutige Kindheitsphase die reinste Mogelpackung ist?!

Heute hat man den Eindruck, dass Zehnjährige einen volleren Terminkalender haben als ein Manager. Die befragten Schüler haben bis nachmittags Unterricht (sind wir Älteren so viel blöder, weil wir das nicht hatten?!) und ab dann volles Programm. »Ich muss zum Judo und zum Klavierunterricht, obwohl ich oft keine Lust darauf habe«, sagt Helena. »Ich würde gern viel mehr mit Lego spielen, aber Schule und Ballett gehen vor, sagt meine Mutter«, so die siebenjährige Sofia. Eric (10) will (oder nicht besser: soll?!) Fußballer werden, muss dreimal die Woche zum Training und am Wochenende zum Turnier. Der Rest ist Schule. Was für eine arme Kindheit im reichen Deutschland!

»Hausaufgaben, Leistungs- und Termindruck sind die größten Stressfaktoren für die Sechs- bis Vierzehnjährigen«, so die Studie. Die Folgen sind fatal: Kinder werden aggressiv, traurig, ängstlich und haben weniger Selbstbewusstsein. Die überforderten Kinder beschweren sich am meisten darüber, dass sie etwas tun müssen, wozu sie keine Lust haben. Und für das, was sie gerne machen, zu wenig Zeit bleibt. So wird die Entwicklungsstufe »Kindheit« zur reinsten Mogelpackung, wenn wir diese wichtige Phase einfach überspringen und statt Kinder lauter kleine Erwachsene erziehen. Oder besser gesagt: dressieren.

Gebt euren Kindern ihre Kindheit zurück! Mehr bedarf es eigentlich nicht. Die Psychologen der Studie raten, mit den Kindern zu kooperieren oder ihnen »Räume der Autonomie« zu schaffen. Was für ein Stuss! Lasst die Kinder Kinder sein, das sagt die Lebenserfahrung und würde reichen, die meisten Probleme zu lösen. Da sich aber Eltern am liebsten über ihre Kinder selbst verwirklichen, habe ich nicht viel Hoffnung, dass sich etwas ändert. Solange es wichtiger ist, dass das Kind (und damit man selbst) mit den Nachbarn oder Mitschülern mithalten kann, als dass es glücklich ist, sind Hopfen und Malz verloren.

Jesus Christa und die Mondin

Wenn man mal was richtig Verrücktes erleben will, dann muss man auf den Kirchentag. Ich bin »leider« zur selben

Zeit immer in Urlaub, aber Berlin 2017 durfte man sich einfach nicht entgehen lassen. Noch nie ist dieser »Event«, der ja immer schon nichts anderes als ein mit Liedern umrahmter rot-grüner Parteitag war, von der sonst so milden Presse dermaßen niedergemacht worden. Weniger durch ernsthafte Kommentare denn durch Hohn, Spott und blankes Entsetzen. Fassungslos schauen Kollegen, die längst aus der Kirche ausgetreten und alles andere als konservative Spießbürger sind, auf dieses Spektakel, das oft pure Realsatire ist. Die Naivität der politischen Debatten wurde nur noch durch die Anbetung Obamas übertroffen, der es – wie von mir öffentlich prophezeit – fertigbrachte, alles andere zur Nebensächlichkeit und den Wittenberger Abschlussgottesdienst zu einer besuchsmäßigen Pleite werden zu lassen (»Obama auf dem Kirchentag ist parasitäre Publizität«. Peter Hahne schon drei Wochen vorher in einem Interview mit der *Neuen Osnabrücker Zeitung*, das es auf den *BILD*-Titel schaffte). Wer Obama und den an ihn ranwanzenden EKD-Chef erlebt hat, konnte ja auch getrost nach Hause fahren: »Wo ich doch schon mal neben Ihnen sitze ...« – worauf Mitdiskutantin Merkel genial konterte: »Ich dachte, *ich* sitze gerade neben Herrn Obama ...« Keine Satiresendung ohne diese Szene, selbst in den Nachrichten!

Doch apropos Lieder: Das war nun der Knaller, wenn's nicht so traurig und vor allem so kostspielig gewesen wäre. 265 000 Liederbücher (in Worten: zweihundertfünfundsechzigtausend!) mussten neu gedruckt werden, weil man sich endlich von den patriarchalisch-autoritären Altherrenliedern dieser weißen Männer vergangener, Frauen verachtender Jahrhunderte emanzipieren wollte und ein neues, gendergerechtes Liederbuch hermusste. Ganz zu schweigen vom Frevel an Autoren, die sich nicht mehr wehren können: Wie kann man Lieder umschreiben, die über Jahrhunderte Menschen in Kriegen und Katastrophen getröstet haben, die sie auswendig konnten, als eiserne Ration, als »Seelenbrot« (Wolf Biermann) für Zeiten schwerster Krisen, Verfolgung, Einsamkeit, Schicksalsschlägen.

Die *FAZ* titelte: Das Liederbuch des Evangelischen Kirchentages spinnt. Auch andere Kollegen ließen ihrer Empörung freien Lauf. Statt des großartigen, rund um die Welt gesungenen »Lobe den Herren ...«, war man verdammt (im wahrsten Wortsinn!), nun zu singen: »Lobe die E'wge«. Dass damit auch jeglicher Reim auf der Strecke blieb, störte die »Gender-Wissenschaftlerinnen« nicht – und nie hat man erfahren, was der ganze Spuk dem Kirchensteuer-Scherflein der »Witwe und der Schwäbischen Hausfrau« gekostet hat, Honorare, Reisekosten, Hotels, Arbeitsgruppen und der Druck. Und schließlich das Sterben der Regenwälder für das Papier ... Da hilft nur noch das Erbarmen von Jesus Christa! Bei »Wer nur den lieben Gott lässt walten« wird Gott im Laufe des Liedes durch »die Allmächtige« ersetzt, ganz gleich, ob das zu Reim und Versmaß passt. So treibt diese Gesinnungs- und Sprachdiktatur harmlose Christen in den Gender-Wahn! Keine Rücksicht auf geistlich tief geprägte Männer und Frauen(!), die vor Jahrhunderten aus eigenen Lebens- und Herzenserfahrungen in ihren Liedern Gleichnisse und Gemälde in perfektes Versmaß und in zeitlose Worte und Töne setzten, die heute noch jeder versteht.

Die *FAZ*-Bildungsexpertin Heike Schmoll schreibt in ihrem von blankem Entsetzen gekennzeichneten Artikel, dass diese Damen selbst vor Matthias Claudius nicht zurückschrecken. Jenem großartigen Hamburger Journalisten, der seinem »Wandsbecker Boten« den Untertitel gab: »Etwas Festes muss der Mensch haben«. Doch diese Kirchentagsdichter sind nicht mehr ganz dicht. Es ist nichts mehr fest und beständig, erst recht nichts mehr heilig. Sie lassen bei Abendstimmung das unübertroffene Claudius-Lied »Der Mond ist aufgegangen« singen und wollen weder den »kranken Nachbarn« noch die in Gottes Namen ruhenden Brüder bestehen lassen.

Claudius verengt es doch bewusst wie ein Zoom im Film, wie ein Fokus im Gemälde, auf den »kranken Nachbarn«, also den Allernächsten, um den man sich sorgt. Daraus aus bloßer Ideologie die Allerweltsphrase »alle kranken Menschen« zu machen, ist unter dem Niveau eines Groschenromans. Und das Volk genderisierter Schäfchen singt mit Inbrunst: »So legt euch, Schwestern Brüder, in Gottes Namen nieder ...« Ein Kommentar im Internet macht daraus – und ich zitiere das bewusst, weil es den Ernst der Lage und die abgrundtiefe Verachtung gegenüber der heutigen Kirche widerspiegelt: »So legt doch endlich, Brüder, die holden Schwestern nieder ...«

Im Internet wird gnadenlos gespottet, voller Verachtung. Das ist schlimmer als auslachen oder verfolgen, Verachtung ist der Preis für selbstverschuldete Lächerlichkeit. Doch was soll man anderes haben, vor allem vor denen, die sich das tatenlos gefallen lassen. Gestandene Bischöfe und Spitzenpolitiker schunkeln »beschalt« und beseelt wie beschwipst zu diesen Liedern und merken gar nicht, wie selbst Atheisten angewidert wegschauen. Niemand hat den Mumm, dem Mumpitz, dieser lächerlichen und vor allem Millionen teuren Infantilisierung abendländischen Kulturgutes ein Ende zu machen und in der »Methode Luther« auf den Tisch zu hauen, sich dem Treiben in den Weg zu stellen.

Ich erinnere mich an den leider fast vergessenen Theologen und großen Prediger Helmut Thielicke. Seine Gottesdienste im überfüllten Hamburger »Michel« mussten während der 68er-Revolution von der Polizei, einmal sogar der Bundeswehr(!), geschützt werden. Aber der Mann hatte Mumm! In seiner Lebensbilanz schreibt er, dass er den Studentenkrawall unter »jugendlich rebellisch« abgehakt hat. »Verachtung habe ich jedoch gegenüber den Professoren-Kollegen, die ohne jeden Widerstand auf die Stimme der Gosse gehört haben.« Ganz genauso habe ich's in Heidelberg erlebt: weltberühmte Theologen, die vor den 68ern kuschten – und wenige wie den Systematiker Albrecht Peters, der seine Vorlesungen mit Losung und Gebet begann, seine Frau mit feuchten Handtüchern im Hintergrund, falls wieder Eier flogen. Das waren wahre Gelehrte, die Gesicht und Haltung zeigten, nicht jene feigen intellektuellen Leichtgewichte mit ihrer Anbiederung an den Zeitgeist!

Und wer aus dieser Geschichte nichts gelernt hat, ist nun verdammt, sie noch einmal zu wiederholen. Nur dass es noch primitiver geht, hätte ich nie gedacht. In einem Leserbrief rettet sich die Schreiberin in Ironie und Sarkasmus, um ihren Abscheu vor dieser Kirchentags-Dichtkunst (ein Paradebeispiel, dass Kunst eben nicht von Können kommen muss!) auf die Spitze zu treiben. Sie schlägt eine Revision des neuen Gesangbuchs vor, Geld ist ja genug da, und macht schon mal einen Vorschlag zur Umdichtung von »Der Mond ist aufgegangen«:

> Mondin ist aufgegangen,
> die Gender-Sterne prangen
> am Kirchentag ganz klar.
> Vernunft steht schwarz und schweiget,
> und aus Gehirnen steiget
> der rosa Nebel sonderbar.

Der bekannte Komponist und Musikproduzent Jochen Rieger schreibt in *idea-spektrum* über diese »änder-Gender-Musik« erschüttert: »Die Textverstümmelungen sind eine ideologisch inspirierte Schnapsidee, die jedem Vollblutmusiker das Herz zerreißen.«

Diese Sprache ist nicht gerecht, sondern einfach nur dumm. Für so etwas werden Millionen und Abermillionen verpulvert, aber das Geld fließt ja in Strömen. Kirche ist bekanntlich die einzige Firma, die völlig erfolgsunabhängig ihr Geld bekommt. Solange die Berliner Steuerkassen überlaufen, wird die Summe der Kirchensteuer trotz Mitgliederschwund auf hohem Niveau dennoch immer höher. Mathematisch gesprochen: Die Einnahmen sind reziprok zu den Austritten. Denn eins ist glasklar: Müsste sich zum Beispiel der Kirchentag allein aus Spenden finanzieren und bekäme keine rund 60 Millionen (!!) von Staat und Kirche und ließe sich nicht auch noch schamlos von VW sponsern (moderner Ablasshandel: Kirchensponsoring gegen Abgasskandal!), er wäre mausetot. Und alle würden die schönen alten Lieder in der schönen alten Sprache, die viele sogar noch auswendig können, mit schöner neuer Inbrunst und erleichtertem Seufzen singen: Lobe den Herren ...

Grüne, Köter, Selbstverachtung

Anklage wurde gar nicht erst zugelassen. Die Hamburger Staatsanwaltschaft wies eine Anzeige gegen den Grünen-Politiker und Vorstand des Türkischen Elternbundes, Malik Karabulut, zurück. Nein, meinte eine Staatsanwältin, das sei keine Volksverhetzung und keine Beleidigung. Also ist es eine Lappalie, wenn man die Deutschen als »Köter-Rasse« bezeichnet. Respekt vor dem Land, in dem man lebt? Mogelpackung!

Armes Deutschland! Nach der Armenien-Resolution des Bundestages im Herbst 2016 hatte der Türkischstämmige auf Facebook geschrieben: »Diese Schlampe mit dem Namen Deutschland hat uns den Krieg erklärt – und wir schweigen immer noch. Ab jetzt könnt ihr was erleben.« Ohnehin seien die Deutschen ja nichts anderes als eine »Köter-Rasse«. Ungeheuerlich, aber offenbar in einem Staat, der sich am liebsten selbst verachtet, nicht strafbar. Das wäre es erst gewesen, so die Staatsanwaltschaft, wenn man ganz bestimmte Gruppen aus ethnischen, rassischen oder weltanschaulichen Gründen angegriffen hätte. Hier ging es ja »nur« um die breite Allgemeinheit, nicht um spezifische Menschen. Im Klartext: Das ganze Land kann man ruhig und ohne Folgen verunglimpfen, solange man nicht bestimmte Bevölkerungsgruppen meint.

So ist es auch nicht strafbar, die Polizei »A.C.A.B.« zu nennen, also »all cops are bastards« – alle Polizisten sind Schweine, Scheißkerle, Bastarde. Dies sei, so das Karlsruher Bundesverfassungsgericht, erlaubt, da man ja keine konkreten Polizisten so benennt. Im Amtsdeutsch: »Von der Meinungsfreiheit geschützt, wenn es sich nicht auf eine hinreichend überschaubare und abgegrenzte Personengruppe bezieht.« Schon beim Kruzifix-Urteil oder dem »Soldaten-sind-Mörder«-Freispruch erlaubte ich mir anzumerken: Wer schützt unser Grundgesetz eigentlich vor dem Bundesverfassungsgericht?! Und warum gibt's eigentlich keinen Volksverhetzungsparagrafen gegen inländerfeindliche Diffamierungen?

Kaum ein Staat, der sich selbst so klein macht wie das große Deutschland. Kaum ein Volk, das sich selbst so verachtet wie das unsrige. Manches trägt schon psychopathische Züge in seinem Sadomasochismus. Beispiel Claudia Roth, damals immerhin Bundestagsvizepräsidentin. Die streitbare Grüne, von mir durchaus geschätzt wegen ihrer Prinzipientreue selbst bei unsinnigsten Thesen, beteiligte sich im November 2015 in Hannover an einer Demonstration gegen die AfD »Bunt statt braun«. Hinter ihr wurde skandiert »Deutschland verrecke!«, aus dem Lautsprecherwagen dröhnte: »Deutschland, du mieses Stück Scheiße!«

Roth wäre wie eine Furie auf die »Täter« losgegangen, hätten sie etwas anderes, Rassistisches, »Rechtes« gerufen. In diesem Fall war Schweigen im Walde, selbst in zahlreichen Talkshows, in denen sie darauf angesprochen wurde. Konsequent tat das immer wieder der jüdische Publizist Henryk M. Broder.

Kein Funke Patriotismus, kein bisschen Ehrgeiz, als parlamentarische Politikerin eines demokratischen Gemeinwesens und eine der protokollarisch Ranghöchsten, diesen Staat mit Vehemenz zu verteidigen. Im Gegenteil. Grüne Spitzenpolitiker forderten doch allen Ernstes zur Fußball-EM und WM, bei den Siegesfeiern auf den Fanmeilen und in den Kneipen die schwarz-rot-goldenen Fahnen einzurollen und das Deutschlandlied zu verweigern. Das schaffe nur nationalistischen Hass!

Ich trat im geschätzten *ARD*-Talk *hart aber fair* gegen die Vorsitzende der Grünen Jugend an. Selbst das Publikum machte den Eindruck, mich bewusst missverstehen zu wollen, als ich mich für Fahne und Hymne einsetzte. Ich konterte mit Ex-Bundespräsident Johannes Rau (»Ein Patriot ist jemand, der sein Vaterland liebt. Ein Nationalist ist jemand, der die Vaterländer der anderen verachtet.«) und dem früheren Präsidenten des Zentralrates der Juden in Deutschland, Paul Spiegel: »Das Fehlen von Patriotismus führt zu einem neuen Nationalismus.« Haben wir nach dem erfolgreichen Marsch der 68er durch die Institutionen unserer Bildung unser letztes Stück Selbstachtung und jede Form von Geschichtsbewusstsein verloren?!

Ich versuchte, den vielen im Studio anwesenden Jugendlichen zu erklären, woher Hymne und Fahne stammen, ihnen aus Zeitgründen in ein paar Schlagworten von Helgoland und Hambach zu erzählen. Sie fühlten sich jedoch geschlagen, als wäre ein Rechtsextremist auf sie losgegangen. Kein Wunder, da es doch in Deutschland in vielen Lehrplänen keinen ordentlichen Geschichtsunterricht mehr gibt. So kommt es, dass ich bei der Vorbereitung einer

Sendung mit dem renommierten jüdischen Historiker Michael Wolffsohn auf einen völlig ahnungslosen jungen, akademisch gebildeten Kollegen stieß: Als ich ihn bat, zum Thema Patriotismus das Hambacher Fest in das Material einzubauen, meinte er ratlos nach einigem Recherchieren, ob ich denn ernsthaft das bevorstehende Weinfest in Hambach thematisieren wolle. Hambacher Schloss, Hambacher Fest, schwarz-rot-gold – null Ahnung.

Die Bildungskatastrophe schreit zum Himmel.

Und wer Bildung hat, erinnert sich vielleicht an Philipp Melanchthon, den Mitstreiter Martin Luthers. Vor 500 Jahren erzählte er in einem Vortrag von einem türkischen König. Der ließ sich die Trachten aller Völker malen, um etwas von deren Kultur und Tradition zu erfahren. Als der Künstler fertig war, malte er zuletzt noch einen nackten Mann und neben ihn ein buntes Tuch: Das ist ein Deutscher, für den ich keine bestimmte Tracht malen kann, weil er täglich neue erfindet.

Wahrheit statt Wortmüll

Ich kann es nicht mehr hören. Nach jedem islamistischen Terroranschlag die gleichen Polit-Sprechblasen, diese elenden Mogelpackungen naiven Gutmenschentums: Das hat alles nichts mit dem Islam zu tun! Und, fast noch schlimmer: Wir haben keine Angst und lassen uns von Terroristen unseren freien Lebensstil nicht kaputt machen. Erstens hat jeder Terroranschlag, der von Muslimen im Namen Allahs verübt wird, etwas mit dem Islam zu tun. Und zweitens habe ich Angst, jawohl! Sonst wäre ich ja nicht ganz zurechnungsfähig.

Da ist Jesus Christus vor 2000 Jahren ja noch realistischer als unsere heutigen Gutwetter-Politiker und Bischofs-Schönredner: »In der Welt habt ihr Angst ...« Auf solchen Anti-Angst-Irrsinn können nur Menschen kommen, die in einer abgehobenen Parallelgesellschaft leben, sich in bewachten Limousinen kutschieren lassen und jeglichen Kontakt zur Wirklichkeit verloren haben. Dieses dumme Geschwätz ist eine Zumutung für mündige Bürger.

Jeder glaubt, seinen überflüssigen Phrasen-Senf dazugeben zu müssen. Da ist dann vom europäischen Islam die Rede, der doch so ganz anders ist. Nur ein Promille sei gewalttätig, der größte Teil völlig harmlos. Als finge Gewalt nicht schon bei Worten an, bei der Erziehung oder in manchen Moscheen. Wenn ein Junge bereits mit der Muttermilch sein patriarchalistisches Frauenbild eingeimpft bekommt, dann können nur Idioten (griechisch für: Laien, Nichtfachleute) das friedlich nennen. Wenn eine Religion einen politischen Anspruch erhebt, den Antisemitismus zum Gebot erklärt und jede Form westlicher Freiheit als dekadent betrachtet, wo ist denn da der Friede?!

Seit Jahren wird einfach hingenommen, dass auf deutschen Schulhöfen aus dem Mund von muslimischen Kindern und Jugendlichen die schlimmsten Schimpfwörter sich nicht bei Blödmann oder Armleuchter erschöpfen, sie lauten: schwul, Jude, Christ. Wer eine Mitschülerin als Christen-Schlampe oder schlimmer bezeichnet, ist kein Garant für eine Kuschel-Integration mit dem Regenbogenband der Sympathie.

Nicht jeder Islam ist Islamismus, das ist wahr. Aber jeder Islamismus ist Islam. Und wenn man nach einer klassischen Mogelpackung sucht: Islam heißt übersetzt »Frieden«. Man glaubt es kaum. Doch wo bleiben dann die mächtigen Friedens-Demonstrationen, in denen sich friedliebende Muslime massiv und massenhaft gegen den Terror wenden?! Nach dem Anschlag von Barcelona im Sommer 2017 sollten 10 000 in Köln aufmarschieren, es waren ein paar Hundert. Selbst Muslime waren darüber erschüttert. »Wo sind die Protagonisten des friedlichen Islam?«, fragt provozierend der katholische Bischof von Passau, Stefan Oster. »Wann endlich wagen sich die Muslime aus der Deckung mit allem religiösen, politischen, gesellschaftlichen Einfluss, den sie aufbringen können?«

Die gleiche Forderung erhebt der sächsische Landesbischof Carsten Rentzing in einem Interview der Evangelischen Nachrichtenagentur *idea*: »Ich würde von den Entscheidern des islamischen Glaubens zumindest erwarten, dass sie sich zu den Anschlägen äußern« – nämlich ob das nun zu ihrer Religion passt oder nicht. »Ich vermisse diese Klarheit. Da kann und muss man mehr erwarten. Wenn es stimmt, dass der Islam eine Religion des Friedens sein will, dann muss das doch auch klar gesagt werden können.«

Wir dürfen Terroristen nicht den Triumph schenken, das stimmt. Aber ich will nicht immer von »feigen Anschlägen« hören, von »unschuldigen Opfern« und »Menschen, die nur tanzen wollten und jetzt tot sind« – und dann zur Tagesordnung übergehen. Ich will mich geschützt wissen, ich will, dass Schaden vom Volk abgewendet wird. Das haben Regierende in ihrem Amtseid geschworen. Darauf haben wir Regierten einen Anspruch. Wo bleiben die Video-Überwachungsanlagen, die europäische Datenbank für alle Gefährder und potenziellen Attentäter, Handyüberwachung und -auswertung, warum können sich IS-Terroristen wegen unserer lächerlich niedrigen Strafen ins Fäustchen lachen?

Auch darüber, dass Deutschland Jahre braucht, um das technisch Mögliche gegen Asyl-Betrüger oder Terroristen einzusetzen: einen Computer-Spracherkenner für arabische Dialekte, eine Art Lügendetektor. Oder einen Foto-Scanner für verdächtige Personen in Massenveranstaltungen. Zehntausende hätten überführt werden können, wären nie eingereist. Jetzt reisen sie nicht aus. Freiheit, und sei es Angstfreiheit, lässt sich nicht beschwören, sie muss mit allen Mitteln erkämpft, geschützt und verteidigt werden. Statt Sprechblasen ist entschlossenes Handeln gefragt. Und jede wirksame Therapie braucht die richtige Diagnose. Wahrheit statt Wortmüll!

Einbrecher-Eldorado: Mogelpackung Sicherheit

Wir reden über Terror und Krieg, über die Bedrohung durch den Islamismus und die Notwendigkeit von G-20-Gipfeln um den Preis linksradikaler Gewalt – und unsere Politik verkündet stolz, dass sich nach Umfragen und Studien die meisten Deutschen im Lande sicher fühlen. Eine Mogelpackung! Denn eins wird geflissentlich übersehen: dass immer mehr Dolchstöße in das Herz unseres allerpersönlichsten Privatlebens gehen. Die Opfer von Eigentumsdelikten nehmen dramatisch zu. Unser Land gilt vor allem unter osteuropäischen Banden als Eldorado für Einbrüche. »Wir klauen in Deutschland, weil es dort gut geht. Und weil dort am meisten zu holen ist«, zitiert *rbb*-Kollege Olaf Sundermeyer den Chef eines Roma-Clans.

Und je näher ein Haus an einer Autobahn steht, desto größer ist die Chance, von solchen Banditen heimgesucht zu werden. Nachdem nun auch Spitzenpolitiker betroffen sind und selbst der Objektschutz der Polizei Einbrecher nicht abschreckt, werden härtere Bandagen angezogen. Das wünschte sich wohl auch Grünen-Chef Özdemir, dem während (!) der Koalitionsverhandlungen sein teures Rad geklaut wurde und der »das gar nicht fassen kann«. Ähnlich Hans-Christian Ströbele: Beim eigenen Rad wurde er wach und rief nach der Polizei und sogar nach Videoaufnahmen rund um den Bundestag, wo der Dieb doch sichtbar sein müsste. Konsequenz sieht anders aus. Es ändert sich allerdings nichts, denn ehe die Polizei zuschlagen kann, sitzen die Verbrecher schon wieder jenseits der Grenzen – oder sind hierzulande in der sicheren Wagenburg ihrer Clans.

Der Europäische Rat warnte schon 2015, die schwere organisierte Bandenkriminalität sei im Bereich Innere Sicherheit das Wichtigste. Die Bedrohung sei flächendeckend und allgegenwärtig, der Schaden geht in die Milliarden. Dabei geht es keinesfalls »nur« um den materiellen Verlust. Fast die Hälfte der Einbruchsopfer fühlt sich noch ein Jahr später unsicher und unwohl in ihrem privatesten Bereich. Deshalb hatte der Bundestag recht, als er verschärfte Strafen beschloss – auch und gerade wegen des seelischen

Schadens, den diese Banden verursachen. Aber wie gesagt: Die sind über alle Berge, bevor wir aufwachen ... Und das Ganze hat natürlich nie etwas mit Ausländern oder Flüchtlingen zu tun. Purer Etikettenschwindel.

Deutschland gilt weltweit als Schlaraffenland – und wer zuerst da ist, am geschicktesten »arbeitet« und die cleversten Clan-Mitglieder hat, kann am meisten holen. Die Politik kann noch so viel reden und noch so viele Gutmenschen in Stellung bringen: An der Tatsache, dass die offenen Grenzen geradezu als Einladung ins Einbruchs-Eldorado empfunden werden, ist nicht zu rütteln. Ich erlebe es ja bei Kollegen: Da wird so lange alles als rechtspopulistisches Vorurteil und als Diffamierung Zugezogener abgetan, bis man selbst betroffen ist. Bei einer Kollegin wurde gleich zweimal hintereinander eingebrochen. Da war aber Schluss mit lustig!

Über die Hälfte der rund 170 000 Einbrüche pro Jahr gehen auf das Konto osteuropäischer Banden, alle drei Minuten wird eine Tür geknackt, Wohnungen systematisch leergeräumt – der Bundesverband der deutschen Versicherungswirtschaft spricht vom höchsten Einbruchsstand überhaupt. Selbst Taschendiebstahl und Ladenklau werden bandenmäßig organisiert. Im Brandenburgischen sind entlang der polnischen Grenze Baustellen fast schon so hell beleuchtet wie früher der innerdeutsche Todesstreifen, denn Land- und Baumaschinen verschwinden über Nacht ebenso im großen Stil wie ganze Rinderherden und neuerdings selbst Bienenstöcke. Es gibt Banden, die sich auf die Lager von Drogerie- und Supermärkten spezialisiert haben.

Es klingt wie Hohn, wenn der damalige Innenminister

Wolfgang Schäuble die Warnung der Polizeigewerkschaften vor hoher Kriminalität durch die Öffnung der osteuropäischen Grenzen konterte: »Diesen Preis muss man für die Freizügigkeit zahlen. Es ist der Preis der Freiheit.« So kann nur reden, wer Tag und Nacht von Polizisten umgeben ist, die bis an die Zähne bewaffnet sind. Zynismus pur. Und das Schlimmste: Die Aufklärungsquote für Wohnungseinbrüche liegt bei schlappen 3 Prozent (drei!). Taschen-, Laden- oder Fahrraddiebe würden kaum verurteilt, wenn sie ausnahmsweise mal gefasst werden. Viele Läden melden es schon gar nicht mehr, wenn eine »Flüchtlings«-Gruppe das Wort Selbstbedienung mal wieder allzu wörtlich nimmt. Die wenigen Frauen in den unterbesetzten Riesenmärkten und Discountern haben regelrecht Angst – nur sagen darf keiner was, und berichtet wird natürlich auch nicht.

»Die Polizei in den Großstädten hat längst kapituliert«, beklagt der *rbb*-Kollege Olaf Sundermeyer in seinem Buch *Bandenland: Deutschland im Visier von organisierten Kriminellen*. Viele zeigen die Delikte schon gar nicht mehr an, man schätzt die Dunkelziffer zehnmal (!) so hoch wie die gemeldeten Diebstähle. Nur eines sei klar und nicht zu leugnen, auch wenn darüber sprachpolizeilich geschwiegen werde: Unter den ermittelten Taschendieben waren 90,7 Prozent Nichtdeutsche, bei Wohnungseinbrüchen bundesweit 40,2 Prozent. Im Bereich der Clan-Kriminalität sprechen Experten inzwischen von »polykriminellen Gruppen«: die eine klaut Metall, andere verüben Einbrüche oder betreiben Taschendiebstahl. Bei den Delikten gäbe es regelrechte Altersstrukturen und Hierarchien. Alles weiß man, über nichts wird gesprochen – und nichts wird getan. Notfalls kriegt die Polizei den Schwarzen Peter. Und die Politik schaut zu, wie sie die nächsten Wahlen gewinnt.

Respekt, liebe Lidl-Leute

Lidl lernt und lenkt ein! Die Supermarktkette reagierte blitzschnell auf den wohl unerwarteten Proteststurm ihrer Kunden. Die rebellierten in einem Internet-Shitstorm ungeahnten Ausmaßes gegen Etikettenschwindel und Mogelpackungen. Obwohl der Anlass gar nicht die klassische Mogelpackung war. Darüber regt sich ja inzwischen jeder auf, dass die Verpackungen immer größer, der Inhalt jedoch immer kleiner wird. Jeder Umweltschützer müsste doch konsequenterweise protestieren und solche Marken boykottieren, denn XXL-Verpackungen bedeuten: noch mehr Raubbau an der Natur durch Papier- und Farbherstellung und höheren Energieverbrauch.

Schweigen im (Regen-)Walde der sonst doch immer so regen rot-grünen Aktivisten. Sie kaufen fröhlich die Billigangebote der Discounter in Riesenverpackungen, in denen oft mehr Luft als Inhalt ist. Warum regt sich da keiner auf? Ich tue es und frage mich: Es reicht doch eine Verpackung, die exakt den Inhalt umschließt. Manche Ware lässt sich auch ohne aufwendige »Umhüllung« prima verkaufen. Warum müssen zum Beispiel Tuben und Dosen noch extra eingepackt werden? Wenn man die Ware ans Ohr hält und schüttelt, weiß man warum: Mehr Schein als Sein, echte Mogelpackungen.

Doch darum ging es bei Lidl nicht. Mich wundert heute noch die rasende Wut der Kundschaft in unserem Multikulti-Land mit rasantem Verfall des christlichen Glaubens und der abendländischen Werte. Da muss ich ein Vorurteil abbauen: Die Deutschen sind doch hellwach. Vielleicht auch, weil ihnen inzwischen zu viel an Tradition und Ritual genommen wird, meist aus vorauseilendem »Toleranz«-Gehorsam von Politik und Kirche. Der Discounter Lidl hatte auf den Verpackungen einer Lebensmittel-Marke herrliche griechische Motive abgebildet. Auch Kirchen und Kapellen waren vor strahlend blauem Himmel zu sehen. Doch da fehlte etwas, was aufmerksame Kunden gleich bemerkten: Die Kuppelkreuze hatte man einfach wegretuschiert, ganz offensichtlich wegen der zunehmenden muslimischen Kundschaft.

Ähnlich hatte es der Schokoladenhersteller Cadbury versucht und das Wort Ostern aus dem Programm gestrichen. Die Ostereier heißen nur noch Schokoeier, und die legendäre britische Ostereiersuche der Firma wird nun Cadbury-Eiersuche genannt. Das rief nicht nur Kirchen, sondern auch die Londoner Regierung auf den Plan: Firmengründer John Cadbury war schließlich ein frommer Quäker, und Europa ist immerhin (noch) christlich in Kultur und Werten. Dennoch: Geschäft geht vor ... Nicht Gott, sondern Geld regiert die Welt! Alle Berufung auf europäische Unternehmenskultur und humane Arbeitswelt: reinste Mogelpackungen!

Anders Lidl! Nach anfänglichen Ausreden kam schnell die Entschuldigung, und zwar ohne Wenn und Aber: »Wir haben einen Fehler gemacht, kommt nicht wieder vor«, hieß es aus der Konzernzentrale, die im pietistischen Württemberg liegt. Übrigens: Als die Kirchen in Sachen Lidl-Kreuz aufwachten, war die Schlacht schon geschlagen. Die Verbraucher haben sich schneller als geahnt durchgesetzt. Es lohnt sich also, gegen Mogelpackungen und Etikettenschwindel zu protestieren. Selbst gegen einen so mächtigen Konzern mit 10 200 Filialen! Und der hätte eine wohlfeile Ausrede gehabt, gegen die niemand etwas hätte einwenden können: Da schon höchste deutsche Bischöfe aus »Respekt« vor Muslimen ihr Kreuz »wegretuschieren«, wenn sie den Jerusalemer Tempelberg besuchen, warum soll uns das verboten sein ...

13. Monatsgehalt unerwünscht?

Leiden Sie vielleicht an Paraskavedekatriaphobie? Dann legen Sie diese Furcht, die sich zu chronischer Krankheit steigern könnte, bitte schleunigst ab. Es ist der panische Wunsch, unbedingt im Bett zu bleiben. Nicht wegen Grippe, Magen-Darm oder Rücken, sondern weil der Freitag auf einen 13. fällt. Rund dreimal im Jahr kommt das vor und macht den Leuten Angst und Bange. Um das so richtig wissenschaftlich auszuloten, als hätte man einen entsprechenden Studienabschluss mit Griechischkenntnissen, setzen wir das mal kurz zusammen: »paraskeue« (Freitag), »dekratia« (dreizehn) und »phobos« (Angst). Wer das alles nicht über die Lippen bringt, bleibt am besten bei »einfach im Bett bleiben«.

Wenn dann auch noch schönster Sommer-Sonnenschein herrscht, bringt man allerdings ein völlig sinnloses Opfer. Denn für Italiener ist die 17 die Unglückszahl, für das Judentum ist die 13 sogar eine Glückszahl. Wie intolerant und nur zufällig treffsicher, wenn die Lufthansa keine Reihe 13 kennt, Hochhäuser keine 13. Etage und Hotels und Krankenhäuser auf Zimmernummer 13 verzichten. Und der Komponist Arnold Schönberg (1874 bis 1951) schuf ganz umsonst die Zwölftonmusik und kennzeichnete extra den 13. Takt seines Chorwerkes.

Viel Liebesmüh (besser: Angstpotenzial!) für eine Zahl, die durch Zahlen widerlegt wird, man sollte also lieber Mathematik als Griechisch studieren! Die Versicherungsmathematiker der »Zurich Gruppe Deutschland« haben nämlich errechnet, dass am Freitag, dem 13., zehn Prozent *weniger* Unfälle passieren als an normalen Wochentagen. Selbst wenn ein anderer Tag auf einen 13. fällt, gibt es dort mehr Versicherungsschäden als am herkömmlichen Angst-Freitag.

Jedes Trara um Freitag, den 13., in fast allen Medien in steter Regelmäßigkeit geboten, ist also purer Unsinn, geht an allen wissenschaftlichen Erkenntnissen meilenweit vorbei und nutzt die Ängstlichkeit der Bürger aus. Papst Franziskus hat also recht, wenn er Freitag, den 13., samt Horoskopen und Aberglauben als etwas bezeichnet, was für denkende Menschen schlicht unwürdig ist.

Denn es gilt der Satz derer, die auf Jesus Christus und sein Wort setzen: Überzeugte Atheisten, die Glauben zur Vordertür ihres Lebenshauses hinausschmeißen, holen den Aberglauben zur Hintertür herein. Und mit ihm Angst! Der vermeintliche Unglückstag könnte also mit der Bibel *und* der Wissenschaft, mit Glauben *und* Denken zu einem der fröhlichsten Tage werden, Sitzreihen, Hausetagen und Hotelzimmer zu den begehrtesten. Um diese Chance bringen sich und uns alle, die ihren Kleinglauben mit Wissenschaftlichkeit kaschieren. Es stimmt: In der uralten Bibel stehen erstaunliche Lösungen für aktuelle Probleme. Man sollte zu lesen beginnen! Das würde dem Land der Dichter und Denker alle Ehre machen. Doch in der Lounge des Münchner Flughafens, oft von Orientalen genutzt, sah ich im Regal einen zerlesenen Koran, darunter eine Bibel mit einer dicken Staubschicht. Armes Deutschland.

Apropos Armut: Ich habe noch niemand kennengelernt, der aus Aberglauben auf sein 13. Monatsgehalt verzichtet.

Rasen und Rauchen für die Rente

Es gibt nichts, was nicht von irgendwelchen Experten – meist selbsternannten! – erforscht wird. Aber folgende Zahlen sind kein Hokuspokus, es sind mathematische Fakten: Wer raucht, rast und trinkt, entlastet die Allgemeinheit. Wer dem Staat also etwas Gutes tun will, sollte viel Autofahren, noch mehr trinken und dabei noch exzessiv rauchen! Rentenversicherer und Krankenkassen sind sich einig: Da Raucher und Trinker im Durchschnitt fünf Jahre eher sterben als diejenigen, die auf die Warnungen des Arztes oder der Drogenbeauftragten hören, wird die Rentenkasse spürbar entlastet. Das spart den Kassen hunderte Millionen Euro im Jahr. Damit widersprachen die Rechenexperten der landläufigen Meinung, gerade diese Gruppe unserer Gesellschaft würde zu hohe Kosten verursachen, weil die Behandlung der Suchtfolgen so teuer ist, dass unterm Strich die draufzahlen müssen, die bewusst und gesund zu leben versuchen.

Was aber viel makabrer ist: Würden wir auf den Staat hören, das heißt die Todeswarnungen auf den Zigarettenschachteln oder die Appelle der Drogen- und Umweltbeauftragten beherzigen, wir ritten unser Gemeinwesen ganz gemein und egoistisch in den Ruin. Nirgends kassiert der Fiskus so viel Steuergeld wie bei Tabak, Alkohol oder Benzin. Und nicht zu vergessen: Anfang des dritten Jahrtausends war das ja sogar ein geradezu offizieller Slogan: Rauchen für die Sicherheit, Rasen für die Rente. Denn die damaligen Steuererhöhungen der rot-grünen Schröder-Regierung waren für die Finanzierung der Inneren Sicherheit und die Rentenkasse gedacht. Das führte zu heißen Diskussionen in der Bevölkerung und hitzigen Redeschlachten im Bundestag. In der Haushaltsdebatte rechnete das der damalige Unions-Fraktionschef Friedrich Merz Kanzler Gerhard Schröder Zigarette für Zigarette, Tankfüllung für Tankfüllung vor. Und sein FDP-Kollege Westerwelle sekundierte: »Das ist keine Finanzpolitik, das ist gaga!«

Genauso gaga, genau genommen ein Riesenskandal ist, was leider nur wenigen meiner Kollegen auffiel: Am selben Tag, an dem die Drogenbeauftragte im Sommer 2017 eindringlich vor den Gefahren des Alkohols warnte, verkündete das Finanzministerium, beim Tag der offenen Tür der Berliner Ministerien gebe es eine große Auktion des Zolls, bei der sichergestellte Waren versteigert werden sollen – für einen guten Zweck natürlich. Vielleicht ja für

Suchtberatung, denn unter den Gegenständen, die da unter den Hammer kamen, waren sechs Flaschen Cognac und Whisky.

An diesem kleinen Beispiel wird symbolhaft deutlich, wie die oft gouvernantenhafte Besorgnispolitik mit all ihren Warnungen in Wahrheit eine Mogelpackung ist.

Der Barmherzige Samariter und die Gaffer

»Nun spring doch!« Nie werde ich vergessen, wie ich in den 1970er Jahren bei einem Berlinbesuch diese Szene am Kurfürstendamm erlebte: Ein Mann auf einem Hochhausdach, unten eine immer größer werdende Gruppe Gaffer – und denen wurde die Zeit zu lang, die wollten weiter, Shoppen, Kaffeetrinken ... Und so waren es immer mehr, die in den schauerlichen Schaulustigen-Chor einstimmten: »Spring doch!« Immer wieder passiert so etwas Gefühlskaltes. Oder im Sommer 2017 in Remagen am Rhein: Ein Rettungshubschrauber konnte deshalb nicht landen, weil genau auf dem Platz eine Familie mit Auto stand, die diesen Einsatz filmen wollte. Und als die Polizei einschritt, wurden sie noch frech.

Sie sind die Allerschlimmsten, und man sollte sie im wahrsten Wortsinn aus dem Verkehr ziehen! Wenn einer lebenslänglich Fahrverbot verdient hat, dann sind es die Gaffer. Es scheint sich zu einem Modesport auf deutschen Straßen zu entwickeln, die Rettungskräfte bei ihren Einsätzen zu behindern. Und wenn solche Irren dann mal dingfest gemacht werden, finden sich garantiert wirre Richter, die sie am liebsten noch mit freundlichem Handschlag aus dem Gerichtssaal verabschieden würden.

Beispiel Bremervörde in Niedersachsen: Omar A. (27) hatte mit seinen beiden Brüdern Feuerwehr und Polizei bei einem Unfall behindert, bei dem es zwei Tote gab. Im Handgemenge verletzten sie Feuerwehrleute und Polizisten, es gab eine regelrechte Schlägerei im Angesicht des dramatischen Unfalls. Omar A. kam mit vier Monaten davon, seine Brüder mit einer Geldstrafe von 100 und 150 Euro. Solche Strafen sind ein Witz! Und dann heißt es auch noch bei der Urteilsverkündung: »Im Namen des Volkes!«

Unfassbares auch aus Frankfurt am Main: An der Konstablerwache bricht ein 19-Jähriger ohnmächtig zusammen und muss wiederbelebt werden. Jede Minute entscheidet da über Leben und Tod, wie jeder weiß. Doch ein Menschenmob behindert die herbeigerufenen Notärzte und Sanitäter. Die Polizei muss mit acht (!) Streifenwagen anrücken. Ein Mann, wie es in fast allen Zeitungen verallgemeinernd heißt, ruft sogar zum Stören des Rettungseinsatzes auf: »Die Polizei schlägt immer Leute!« In Wahrheit ein Marokkaner, der seine Freunde zusammentrommelt. Die Gruppe von schließlich 60 Randalierern sei zum Teil polizeibekannt, hieß es später. Von Verurteilungen oder Abschiebungen habe ich allerdings nichts gehört. Der junge Mann konnte Gott sei Dank gerettet werden.

Und was macht die Regierung? Sie bietet eine Mogelpackung! Was als harte Strafe gegen Gaffer angekündigt wurde, verweichlichte im Herbst 2017 zu einer lächerlichen 200-Euro-Buße. Drei Monatsgehälter und drei Jahre Fahrverbot wären doch das Mindeste, oder?

Was treibt eigentlich Menschen an, sich in aller Ruhe einen Unfall anzuschauen, als wäre es ein Streifen im Autokino? Und dabei auch noch zu filmen und zu fotografieren! Wie kann man nur auf die Idee kommen, sich am Leid anderer zu weiden? Auf der Gegenfahrbahn ist der Stau oft länger als auf der Spur mit dem Unfall. Ich empfinde es als schweres Verbrechen, wenn solche Gaffer den lebensrettenden Einsatz von Notärzten, Polizei oder Feuerwehr dadurch behindern, dass sie keine Rettungsgasse bilden. Dabei haben wir das doch alle in der Fahrschule gelernt. Viele Retter berichten, dass für sie die Fahrt zur Unfallstelle oft ein Spießrutenlauf ist. Und das, wo es auf jede Sekunde ankommt. Ganz dreiste Exemplare dieser Unmenschen nutzen die mühsam erkämpfte Gasse dann, um direkt hinterherzufahren, damit man schneller vorwärtskommt. Was aber, wenn noch andere Rettungsfahrzeuge folgen und die Straßen dann völlig verstopft sind?

Wie können Menschen nur so etwas tun? Oder, was der ADAC ermittelte, und was mich fassungslos macht: Irgendwo auf freier Strecke wurde ein Unfall simuliert, den niemand übersehen konnte. Und dann schaute man, wer anhält oder wer vorbeifährt. Wäre das ein echter Unfall gewesen, die Opfer wären allesamt tot. Die meisten fuhren vorbei. Jenseits einer Kurve wurden sie von der Polizei angehalten und nach ihren Motiven gefragt, nicht angehalten und Erste Hilfe geleistet zu haben. Die Ausreden waren erschreckend, die meisten wollten nichts gesehen haben. Oder sie hatten es eilig.

Das erinnert einen, der noch halbwegs über unsere Kultur Bescheid weiß, an ein Gleichnis aus der Bibel, wo es genauso war. Dass in den westlich-abendländischen Kulturen unterlassene Hilfeleistung ein Straftatbestand ist, verdanken wir diesem Gleichnis vom Barmherzigen Samariter, das Jesus Christus vor 2000 Jahren erzählt. Wer an der Not hilfloser Menschen achtlos vorbeigeht, hat letztlich keine Entschuldigung. Er gehört bestraft. Aber dass es in unseren Tagen so viele sensationsgierige Gaffer gibt, ist auch Beweis für die dramatischen gesellschaftlichen Folgen, die der Verfall des Glaubens nach sich zieht. Das Gewissen ist dann nur noch eine Mogelpackung.

Wie es mir ein lebenserfahrener Seelsorger einmal sagte: »Ohne Divinität wird Humanität zur Bestialität.« Ohne Gott zeigt der Mensch, Gottes Ebenbild, sein wahres Gesicht: Er ist sich selbst der Nächste und wird dem Nächsten zur Bestie. »Wenn es keinen Gott gibt, dann ist alles erlaubt«, meinte der russische Dichter Dostojewski. Da ist es nur die sprichwörtliche Spitze des Eisberges, was aus den USA berichtet wird: Drei Jugendliche sahen von der sicheren Uferpromenade zu, wie ein Mann in den wogenden Wellen des Pazifiks ums Überleben kämpfte. Doch statt dem Ertrinkenden zu helfen, filmten sie seinen Todeskampf und stellten das hinterher ins Internet.

Flüchten aus dem Flüchtlingsheim

Vom Regen in die Traufe könnte man sagen, wenn der Ausdruck nicht zu flapsig und das Thema nicht so ernst wäre. Da flüchtet ein 29jähriger Afghane, weil er politisch verfolgt und vom Krieg bedroht wird. In Berlin bekehrt er sich zu Jesus Christus, muss aber weiterhin in einem Brandenburger Asylbewerberheim wohnen. Bürokratie! Doch dann flüchtet der Flüchtling, steht plötzlich bei Pfarrer Gottfried Martens in Steglitz vor der Tür. Weil er zum Christentum konvertiert ist, wird er von seinen Landsleuten tyrannisiert, ja regelrecht verfolgt.

Keine Einzelgeschichte, im Gegenteil. Christenverfolgung mitten in Berlin! Pfarrer Martens gehört zur Selbstständigen Evangelisch-Lutherischen Kirche (SELK), zu seinen Gottesdiensten kommen bis zu 1300 konvertierte Afghanen und Iraner, es wird auch auf Persisch gepredigt. »Es ist als ehemaliger Muslim lebensgefährlich, seinen christlichen Glauben zu praktizieren, weil sie von ihren eigenen Landsleuten bedroht werden«, so Martens. Der Flüchtling vor seiner Tür berichtet erschüttert, was man ihm nachgerufen hat: »Wenn du zurückkommst, bringen wir dich um!« Erst Tage vorher war ein Afghane in Berlin-Neukölln auf der Straße mit einem Messer angegriffen und beraubt worden, weil er eine Kette mit Kreuz trug. Aus Angst erstattet kaum jemand Anzeige, weil die Gegenseite ohnehin eine Kompanie Zeugen nennt, die das Gegenteil behaupten. Typisch für Flüchtlingskriminalität.

Was mich empört: Die »Großkirchen« spielen das alles herunter, die Parteien ohnehin. Solche »Fälle« stören doch nur in der Multikulti-Seligkeit, wo man als Katholiken und Protestanten gerne zusammen mit der verfassungsfeindlichen DITIB »Friedenswege« geht, sich zum Ramadan grüßt oder Moscheen mit Pfarrern garniert. Die Verfolgten haben kaum eine Lobby, das ist der Skandal.

Von Verfolgung will da keiner reden, höchstens von

Rempeleien, Missverständnissen und mangelnder Toleranz. Eine von allen guten Geistern verlassene Oberkirchenrätin riet doch tatsächlich, man solle auf Missionierung und Konversion von Muslimen verzichten, »denn wo sie schon alles in ihrer Heimat verloren haben, sollte man ihnen wenigstens ihren Glauben lassen«. Tolle Frauen-Solidarität übrigens, diese Mogelpackungs-Toleranz mit Doppel-L! Zynismus pur.

Wenn die internationale christliche Hilfsorganisation »Open Doors« in ihren Jahresberichten stets schlimmere Verfolgungszahlen nennt, wiegeln als Erstes die Kirchen ab. Das sei doch alles übertrieben. Nein, es sind traurige Tatsachen, die wegen der Dunkelziffern in Wahrheit noch viel dramatischer sind. Bundesweit hat es 2017 mehr als 1000 religiös motivierte Übergriffe auf christliche und jesidische Flüchtlinge in ihren Unterkünften gegeben. Berlin ist mit fast 200 Fällen trauriger Spitzenreiter. Gott sei Dank erfasst die Berliner Polizei seit Mitte 2017 diese Fälle und ermutigt, Anzeige zu erstatten.

Ja, so hätte man sich das alles nicht vorgestellt, als Merkels Satz in die beseelte willkommenskulturelle Wohlfühlgesellschaft der Gutmenschen fiel: Wir schaffen das. Dieses Land ist für Flüchtlinge, die mit dem Gott aus der Präambel des Grundgesetzes leben wollen, kein »Land, in dem wir gerne leben«, wie es in einem Wahlkampfspruch hieß.

Apropos Traufe: Allein bei Pastor Martens ließen sich in den letzten Jahren über 1000 Konvertiten taufen, 90 Prozent blieben der Gemeinde treu. In ihren Familien dürfen sie sich nicht mehr blicken lassen, Todeskommandos werden auf sie angesetzt, viele leben anonym. Sie lassen sich ihren Glauben etwas kosten. Ein Echtheitstest bei all den dümmlichen Anschuldigungen, sie machten das ja »nur«, um als Asylbewerber anerkannt zu werden.

Eine ähnliche Arbeit macht die Diakonisse Rosemarie Götz im »Haus Gotteshilfe« in Neukölln. Sie und Pfarrer Martens gehören für mich zu den Helden. Ihnen gebührt ein Denkmal. Zwei bescheidene Menschen ohne Selbstdarstellung und Karriere, die das Wort Dienst ernst nehmen. Sie machen keine Schlagzeilen, aber hinterlassen Spuren für die Ewigkeit.

Von Wasserpredigern und Weintrinkerinnen

Im Programm der SPD zur Bundestagswahl 2017 stand klipp und klar und brav sozialdemokratisch: »Weder Geld noch Herkunft dürfen bei der Bildung eine Rolle spielen.« Alle sind also gleich. Doch manche sind nun mal gleicher als gleich – das konnte die Weltöffentlichkeit betrachten, als Ende 1989 zum Beispiel der Berliner Bonzen-Vorort Wandlitz für jedermann zugänglich wurde. Dieses Gleichheitsgetue der Linken ist die perfekte Mogelpackung – und bis heute kommt man ihnen nicht nur bei Lebensstil und Urlaubsluxus auf die Schliche. Bei einem kann man immer sicher sein: Wenn's irgend geht, schicken diese Leute ihre Kinder niemals auf die Schulen, die sie selber politisch verbrochen haben. Auch nicht auf die, in denen ein hoher Migrantenanteil das Lern- und Lehrniveau nach unten drückt.

Das wird sogar heruntergespielt, weil es doch der Wohlfühl-Ideologie der Willkommensklassen widerspricht. Aber seit exakt Montag, 16. Oktober 2017, wissen wir's sogar offiziell von der Kultusministerkonferenz: In Sachen Schreiben, Rechnen, Lesen sind unsere Schulen auf Talfahrt. Grund: Immer weniger Schüler sprechen zu Hause Deutsch. Die Ideologie der Gleichmacherei durch Zauberworte wie Inklusion und Integration geht immer auf Kosten des allgemeinen Leistungsniveaus. Dann also nix wie weg, Geld ist ja genug vorhanden bei den Herrschaften.

Ich denke an eine mächtige, beredte und allseits präsente Gewerkschaftsführerin. Alles für die Arbeiterklasse! Gerechtigkeit bei Chancen und Löhnen! Gleichheit für alle! Ach, was konnte die Frau reden ... Aber ihren eigenen Sohn schickte sie auf ein englisches Internat. Oder erinnern Sie sich an die linke Sternschnuppe der hessischen SPD, Frau Ypsilanti? Die wollte statt Roland Koch gerne Ministerpräsidentin werden und verkündete vollmundig: Die Schulen müssen radikal umgebaut werden, man brauche ein »integriertes System«, gemeinsamen Unterricht bis zur 10. Klasse, kein Sitzenbleiben mehr ... Die Einheits-Gesamtschule, das ist das Glaubensbekenntnis der Sozis bis heute.

Größter Gegner von Ypsilantis Gleichmacherei-Gefasel war der Leiter der renommierten privaten Anna-Schmidt-Schule in Frankfurt/Main. Der sorgte sich um seine Schüler – und damit pikanterweise auch um den Sohn jener Dame. Denn den schickte sie auf keine normale, von ihr so heiß verfochtene »integrierte Einheitsschule«, sondern auf jenes Privatgymnasium. Das Schulgeld betrug damals (2008) 180 Euro zuzüglich Verpflegung und Betreuungsangebote der Ganztagsschule. Eine rührende Begründung fand Mutter Ypsilanti natürlich auch: Dies sei die einzige Ganztagsschule in Wohnortnähe. Dass die Nachbarskinder 15 Kilometer zu diesen vermaledeiten Normalschulen geschaukelt werden mussten, störte sie weniger.

Die gleiche Selbst-Entschuldigung, und darum ging es zehn Jahre später, benutzte die frisch gekürte Ministerpräsidentin von Mecklenburg-Vorpommern, Manuela Schwesig auch. Eine beliebte Ausrede bei Linken, die Wasser predigen und Wein trinken. Diese Gleichung gab's schon zu rot-grünen Regierungszeiten: das Gymnasium als bürgerlich-kapitalistische Elite-Auslese bekämpfen, aber die eigenen Kinder dorthin schicken. Nur zwei weitere Fälle dieser Verlogenheit: Hannelore Kraft, 2017 abgewählte SPD-Ministerpräsidentin von Nordrhein-Westfalen, warb zusammen mit den Grünen für die Einheitsschule, schickte ihren Sohn jedoch auf ein zweisprachiges Gymnasium. Oder der ehemalige SPD-Kultusminister von Baden-Württemberg, Andreas Stoch, dessen eigene Söhne auf einer Waldorfschule lernten. Immer die gleiche Ausrede-Leier: Die Schulen seien ja alle so schön wohnungsnah gelegen, andere Gründe gäbe es natürlich nicht im Entferntesten.

Frau Schwesig erklärt denn auch treuherzig: »Das private Gymnasium ist die einzige weiterführende Schule im Wohngebiet der Familie.« Da gibt's dann »wandlitzartige« Sonderangebote wie bilinguales deutsch-englisches Lernen, Schach als Schulfach, Segeln als Schulsport, das Ganze für 200 Euro Schulgeld im Monat. No problem: Kann sich doch jeder Krankenpfleger oder jede Supermarktkassiererin locker leisten, deren Schutzpatron die Linken ja so glaubwürdig sind ... Man fasst das einfach nicht – diese Chuzpe, das Volk für dumm zu verkaufen und sich gleichzeitig zu wundern, dass die Wähler von diesen elenden Mogelpackungen genug haben. Was sich übrigens keinesfalls auf Politiker reduziert, von denen die allermeisten glaubwürdige Volksvertreter sind. Unter meinen Journalisten-Kollegen beobachte ich dieses Strickmuster auch: links reden, rechts leben. Auch und gerade bei der Schulwahl für die Kinder.

Diese Doppelmoral, diese Mogelpackungen, diese Etikettenschwindlerinnen sind es, die unserer Demokratie mehr schaden als ein paar scharfe Töne im Wahlkampf oder im Parlament. An der Schule entscheidet sich alles, denn damit hat fast jeder Bürger zu tun, ob als Eltern, Nachbarn, Paten oder Großeltern. Auch die Schalmeienklänge von Integration und Inklusion zerschellen genau dort, wo Politik auf Wirklichkeit trifft: in der Schule. Und ich könnte Ihnen zahlreiche Lehrer nennen, die mir davon berichteten, wie linke Journalisten, friedensbewegte Pfarrer oder Gutmenschen-Politiker bei der Anmeldung ihrer Kinder unter vier Augen leise fragen: Wie hoch ist denn der Ausländeranteil in der Klasse? Zumindest die Politik sollte man dazu zwingen, das programmatisch Angerichtete auch praktisch auszulöffeln.

Helmut Schmidt: aufgehängt!

Der Berliner *Tagesspiegel* versuchte es auf die ironische Art, aber anders war diese hektisch-hysterische Säuberungsaktion an deutschen Kasernen nicht mehr zu ertragen:

»Karrieretipp: Immer überlegen, welche Uniform man beim Fotografiertwerden trägt – es könnte später die falsche sein. Nur die Schlafanzüge vom Raumschiff Enterprise werden alle Zeiten überdauern. Denn so cool wie Commander Kirk war selbst Helmut Schmidt nie.« Nach rechtsradikalen Vorfällen, die nach der ersten Welle der Empörung allerdings zum Teil gegenstandslos wurden, reagierte Bundesverteidigungsministerin Ursula von der Leyen mit einem großen Rundumschlag. Als gelte es, unser Überleben zu sichern und uns vor dem Einfall einer fremden Armada zu verteidigen, ordnete sie an, alles aus den Bundeswehrkasernen zu entfernen, was nur annähernd Richtung rechts deuten könnte. Die Namen gleich mit.

Und da wir Deutschen nun mal sehr gründlich sind, besorgten beflissene (oder besser: karrierebesessene) Soldaten diese Säuberungsaktion aufs Allerfeinste. Lieber zu viel als zu wenig auf den Müll der Geschichte. Man kann ja nie wissen … Auch Helmut Schmidt musste dran glauben, bis dahin unbehelligt aufgehängt an der Wand der nach ihm benannten Bundeswehruniversität in Hamburg. Schneidig, willensstark und wehrhaft wirkt er darauf, wie man sich »Schmidt Schnauze« immer vorstellt, der es mit den Nordseefluten einst genauso aufnahm wie mit der Überrüstung der UdSSR. Doch leider stammte das Bild aus dem Jahr 1940, und die Uniform hatte nicht C&A, sondern ein Schneider der Wehrmacht hergestellt. Dieses harmlose, zeitbezogene und historisch klar zu verortende Foto machte vor dem Furor nicht halt, mit dem die Ministerin ihre Objekte durchfegen ließ. Ganz nach dem Motto »Alles muss raus« wurde Helmut abgehängt.

Wenige Tage später konnte man aufatmen, eine Tageszeitung titelte: »Helmut Schmidt wieder aufgehängt.« Er war der obrigkeitlich verordneten Generalrevision der Traditionspflege noch mal entkommen. Dass gestandene Generäle wie aufgescheuchte Hühner durch ihre Kasernen laufen, um alles, was nicht hundertprozentig unbedenklich ist, zu entfernen und mit einem Bannfluch zu belegen: Helmut Schmidt, auch mal Verteidigungsminister, wären dazu schon ein paar passende paffende Worte eingefallen …

Hakenkreuze, völkisches Schrifttum, Landser-Kitsch und alles, was den Nationalsozialismus verherrlicht oder verharmlost, entfernen zu müssen, das ist so klar wie Kloßbrühe. Aber hat mal jemand darüber nachgedacht, dass die naive Verharmlosung von Nazi-Devotionalien einen ganz anderen Hintergrund haben könnte: Unsere heutige Jugend hat keinen richtigen Geschichtsunterricht mehr! Sie wissen es einfach nicht! Dann darf man sich auch über nichts wundern. Wer Honecker für einen Bundeskanzler hält oder meint, Mehmet habe der Bruder von Sophie Scholl geheißen, der hat auch keinen blassen Schimmer, was er sich da an die Wand seiner Kasernen-Bude hängt.

Vor einigen Jahren hatte ich den Neffen Dietrich Bonhoeffers, den früheren Ersten Bürgermeister Hamburgs, Klaus von Dohnanyi in meiner Sendung zu Gast. Anlass: der 20. Juli 1944, auch sein Vater wurde als Mitwisser der Verschwörung gegen Hitler hingerichtet. Wir machten, wie immer, eine Umfrage vor unserem Studio am Brandenburger Tor. Alles junge Leute, die meisten kamen mit ihrer Schulklasse gerade vom Besuch des Reichstages. Niemand verband irgendetwas mit dem Datum 20. Juli, kein einziger, eine halbe Stunde lang. Die einen dachten an das Ende des Zweiten Weltkrieges, andere an das Ende der DDR oder »irgendwas Europäisches«. Ein Trauerspiel! Dass dem muslimischen aggressiven Antisemitismus an unseren Schulen aus den Klassen heraus kein Widerstand geleistet wird, hat auch etwas mit Null-Geschichtskenntnis zu tun. Wie armselig eine Politikerin, die diesem schreienden Bildungsnotstand mit Verboten begegnen will – und es dadurch übrigens erst interessant macht.

Der *Cicero*-Kollege Alexander Kissler hatte Mitte 2017 eine interessante Debatte mit drei Philosophen. Einer meinte: »Das Historische wird gerade aus dem deutschen Bildungskanon liquidiert. Es gibt in manchen Bundesländern am Gymnasium keinen Geschichtsunterricht mehr. Stattdessen unterrichtet man ›Raum – Zeit – Gesellschaft‹.« »Waaaaas?«, fragen die anderen bass erstaunt, »ist das wahr?« »Ja, natürlich!« Und alle wie aus einem Mund: »Das ist ja grauenhaft!« Ja, es ist grauenhaft, wie unfähige Politiker mit immer absurderen Lehrplänen die Bildung unserer Kinder zerstören. Wenn Geschichte nicht mehr gelehrt und gelernt wird, dürfen wir uns nicht wundern.

In dieser Politiker-verursachten Bildungskatastrophe helfen dann nur noch Verbote, so wie ein Vater glaubt, seine Unfähigkeit zur Erziehung mit einer Ohrfeige kompensieren zu können. Damit man bloß nichts falsch macht, lieber alles richtig weg! Dass man den militärischen Traditionsbestand so lange mit eisernem Besen säubert, bis er so keimfrei ist, dass kein Mensch mehr weiß, was eine Armee überhaupt soll – das darf doch nicht wahr sein! Eine Armee ist eine Armee und kein Wohlfahrtsunternehmen und auch keine Dienstleistungsagentur. Und aktuelle Namen, um eine Kaserne zum Beispiel statt Hindenburg zu benennen, fallen einem auch nicht so schnell ein. Man könnte natürlich eine Umfrage auf dem Kirchentag machen und käme dabei bestimmt auf Originelles wie Petra-Kelly-, Margot-Käßmann- oder Mahatma-Gandhi-Kaserne.

Klar, das Beste wäre natürlich, man benennt unsere Kasernen nach den Verteidigungsministern, wobei das dann gleich ein Fall für Gender und Gleichstellung wäre: Schließlich gab es erst eine Frau an der Spitze unserer Bundeswehr, schlimm genug! Aber der arme Helmut Schmidt darf ja nicht einmal mehr an der Wand hängen, wenn er nicht endlich die Uniform wechselt.

Wenn schon, denn schon ...

Sich die Rosinen aus dem Kuchen zu picken, nur das zu hören, was einen selbst bestätigt, einen Menschen nur dann ernst zu nehmen und vor den eigenen Karren spannen, wenn es passt ... Wer kennt das nicht?! Ich ertappe mich jedenfalls oft genug dabei. So ergeht es, um den aktuellsten »Fall« zu nehmen, Papst Franziskus. Selten war ein Pontifex so populär, auch unter Nichtchristen. Im Internet hat er »Follower« wie ein Popstar. Jede Nuance seiner Äußerungen wird registriert, kommentiert und kommuniziert.

Aber ist denen, die »liberale« Töne in Sachen Sexualethik, Gesellschaftspolitik oder Kirchenrecht zu hören glauben, eigentlich klar, dass derselbe Papst auch ohne Zwischentöne ganz knallhart sprechen kann – nur hört man das kaum irgendwo. Das gern gelesene katholische Magazin *PUR* bringt jeweils eine Seite mit »Franziskus-Splittern«, Zitate des Pontifex, die in ihrer Deutlichkeit aufhorchen lassen. So hat er während einer Pressekonferenz Klartext zur Gender-Ideologie gesprochen, Knallhart-Klartext: »Wenn finanzielle Hilfe für Entwicklungsländer an Bedingungen geknüpft werden, etwa die Lehre der Gender-Theorie in den Schulen, verlieren diese Völker ihre Identität.« Dies sei nichts anderes als »ideologische Kolonisation« durch westliche Geldgeber. Es gebe bestimmte Mächte, so der Papst, die eine völlige Gleichheit der Kulturen anstreben. Globalisierung sei zwar notwendig (das wurde überall zitiert!), müsse aber die Freiheit der Völker in all ihren Lebensbereichen beachten. Das gelte vor allem für das traditionelle Familienbild.

Es ist schon bemerkenswert, dass dieselben Ideologen, die die Christen für ihre weltweite Mission geißeln, weil dadurch die eigene Kultur zerstört worden sei, nun genau das Gleiche tun! Wobei ja selbst intelligente Kirchenkritiker neidlos eingestehen, dass mit der christlichen Mission Bildung und Gesundheitswesen kamen. Was aber kommt mit Gender?!

Wenn schon, denn schon! Auch Mutter Teresa teilt das Schicksal des Papstes – ähnlich wie Dietrich Bonhoeffer. Man zitiert nur das, was gerade passt. Anderes macht man sogar passend. Wie kaum jemand sonst war Mutter Teresa eine Freundin des Lebens. Kein Elend, keine Epidemie, kein Dreck konnten schlimm genug sein, als dass sie sich den Menschen nicht zuwandte und direkt vor Ort half. Als sie den Friedensnobelpreis bekam, gab es einhelligen Jubel.

Aber hat je jemand ihre Rede bei der Preisverleihung am 10. Dezember 1979 in Oslo gehört oder gelesen? Sie verurteilte Abtreibung so scharf wie nie jemand zuvor. Aber kaum jemand zitierte das. Wer sie verstehen will, muss auch das verstehen: »Der größte Zerstörer des Friedens ist heute der Schrei des unschuldigen ungeborenen Kindes. Wenn eine Mutter ihr eigenes Kind in ihrem eigenen Schoß ermorden kann, was für ein schlimmeres Verbrechen gibt es dann noch, als dass wir uns gegenseitig umbringen ... Für mich sind die Nationen, die Abtreibung legalisiert haben, die ärmsten Länder.« Hört, hört!

Dietrich Bonhoeffer, der Märtyrer des Dritten Reiches, wird von allen für alles in Anspruch genommen. Linkeste Theologengruppen oder liberalste Kirchen nennen sich nach ihm. Dabei war er – nach heutigem Modebegriff – ein biblischer Fundamentalist, vertraute der Heiligen Schrift wörtlich. Im Finkenwalder Predigerseminar lehrte er seine Studenten mitten in der Nazi-Zeit: »Ich glaube, dass die Bibel allein Antwort auf alle unsere Fragen ist – und dass wir nur anhaltend und demütig zu fragen brauchen. Das liegt eben daran, dass in der Bibel Gott zu uns redet. Nur wenn wir es einmal wagen, uns so auf die Bibel einzulassen, als redete hier wirklich der Gott zu uns, der uns liebt und uns mit unseren Fragen nicht allein lassen will, werden wir an der Bibel froh.«

Hochaktuell, was Bonhoeffer über Gnade und Vergebung schrieb, die ja heute zu einem »Gott lässt alle Fünfe gerade sein«-Billigprodukt pervertiert werden: »Billige Gnade ist der Todfeind unserer Kirche. Billige Gnade heißt Gnade als Schleuderware, die mit leichtfertigen Händen bedenkenlos und grenzenlos ausgeschüttet wird. Billige Gnade heißt Rechtfertigung der Sünde und nicht des Sünders. So kann alles beim Alten bleiben ...« Auch Bonhoeffer ist mehr – mehr auch als »Von guten Mächten wunderbar geborgen ...« Er ist radikal wie Mutter Teresa und Papst Franziskus – radikal, das heißt aus dem Lateinischen: aus der Wurzel heraus leben.

Wir werden zu Etikettenschwindlern, wenn wir diese Seiten einfach weglassen, während wir diese Menschen bejubeln. Dann ist auch das, was wir uns da herausklauben, nichts anderes als eine Mogelpackung!

Kirche und Sprache – Herr, schick Hirn!

Wussten Sie, dass die Redewendung »jemanden auf Händen tragen« oder das Wort »Lückenbüßer« von Martin Luther stammen? Auch der wunderschöne Begriff Beruf, den er auf diese Weise mit Berufung zusammenbrachte, was vorher nur dem geistlichen Stand vorbehalten war. Als könnte Gott niemanden zum Bäcker oder Journalisten berufen, weil er entsprechende Gaben hat, damit er in seinem Beruf wirklich glücklich wird und nicht mit hängendem Kopf lustlos einen Job absolviert, weil er mit dem Sinn seines Tuns »im Dunkeln tappt« (auch von Luther). Doch wer sich heute in Luthers Kirchen umschaut oder besser: umhört, der merkt nicht mehr viel von unserer schönen Muttersprache, die der große Reformator vor 500 Jahren seinem Vaterland schenkte. Mit seiner bahnbrechenden Bibelübersetzung legte er die Grundlage für die heutige deutsche Sprache, die übrigens die sächsische Kanzleisprache war, nicht zu verwechseln mit dem sächsischen Dialekt.

Geblieben ist in einer etiketten-schwindelnden Kirche, die sich weder lutherisch noch deutsch (EKD) nennen sollte, weil beides Mogelpackungen sind, eine Sprache, die eher an Mickymaus und Realsatire erinnert als an die Sprachgewalt, die Kirche einmal hatte. Aber wer nicht mehr viel zu sagen hat, der versucht's eben durch Anbiederung an den Zeitgeist, was übrigens mit Luthers »dem Volk aufs Maul schauen« nichts, aber auch nichts zu tun hat. Der Unsinn ist ja hausgemacht und eine Eigenkreation, diese banale Unsinnssprache gibt's »im Volk« gar nicht. Jungscharen nennen sich »Lutherkids« – der arme Reformator! Ein Jugendgottesdienst in einer der bekanntesten deutschen Kirchen heißt »Praytime«, ein katholisches Internetprojekt firmiert als »Touch me, Gott!« mit vielen »fetten Highlights« – wobei es dann auch noch das Niveau von Kleinkindern unterbietet, wenn Deutsch und Englisch im Dummsprech Denglisch »ein Herz und eine Seele werden« (auch von Luther!).

Übrigens: Wie aus Herz und Seele wieder zwei Individuen werden können, schreibt Wolf Biermann in seiner Biografie *Warte nicht auf bessre Zeiten!* – das Gespräch mit ihm zum 80. Geburtstag war eine der »bessren Zeiten« meines Sendelebens. Er hat das Wort zer-freundet geschaffen, er hat sich zerfreundet mit Günter Grass oder Stefan Heym. Entweder gab es einen direkten Anlass, oder die Freundschaft erstarb allmählich. Ich finde das völlig legitim, und es bedarf auch keiner großen Aussprachen und seitenlanger Briefe. Ich habe oft an dieses Wort denken müssen: Kohl zerfreundete sich mit Schäuble, Dieter Bohlen mit Thomas Anders ... Warum nicht? Aber mir geht es hier zunächst um das wunderschöne Wort, das ja etwas Aktives ist, nichts Schicksalhaftes. Während die einst sprachmächtige Kirche in Banalität verflacht, schafft der Altkommunist Biermann neue Worte in unserer schönen Sprache. Ein Zeichen von Intelligenz, Liebe und Mühen um unsere Sprache und echter Kreativität. All das fehlt denen, die sich in Gender und Denglisch flüchten müssen, weil der Schöpfer unsere Oberstübchen nun mal unterschiedlich möbliert hat ...

Dass das Lutherjahr 2017 zur Pleite wurde, dass hoch subventionierte Veranstaltungen ohne das Volk, dem man nach Luther aufs Maul schauen soll, menschenleer blieben, hat mit der überhöhenden Akademisierung, der permanenten Eigenkritik an Luther, der peinlichen Politisierung, aber auch mit der kindischen Anbiederung an eine vermeintlich allgemeine Sprache zu tun. In Hildesheim, deutscher geht's schon gar nicht, wollten die deutschen getrennten Großkirchen endlich einen Schritt aufeinander zugehen, das Jahrhundertjahr des Thesenanschlags des deutschen Reformators schien der richtige Zeitpunkt – und die deutschen Katholiken und Protestanten nannten diesen deutschen Versöhnungsgottesdienst doch tatsächlich »Healing of Memory«. Man »fasst sich nur noch an den Kopf«, zügelt sein »Lästermaul« und sucht wegen dieses sprachlichen »Schandflecks« den »Sündenbock«, um den »Dickkopf« mit »Feuereifer« auf eine »Affenschaukel« zu setzen – alles Sprachschöpfungen von Martin Luther! Eine Ausstellung auf einem niedersächsischen Dorf stand unter dem Motto »Here I stand«. Kein Wunder, dass bei einer solchen Sprache der leeren Kirchenbänke der Pastor bald allein in seiner Kirche »stand«.

Es ist ein Irrtum, mit hohlem Denglisch leere Kirchenbänke füllen zu wollen. In einer Kirchenzeitung beschwert sich ein Gemeindevorstand, dass er nur »friedfertig« und mit »Langmut« (Luther!) ertragen könne, wie er mit Sprachschöpfungen à la »Best Practice«, »Train-the-Trainer-Tag«, »work-life-balance« oder »GoSpecial-Gottesdiensten« traktiert würde. Mehr als 20 Kirchen in Hannover wollen »eine vielfältige und erfrischende Kirche fördern«, was erst mal zu begrüßen ist – aber warum in Gottes Namen nennt ausgerechnet eine Kirche, die sich ausdrücklich mit dem Etikett »lutherisch« schmückt, diesen Frischekurs »Fresh X – Netzwerk e.V.«? Eine stinknormale Landgemeinde in Westfalen lädt die Jugend in die »Factory Church« zum Gottesdienst »Power Point« – mit »Musik, lecker Essen, Praystation«. Herr, erbarme dich! Und »Wey?nachten« klingt genauso blöd wie eine »workshop-session« oder dieses ewige »After Work« statt Feierabend, vor allem in der wirren Kombination »After-Work-Gottesdienst«. Gegen die Banalisierung unserer so schönen kraftvollen Sprache hilft nur noch das Seufzen des Münchners im Himmel: Herr, schick Hirn!

Für den Pädagogen Wolfgang Hildebrandt, der sich natürlich Lehrer nennt und nicht Pädagoge, weil er im Vorstand des »Vereins Deutsche Sprache« sitzt, wäre der Verfall der Kirchensprache sogar Anlass für einen neuen Thesenanschlag, doch ich befürchte, dass die Essentials aus dem Church-Newsroom nur Highlights in Dumm-Denglisch hervorbrächten ... Er fragt zu Recht: »Da übersetzt Luther die Bibel in verständliches Deutsch, und heute wird mithilfe englischer Begriffe an ihren Inhalt erinnert. Reicht die Kreativität der Verantwortlichen nicht mehr aus, um deutsche Begrifflichkeiten zu finden?« In Frankfurt am Main hieß ein kirchliches Winterprojekt, das alten Leuten in der Kälte der Innenstadt Aufmerksamkeit sichern sollte: »Help the Oma!« Unklar allerdings, warum the Opa nicht gehelpt wurde ...

Luther, das scheinen die Mogel-Verpackungskünstler wohl verdrängt zu haben, übersetzte ins Deutsche, damit die Herrschaft der Herrschaftssprachen Französisch und Latein in Klerus und Adel endlich gebrochen wurde. Und heute machen wir die Rolle rückwärts und sprechen eine Sprache, die nur ein Drittel der Deutschen überhaupt versteht, ein Kauderwelsch, das die Herrschaft der Hirnlosen auf unschuldige Bürger loslässt. Insofern ist die Mickymaus-Sprache ja nichts anderes als eine Gegenreformation zu Luthers Reformation, die auch aus der Vereinheitlichung einer allgemein verständlichen deutschen Sprache bestand.

Wen schützt Datenschutz?

Es gab mal einen Verfassungsrichter, der nach seiner Amtszeit und dem Erleben des berühmt-berüchtigten Kruzifix-Urteils über seine früheren Kollegen richtete: Wer schützt das Grundgesetz vor dem Verfassungsgericht? Im Klartext: Diejenigen, die das Grundgesetz eigentlich schützen sollen, tun manchmal das genaue Gegenteil – was an den sogenannten Minderheitsvoten deutlich wird. Und knappe Karlsruher Entscheidungen kommen immer häufiger vor, zum Beispiel beim Schutz der Familie oder Fragen der Sicherheit.

Bei der Sicherheitspolitik muss man jedoch inzwischen fragen: Wer schützt unsere Sicherheit eigentlich vor den Datenschützern? Am belebten Berliner Bahnhof Südkreuz startete das Bundesinnenministerium im Sommer 2017 ein Pilotprojekt zur Gesichtserkennung. »Big Brother im Bahnhof« titelten Zeitungen, ahnungslos und meinungsmachend. Ganz zu schweigen, dass Orwells Big Brother aus dem Roman *1984* eine ganz andere Bedeutung hat: In Zeiten dramatischer Terrorgefahr ist das, was hier getestet werden sollte, nicht die Überwachung durch einen totalitären Staat, sondern die Erfüllung des Amtseides demokratischer Politiker: Schaden vom deutschen Volk zu wenden ...

Eine geniale Erfindung macht es nämlich möglich, aus einer großen Gruppe von Menschen, die sich sogar im Laufschritt bewegen können, bestimmte Gesichter zu erkennen, zu filtern, herauszufischen. Wenn man bedenkt, dass dadurch zum Beispiel die zwölf Menschen noch leben könnten, die ein Islamist 2016 auf dem Berliner Weihnachtsmarkt an der Kaiser-Wilhelm-Gedächtniskirche brutal umgebracht hat, vergeht einem die Kritik. Und man wundert sich nur, was in den Hirnen jener vorgeht, die sich als Datenschützer ausgeben – teils hoch beamtet und bezahlt von unseren Steuern.

Die schrien nämlich gleich Alarm, als stünden der Weltuntergang und das Ende jeder Privatsphäre bevor. Schon die ganze Debatte um die Datenvorratsspeicherung ist absurd, wenn man bedenkt, dass es dabei um eine Möglichkeit geht, nach längerer Zeit Täter oder Gefährder zu identifizieren und deren Verbindungen nachzuweisen. Dass dabei viel Ideologie im Spiel ist und im Sinne Orwells Sprache gefälscht oder geschönt wird, zeigt der Uraltstreit über den Großen Lauschangriff. Wer greift da eigentlich wen an? Die kriminellen Aggressoren greifen doch unser Land und seine Gesellschaft an, die man heute so gern »eine freie« nennt. Da werden die Opfer, die Polizisten und Behörden und wir alle zu Tätern gestempelt, die zum Beispiel durch Telefon- oder Computer-Einsicht »groß« angreifen. Eine völlige Umkehr der Tatsachen, sprachliche Kosmetik zur Irreführung und Schaffung neuer Inhalte durch Wörter. Man bedenke: Die frühere FDP-Bundesjustiz(!)ministerin Sabine Leutheusser-Schnarrenberger ist seinerzeit weinend zurückgetreten, weil sie mit dieser ideologischen Verblendung nicht durchkam.

Wenn eins gegen das andere stehen würde, also Datenschutz gegen Sicherheit (was jedoch praktisch reine Theorie ist): Mir ist das Leben wichtiger als Datenschutz! In Zeiten, in denen der Islamismus durch die perverseste Form von Brutalität vorgeht, nämlich durch Selbstmordattentate, muss jedes Mittel, das es gibt und das »recht« ist, eingesetzt werden, um die Menschen davor zu schützen. Es kann doch nicht sein, dass jemand, der längst auf der Fahndungsliste steht oder zur Abschiebung verurteilt ist, frei und vor allem unerkannt herumspazieren kann. Solche Verbrecher müssen sofort aus dem Verkehr gezogen werden, wenn sie – wie beim Beispiel des Berliner Breitscheidplatzes – auf einen überfüllten Weihnachtsmarkt gehen, um eine Tat vorzubereiten. Wäre das (vorhandene!) Foto des Wahnsinnigen eingescannt und eine solche Anlage versteckt am Eingang installiert gewesen, zwölf Menschen könnten noch leben. Und immer mehr islamistische Terroristen entpuppen sich als längst erkannte Gefährder, die durch Behördenwirrwarr und Kompetenzgerangel unter den Ämtern frei und unbehelligt herumlaufen können, bis sie dann zuschlagen. Andere demokratische Länder fackeln da nicht lange, wenn es um die Scheindebatte Sicherheit gegen Datenschutz geht. Datenschutz bedeutet individuelle Freiheit, aber die ist ohne Sicherheit eine Mogelpackung. Letztlich schützt der Datenschutz nicht diejenigen, die laut Amtseid der Politiker geschützt werden sollen.

Wie der Hase auf den Hund gekommen ist

Ich war nicht informiert! Von der Sache hatte ich keine Ahnung! Mich trifft keine Schuld, denn ich wusste davon nichts ... Wer kennt sie nicht, diese Ausredenpalette von Leuten aus Politik und Wirtschaft, die sich auch gerne selbst »Verantwortliche« nennen. Nur wenn's um Verantwortung geht, dann gehen diese sogenannten Verantwortlichen in Deckung, dann ist Schweigen im Walde nach dem Motto: Mein Name ist Hase, ich weiß von nichts! Doch diese hasenfüßige Heuchelei ist inzwischen auf den Hund gekommen, weil sie inflationär und reflexartig gebraucht wird. Man gewinnt jede Wette, dass die Hasen-Antwort kommt, wenn man politische Spitzenfunktionäre oder unternehmerische Spitzenmanager auf Fehler oder Skandale anspricht. Da wird der Unternehmer schnell zum Unterlasser der Wahrheit und Moral zur Mogelpackung.

Nehmen wir den Dieselskandal, der längst nicht mehr allein ein VW-Skandal ist. Dieser größte GAU der Wirtschaftsgeschichte kostet die Gemeinschaft der Verbraucher Milliarden und hat den Standort Deutschland in Verruf gebracht. Und das nachhaltig, wie es neudeutsch heißt. Das geradezu ehrfurchtsvolle »Made in Germany« hat in der Welt seinen guten, alten Klang verloren. Ludwig Erhard dreht sich im Grabe um! Als ein leitender Ingenieur von AUDI die beiden Chefs Winterkorn und Stadler bezichtigte, vom Abgas-Betrug schon früh gewusst zu haben, hieß es zum wiederholten Male: Nein, wir nicht ... Wenn ein Unternehmer sagt: Ich habe von nichts gewusst, dann ist diese Entschuldigung (hier passt das Wort, denn es ist eine Selbst-Ent-Schuldung!) verhängnisvoll in doppelter Hinsicht: Hat der Chef wirklich nichts gewusst, dann hat er seine Firma nicht im Griff und muss wegen Unfähigkeit und ohne goldenen Handschlag entlassen werden. Lügt er, dann kommt zur Entlassung noch die Strafe.

Auch aus der Politik kennen wir das. Es wird nur so viel zugegeben, wie unbedingt nötig. Oder wie viel gerade unbezweifelbar bekannt geworden ist. Die berühmte Salamitaktik, in der Hoffnung, dass nicht noch mehr rauskommt. Die Abwehr der Stasi-Vorwürfe gegen Manfred Stolpe sind ein Paradebeispiel, aber auch die Promotions-Possen ertappter Politiker. Immer dieselbe Leier. Ja, das Motto »Ich heiße Hase und weiß von nichts« ist auf den Hund gekommen. Diesmal ist der Hase auch schneller als der Igel.

Dabei hat das Sprichwort, was wenige wissen, nichts mit

dem Hasen, sondern mit Herrn Hase zu tun. Victor von Hase war ein Heidelberger Jurastudent, im Jahr 1855 angeklagt, weil er sich als Fluchthelfer für einen Kommilitonen betätigt haben soll, der einen Mitstudenten im Duell erschossen hatte. Als er vor Gericht seine Aussage machen sollte, gab er zu Protokoll: Mein Name ist Hase, ich weiß von nichts. Und der Hund? Wenn jemand gesundheitlich oder wirtschaftlich ruiniert ist, sagt man verzweifelt: Ich bin auf den Hund gekommen. Auch dieser tierische Vergleich hat mit armen Vierbeinern nichts zu tun. Zwei interessante Erklärungen: In den Söldner-Kassen des Mittelalters war am Boden der »Hund«, ein kleines Holzkästchen mit der Notreserve. Oder eine private Kassentruhe, auf Burg Lauenstein bei Kronach zu sehen, auf deren Boden ein (Wach-)Hund gemalt war. War das Geld also verbraucht, sodass man in beiden Beispielen den Hund sah, war man buchstäblich auf den Hund gekommen.

Bei Pleite-Managern und Plagiats-Politikern oder anderen Hasenfüßigen sind wohl eher Anstand und Sitte verbraucht, wenn sie den Hasen bemühen, obwohl sie eigentlich moralisch auf den Hund gekommen sind. Dann schon lieber meine Oma. Ihr Credo, ihre moralische Maxime: Das tut man nicht!

Todesurteil für Lebensmittel

Lebensmittel heißen Lebensmittel, weil sie Mittel zum Leben sind. Und Mittel zum Leben wirft man nicht weg. Aber es wirft ein bezeichnendes Licht auf unsere Gesellschaft, wenn wir tonnenweise Nahrungsmittel vernichten. Sei es aus Überproduktion, wegen Ablaufs des Haltbarkeitsdatums oder ganz einfach, weil wir nicht mehr gelernt haben, dass gegessen wird, was man sich auf den Teller lädt. Mein Vater, der lebensbedrohliche Entbehrungen während seiner langen russischen Gefangenschaft erlitten hat, wäre niemals auf die Idee gekommen, Essbares einfach in den Müll zu werfen. Niemals!

Was wir uns heute leisten, ist ein Ausdruck von Wohlstandsverwahrlosung und Gewissenlosigkeit. Das Bundesumweltamt hat errechnet, dass jeder Deutsche durchschnittlich 82 Kilo Lebensmittel pro Jahr in die Mülltonne wirft. 82 Kilo! Etwa ein Drittel aller weltweit erzeugten Nahrungsmittel landen nicht im Magen, sondern im Müll. Eine unvorstellbare Dimension! Wir verschwenden die Basis unseres (Über-)Lebens, als handele es sich um irgendwelche Dinge ohne Bedeutung, ohne Wert und Wertschätzung. Wer wie ich in der Nähe von Schulen wohnt, kann ein Lied davon singen, wie Mamas Schulbrot im Mülleimer landet und durch einen Schokoriegel ersetzt wird. Dass »unser täglich Brot« weder Selbstverständlichkeit noch Wegwerfware ist, müsste doch zu dem Wichtigsten gehören, was wir von klein auf lernen.

Weltweit leiden 900 Millionen Menschen an Hunger, täglich sterben Tausende von Kindern an Unterernährung, während wir unseren Überfluss entsorgen. Unvorstellbare 1,3 Milliarden Tonnen landen weltweit auf dem Müll. Man muss sich nur mal anschauen, wie von Büfetts gegessen wird. Da schaufeln sich die Leute die Teller voll, und nachher kommt der bezeichnende Satz: »Da waren die Augen wohl größer ...« Dass Restaurants verpflichtet sind, »alles, was mal draußen war« zu vernichten, wenn es nicht gegessen wurde, will mir nicht in den Sinn. Aber es beginnt ja schon beim Schönheitsideal, wie Experten sagen: Ist das Obst irgendwie angedetscht oder schrumplig, wird es weggeworfen. Keiner hat ja mehr einen eigenen Garten und weiß, dass nicht alles so aussehen kann wie das Gemüse in den angestrahlten Theken unserer Supermärkte.

Das Schlimmste ist allerdings das völlig missverständliche Haltbarkeitsdatum, das ja ausdrücklich ein Mindesthaltbarkeitsdatum ist. Es gibt Leute – und zu denen gehöre ich zugegebenermaßen nicht selten! –, die beim Kauf von Butter, Quark oder Schnittkäse ganz hinten ins Regal oder ganz unten in den Karton greifen, weil sie dort das Frischeste vermuten. Aber klar: Was kurz vor dem Ablauf steht, kann der Händler gleich vergessen. Das nimmt keiner mehr mit. Doch dass Verbraucher etwas in den Müll werfen, nur weil im heimischen Kühlschrank das Datum abgelaufen ist, das kann ich nicht verstehen. Als würde beim Gongschlag die Qualität von hervorragend in lebensbedrohlich umschlagen, kommt's in die Tonne.

Es ist gut und richtig, den Leuten immer wieder ins Gewissen zu reden. Es sind gerade gut verdienende Singles, die am meisten wegwerfen. Die gar kein Gefühl mehr dafür haben, dass Lebensmittel etwas anderes sind als Socken mit Löchern oder ausgelatschte Schuhe. Auch Speisereste spielen eine große Rolle. Aufwärmen, das klingt wie bei Oma. Wegwerfen und wieder neu kochen, das ist in. Und wer verlässt sich noch auf seine Sinne und schmeckt, schaut, riecht und fühlt erst mal, statt das Mindesthaltbarkeitsdatum zum Todesurteil für Lebensmittel zu machen. Als wäre es eine dogmatische Wegwerfanweisung.

Ein Löffel für Mama, ein Löffel für Papa, ein Löffel für die Tonne ... Dass rund ein Drittel aller Lebensmittel weggeworfen werden, sollte für eine Gesellschaft, die sich sonst so gerne erregt und pausenlos von Nachhaltigkeit schwätzt, tabu sein. Es ist höchste Zeit zum Umdenken und den Wahnsinn zu stoppen. Roman Herzog, früherer Bundespräsident, hatte wohl leider recht, als er mir in einem Sommerinterview sagte: »Uns geht es eben zu gut.«

Wahldesaster auf Augenhöhe

Das hätte ich echt nicht gedacht! Mein Vorurteil, dass den Leuten jede Form von Ethik und Moral abhandengekommen ist und man gute alte Traditionen als spießbürgerlichen Müll ins Museum verfrachtet, wurde ganz schön korrigiert. Es ist den Menschen eben doch nicht alles egal. Und mag man es nun gesunden Menschenverstand oder intaktes Gewissen nennen, bürgerliche Konvention oder die Sehnsucht nach etwas »unkaputtbarem« Heilen – der Abend der Landtagswahl von Schleswig-Holstein im Mai 2017 war eine Lehrstunde. Dort hat SPD-Ministerpräsident Torsten Albig eine krachende Niederlage erlitten, und der Schall der Kieler Ohrfeige ließ selbst Berlin erbeben. Dabei gingen alle Umfragen davon aus, dass die Sache für Albig und seine Genossen längst gelaufen sei.

Aber es war etwas passiert, was mit Politik eigentlich nichts zu tun hat, etwas völlig Privates und etwas, von dem man meinen könnte: Was ist da denn schlimm dran, das kommt doch in den besten Familien vor, bei den Prominenten sowieso. Zwei Wochen vor der Wahl hat Spitzenkandidat Albig die Öffentlichkeit an seiner Trennung von Ehefrau Gabriele teilhaben lassen. Sie waren 27 Jahre verheiratet, ohne Skandale oder Getuschel. Dieser Vorgang löste ein solches Erdbeben aus, dass selbst der sonst so brottrockene Vize-Chef der Bundes-SPD Thorsten Schäfer-Gümbel die Contenance verlor. Am Morgen nach dem Kieler Wahldesaster platzte es im *ZDF*-Morgenmagazin aus ihm heraus, als die Kollegin nach der Ursache für die Wahlpleite fragte. Die üblichen Floskeln – von wegen falsche Themen, Gegenwind aus dem Bund oder Wechselstimmung – bemühte der Mann aus Hessen gar nicht erst, er schleuderte dem erstaunten Publikum seinen ganzen Frust und Ärger entgegen: »Was erwarten Sie denn anderes als ein solches Ergebnis, wenn man sich die letzten zwei Wahlkampfwochen nur noch mit dem Privatleben beschäftigen musste!«

Dabei ging es weniger um die Trennung als solche, sondern auf welche Weise die Ehefrau abserviert wurde und wie Herr Ministerpräsident das kommentierte und kommunizierte. Auch hier hätte ich gedacht: Na ja, so redet man in einer gender-infizierten, aufgeklärten emanzipatorischen und sich selbst verwirklichenden Zeit halt eben ... Aber es war dann in der Tat die Rache der Frauen, die der SPD zum Verhängnis wurde und den Politstar zu Fall brachte. Albig über seine Ex: »Irgendwann entwickelte sich mein Leben schneller als ihres.« Nun, das kann passieren. »Es hat kaum noch Austausch auf Augenhöhe gegeben.« Da liegt schon ein Stück Hochmut drin, denn er meint ja wohl kaum, dass er auf das Niveau seiner Frau hätte hochschauen müssen.

Aber dann der Hammer, der eine ganze Landtagswahl entschieden hat: »Ich war beruflich ständig unterwegs, meine Frau war in der Rolle als Mutter und Managerin unseres Haushaltes gefangen.« Man lasse sich das auf der Zunge zergehen: Gefangen ... Im Haushalt gefangen ... Gefangen von den Kindern, die er gezeugt hat, gefangen von der schmutzigen Wäsche und seinem Lieblingsessen. Er tritt noch mal nach unten, wo seine Ex ihm zuliebe stehen blieb, so weit entfernt, dass man sich aus den Augen verlor.

Nach dem Motto: Dieses Muttchen passt nicht mehr zu mir und meiner Welt der Wichtigen und Mächtigen. Ein einziges Interview, drei, vier Sätze, und die Karriere ist im Eimer. Dabei wollte er doch nur vermeiden, dass die Bürger »zu viel Distanz zu ihren politischen Repräsentanten haben«. Sie sollten deutlicher zeigen, dass sie »ganz normale Menschen mit Stärken und Schwächen sind und nicht elitäre Politikmaschinen«.

Nur: So »normal« will wohl keiner sein, dass er nach fast drei Jahrzehnten Ehe in seiner Frau plötzlich nur noch das Heimchen am Herd sieht. Dass er eine neue Partnerin braucht, die mit Augenhöhe offen ist für das große Leben eines Oberstaatsmanns. Im konkreten Fall eine selbstständige Strategieberaterin, die völlig frei und unbefangen war, weil die Kinder schon aus dem Gröbsten raus sind. Die überrasche ihn ab und zu mit einem besonderen Balsamico-Essig oder einem Stück Parmesan, ließ er die staunende Öffentlichkeit wissen. Seine Ehefrau hätte ja viel zu weit emporklettern müssen, um an Schatzis Mund zu gelangen.

Klar, ohne Amt wird's jetzt eigentlich wieder gemütlich im Hause Albig, er kann entschleunigen und seine neue Gefährtin mit Balsamico-Essig überraschen, einkaufen gehen und den Müll rausbringen. Ich denke, das mit der Augenhöhe bekommt dann eine neue Perspektive.

Über Pommes, Fritten und die EU

Der Satz des Pythagoras hat 24 Wörter, das Vaterunser 56, das Archimedische Prinzip 67, die Zehn Gebote 279, die gesamte amerikanische Unabhängigkeitserklärung 300 – aber die Verordnung der Europäischen Union zum Import von Karamellbonbons umfasst sage und schreibe 25 911 Wörter! Und da sage einer, die hoch bezahlten EU-Beamten in Brüssel, Luxemburg und Straßburg hätten nichts zu tun. Vorbild könnte der deutsche Bürokratismus gewesen sein, dieser Riesenkrake im Staatsgewand, denn allein der Paragraf 19 a des (alten) Einkommenssteuergesetzes kam auf 1862 Wörter!

Die EU war zwar nicht in der Lage, den unermesslichen Zustrom von Wirtschaftsflüchtlingen an den Außengrenzen abzuwehren und konnte dem Bürger auch keinen Schutz vor islamistischen Terroristen bieten – aber in den wesentlichen Dingen ist »Europa« immer präsent und spitze: wie viel Watt ein Staubsauger haben darf, wie Glühbirnen beschaffen sein müssen, um uns möglichst kaltes Licht zu geben, oder dass Ölkännchen nicht auf den Tisch einer Gaststätte gehören ...

Im Sommer 2017, die hausgemachte Flüchtlingskrise trieb gerade die Europäer in die Arme von Rechts- und

Linkspopulisten, wandte sich »Brüssel« wieder einmal Wesentlicherem zu: 67 Parlamentarier aus 28 Mitgliedsstaaten (der Brexit war noch nicht vollzogen, die top-entlohnten EU-Jobs von den Engländern noch besetzt) berieten vier Wochen lang in Bürgeranhörungen und mit Expertengruppen ein existenzielles Problem. Es wurden besorgte Bürger aus Deutschland genauso gehört wie italienische Gastwirte, finnische Tiefkühlkost-Händler oder belgische Bauern. Thema: Wie müssen beziehungsweise dürfen Pommes künftig frittiert werden, damit kein Krebsrisiko entsteht?

Besonders umstritten und von Sanktionen bis hin zum Verbot bedroht waren die traditionellen belgischen Fritten, die besten der Welt. Und Europa wäre nicht Europa, wenn nicht ein Land durch ein Veto dazwischengrätschen würde. Klar, Belgien schaffte es, dass bei der Abfassung der neuen Frittierordnung zumindest ein Kompromiss zustande kam. Im Klartext (mit Hunderten von Wörtern): Man bewahrt die Pommes-Esser durch bessere Lebensmittel- und Ölkontrollen und sanftes, vor allem einmaliges Frittieren vor Krebsgefahr. Die Belgier allerdings dürfen weiterhin doppelt frittierte Pommes essen, weil diese besondere Zubereitung ein Teil ihrer nationalen Identität darstellt. Krebs hin, Krebs her.

Es stimmt: Diese doppelt frittierten Pommes aus handgeschnittenen rohen Kartoffeln sind die allerbesten und die Zubereitung dauert immer etwas länger. Es gibt sie zum Beispiel an einer Ecke des Berliner Wittenbergplatzes. Die besten aß ich in einem belgischen Restaurant auf der kanadischen »Kartoffel-Insel« Prince Edwards Island, unter Wissenden nur PE genannt. Als einer, der dazugehört, spricht man ja auch von Kitz oder P'berg, der gewöhnliche Massentourist will ganz vulgär nach Kitzbühel oder dem Berliner Bezirk Prenzlauer Berg. Albern!

Aber Europa wäre nicht »Europa«, wenn es auf dem Weg vom Kartoffelschneiden bis in den Verbrauchermagen nicht noch einiges zu regeln gäbe. Was heißt: einiges?! Damit man in der weiten Welt des Frittierens nicht die Orientierung verliert, gibt es Gott sei Dank die Europäische Kommission und ihre Verordnung Nr. 852/2004 mit der Verpflichtung aller Mitgliedsstaaten, den Verbrauchern die Sicherheit ihres Essens zu garantieren. Und genau diese Sicherheit ist in Gefahr, da nach Verordnung Nr. 315/93 Acrylamid, ein Stoff, der beim Frittieren entsteht, krebserregend sein kann.

Deshalb hat die um unser aller Wohlergehen besorgte Kommission gemäß ihrer Empfehlung Nr. 2013/647/EU diese Expertenrunden eingesetzt mit dem Ergebnis: Pommes sollten vor dem Frittieren besser blanchiert, also kurz aufgekocht werden – und nicht, wie die belgische Variante, roh und doppelt frittiert. Alles klar?! Man sollte also bei jeder Bestellung erst mal fragen, ob die geliebten Pommes nun auch wirklich nach EU-Norm oder nach belgischer (Ab-)Art zubereitet wurden ...

Der Bundes-Bläh-Reichstag

Besonders leicht würde es wohl denen fallen, die gehen oder gar nicht mehr aufgestellt werden. Und mit genau diesem Gedanken haben sich die Kritiker schon verraten, denn der Umkehrschluss heißt ja: Wer gerne wiederkommen würde, stimmt mit Nein. Nun geht es hier nicht um einen Kaninchenzuchtverein oder einen Schachclub, die ihre Vorstandszahl verkleinern wollen. Es geht um eines der wichtigsten Parlamente der Welt, das nach der letzten Bundestagswahl auf sage und schreibe 709 Abgeordnete aufgebläht wurde. Damit reiht sich der Bundestag im Reichstagsgebäude, eines der schönsten Ergebnisse des Mauerfalls und der friedlichen Revolution von 1989, zwischen die »Volksversammlungen« der kommunistischen Diktaturen China (2987 Mitglieder) und Nordkorea (687) ein – braucht also eine Mammutveranstaltung wie diese Diktatur-Marionetten.

Das alles bestätigt, was mir ein Parlamentarier anvertraute: Wenn die großen Parteien, wie dann auch geschehen, stark verlieren, dürfen wegen der Direkt-, Überhang- und Ausgleichsmandate wesentlich mehr Abgeordnete nach Berlin kommen, als wenn es diese nicht gäbe. Ein toller Trick, eine Mogelpackung der Volksnähe der Volksparteien, die viel Prozentpunkte, aber wenig Personal verlieren.

Der Bund der Steuerzahler monierte den Selbstbedienungsladen sofort, den auch der scheidende (!) Bundestagspräsident Norbert Lammert einschränken wollte. Er sah sich bei Sitzungen und Ausschüssen mit der Tatsache konfrontiert, dass ein zu großes Parlament gar nicht arbeitsfähig ist. Steuerzahlerbund-Chef Reiner Holznagel: »Ich erwarte von allen Fraktionen im neu gewählten Bundestag, dass sie das Wahlrecht sofort reformieren. Wir brauchen eine Obergrenze für den Bundestag: 500 Abgeordnete sind genug!« Raffinierte Anspielung: Obergrenze.

Und dann die Geldverschwendung – wohlgemerkt mit schlechterer Arbeit, weil man nicht mal weiß, wo man die 709 Gewählten und Ernannten überhaupt hinsetzen soll, es muss ja auch an die Büros für die Abgeordneten plus Mitarbeiterstab gedacht werden. Nennen wir mal den »kleinsten« Mehrbetrag durch die Bläh-Krankheit: Die 100 Besucher, die jeder Abgeordnete jährlich nach Berlin einladen darf, inklusive Hotel, Verpflegung und Fahrt. Bisher kostete das 7,4 Millionen Euro, jetzt kommen 750 000 Euro dazu. Bei den Abgeordnetenbezügen sind es dann schon 13 Millionen mehr, hinzugerechnet natürlich die Versorgung nach dem Ausscheiden: jetzt rund 55 Millionen, später kommen dann die 79 Mehr-Abgeordneten dazu. Rund 20 Millionen bekommen die neuen Mitarbeiter der neuen Parlamentarier dazu, denn jeder darf exakt 20 870 Euro im Monat dafür ausgeben. Und und und ... Reisekosten sowie eine pauschale Gratis-Bahncard 1. Klasse oder Sachkosten von der Visitenkarte bis zu den Füllhaltern, Montblanc lässt grüßen.

Was wenige wissen: Jede Fraktion erhält einen Grundbetrag von 411 313 Euro im Monat (!) und 8586 Euro je Abgeordneten, dafür haben die Vorsitzenden dickere Autos und mehr Räume und Mitarbeiter. Rechnet man nun die beiden neuen Fraktionen AfD und FDP ein, summiert sich das auf Extrakosten von rund 20 Millionen Euro.

Es ist wie im wahren Leben: Wer pensioniert wird, lässt gerne los und gibt gerne ab und ist bei allen Reformen, die das Personal betreffen, gerne dabei. Doch wenn es um die eigene Zukunft geht, findet man immer noch Gründe, die sinnvollen Vorschläge von Lammert und Holznagel abzuschmettern – und was schlimmer ist: sie einfach zu übergehen und auszusitzen, als seien sie Luft. Womit wir wieder bei den Mogelpackungen wären, denn die echten bestehen ja gerne aus Luft, die großen Inhalt vortäuscht. Es wäre also besser, eine schnelle Wahlrechtsänderung würde in vier Jahren eine ganze Menge Bläh-Parlamentarier an dieselbe setzen.

Wobei der Schlusssatz mir von Herzen kommt, nach über 44 Jahren in der politischen Berichterstattung: Es gibt viele Abgeordnete, die gute Arbeit für diese Finanzen leisten, die meist durch »Schwarze Peter« schlecht gemacht und in Misskredit gebracht werden. Es können natürlich auch »Schwarze Petras« sein. Im Bundestag wird mehr gearbeitet, als es nach außen hin scheint. Viele sind eben für die TV-Übertragungen Luft, weil sie im Wahlkreis oder in Ausschüssen sind. Das sollte man immer (mit-)bedenken.

Hände weg von unseren Vereinen!

Männer können gerne unter sich bleiben – gemeinnützig ist so was aber nicht, ganz gleich, was sie tun. So lässt sich salopp ein Urteil des Bundesfinanzhofs zusammenfassen, das einen wieder mal fragen lässt: In welcher Welt leben unsere Richter eigentlich? Konkreter Anlass sind die Freimaurerlogen, die nun nicht wegen ihrer geheimbündischen Lehre ihre Steuerprivilegien verlieren sollen oder wegen eines Verstoßes gegen das Vereinsgesetz. Nein, alleiniger Grund ist, dass dort nur Männer Mitglieder sein dürfen und Frauen ausgeschlossen sind. Was Jahrhunderte Brauch ist, wird plötzlich zum Verbrechen erklärt.

Wir scheinen jedes Maß verloren zu haben. Was hat denn das Vereins-Geschlecht mit der Gemeinnützigkeit zu tun? Ich dachte, die Zeiten, dass ein gesinnungsschnüffelnder Staat ideologisch in die Vereine eingreift, seien endgültig vorbei. Im Rahmen unserer Gesetze kann man doch gründen was man will – und wer sich für die Allgemeinheit einsetzt, sollte auch steuerlich begünstigt werden. Ich denke an die wunderbaren christlichen »Frühstückstreffen für Frauen«, bei denen ich vor rund 30 Jahren der erste männliche Redner war. Das hat doch einen Sinn, wenn Frauen sagen: Hier wollen wir mal ganz unter uns sein. Warum denn nicht? Darf ich meine Spenden an den Trägerverein jetzt nicht mehr von der Steuer absetzen, weil das alles »nur« Frauen sind?

Es gibt »Ladies Nights« für Unternehmerinnen oder Sparkassenkundinnen, herrliche Frauenchöre, sogar eine »Ladies dental Night« für Zahnärztinnen. Ja, was ist denn dabei, wenn Frauen oder Männer unter sich sein wollen? Dann gründet doch gefälligst was Neues, was dann als gender-gerecht oder politisch-korrekt verkauft werden kann. Aber lasst das Bestehende in Ruhe! Wie schön kann ein Männerchor klingen – wieso müssen Frauen dabei sein?! Oder Schützenbrüder, die bewusst keine Schützenschwestern oder Schützengeschwister sein wollen.

Was soll diese elende Gleichmacherei? Wieso geben sich Richter für so etwas her? Lasst die Hände von unseren Vereinen. Ohne sie sind wir aufgeschmissen, auf jeden Fall ärmer. Wenn Steuerprivilegien wegfallen, prognostizieren Experten ein riesiges Vereinssterben. Und dass ideologische Verblendung und intellektuelles Defizit zwei Seiten derselben Medaille sind, beweist die Stellungnahme eines bedeutenden Juristen zur Unterstützung des eigentümlichen Bundesfinanzhof-Urteils: Es sei doch gar kein Problem für Männerchöre, Frauen aufzunehmen, »es gibt doch auch Tätigkeiten wie die Buchführung, die Kasse oder die Mitgliederbetreuung«. Schade, dass dieser Oberideologe nicht noch Kaffee kochen und Abwasch aufgezählt hat. Und ich rätsele, was wohl unter »Mitgliederbetreuung« zu verstehen ist ... Zu dumm, um zu merken, dass man damit die Frau wieder dort hat, wo man sie eigentlich weghaben wollte: Die Männer singen, während die Frauen das Büfett vorbereiten.

Tradition ist nicht dasselbe wie Diskriminierung. Nur weil etwas nicht dem Zeitgeist entspricht oder keine Gnade vor den Augen der Gesinnungs- und Gender-Polizisten findet, ist es nicht automatisch weniger gemeinnützig. Schluss mit der Steuerschikane! Sich Gesinnung über den Geldhahn zu erkaufen, ist einer Demokratie nicht würdig. Es hilft also der berühmte »Nichtanwendungserlass«, der dem Finanzminister ermöglicht, den Bundesfinanzhof ins Leere laufen zu lassen. Ganz nebenbei wäre es generell angebracht, mal endlich wieder zu einer normalen Lebenswirklichkeit zurückzukehren!

Multikulti-Mogelpackung

Wo bleibt der Aufschrei? Wo sind all die Bischöfe und Politikerinnen, die grünen und roten Frauenrechtlerinnen? Wo ist der Kirchentag, wo sind die Gleichstellungs- und

Integrationsbeauftragten? Schweigen im Walde! Stattdessen sogar noch Verharmlosung und dieser stupide Satz, der auch durch seine Dauerwiederholung nichts an Wahrheit gewinnt und immer eine Mogelpackung bleibt: »Das hat doch mit dem Islam nichts zu tun!« Oder, noch dümmer: »Das ist ein völlig missverstandener Islam, eine archaische Auslegung des Korans.« Man kann es nicht mehr hören, und mich wundert es nicht, wenn Leute am Funktionieren unserer Demokratie (ver-)zweifeln.

Was war passiert? In Montabaur in Rheinland-Pfalz hat ein Polizist seiner Kollegin den Handschlag verweigert, als sie ihm zur Beförderung gratulieren wollte. Na ja, das ist doch eher eine peinliche Unhöflichkeit und geht mit dem Mann nach Hause. Eigentlich nicht der Rede wert. Genauso haben das die meisten interpretiert, selbst als die Hintergründe bekannt wurden: Der Polizist ist ein überzeugter Muslim, sogar Moschee-Laien-Prediger, und erklärte ganz offiziell: »Aus religiösen Gründen gebe ich einer Frau nicht die Hand.« Punkt! Im Land des Grundgesetzes, wo die Gleichwertigkeit von Mann und Frau festgeschrieben ist – in einem Land, zu dessen Leitkultur und Tradition das Händeschütteln gehört: Ich gebe als Muslim einer Frau doch keine Hand ....

Ich erinnere mich an eine Sendung mit der Bezirksbürgermeisterin von Berlin-Neukölln, Franziska Giffey (SPD), Nachfolgerin des legendären Heinz Buschkowsky. Die erzählte, wie sie gleich zu Amtsbeginn ein Exempel statuiert hat, damit multikulturelles Zusammenleben keine Mogelpackung ist. Als ein Imam ihr Büro betrat und sich weigerte, ihr die Hand zu schütteln, »habe ich den gleich mal vor die Tür gesetzt«. Dasselbe habe auch ich schon oft erlebt, wenn ich mit Muslimen in einer gemeinsamen Talkshow war, wenn wir uns in der Maske trafen und sie demonstrativ an den Frauen, die ich vorher per Handschlag begrüßt hatte, vorbeigingen. Ich habe das jedes Mal in der Sendung angesprochen – mit unterschiedlichen Reaktionen des Publikums. Manche dachten bei sich: Der mäkelt auch an allem rum ...

Dabei ist das doch keine Lappalie! Das vielbesungene Multikulti ist dann eine schräge Nummer und eine Mogelpackung, wenn einer seine Religion höher setzt als die Grundrechte unseres Landes. Das darf ich als Christ genauso wenig. »Wieso, wir geben uns in der Redaktion doch auch keine Hand«, meinte eine Kollegin. Ja, wie naiv muss man denn sein?! Sich zu einigen, aus Prinzip auf den Handschlag zu verzichten, ist doch etwas völlig anderes, als bewusst zum Beispiel Frauen von dieser hierzulande üblichen Höflichkeitsgeste auszuschließen.

Der verweigerte Handschlag wird zum Symbol für die Unterdrückung und Verachtung der Frau. Wer heute die Hand nicht gibt, erhebt morgen das Messer zur Rettung der Ehre seiner Familie und seiner Religion. Deshalb hat das Mainzer Innenministerium richtig gehandelt und dem Polizisten, der als Beamter auf das Grundgesetz eingeschworen ist, die Grenzen gezeigt: Gehaltskürzung und Versetzung, im äußersten Fall Kündigung.

Aus Kreisen innenpolitischer Experten weiß ich, dass es inzwischen erste Kündigungen muslimischer Polizeibeamter gibt, über die die Öffentlichkeit allerdings nicht informiert wird. Man will sich sein Idealbild von der Multikulti-Mogelpackung doch nicht zerstören lassen! Polizisten sind ja via Dienstcomputer über alle sicherheitsrelevanten Vorgänge informiert. Wenn ein Beamter (siehe jener »Handschlags-Laienprediger«) seine Loyalität zur Religion nun höher setzt als die zum Grundgesetz, kann das dramatische Folgen haben. Konkreter Fall zum Beispiel: Ein Polizist warnte seine Brüder vor einer Drogen-Razzia. Für ihn war das ein klarer Akt der Familienehre, also etwas Ehrenwertes, und kein Verrat von Dienstgeheimnissen.

Die Gutmenschen-Gleichung: Je mehr muslimische Polizisten, desto besser sind Integration und Sicherheit, ist eine naive Milchmädchenrechnung. Klar, »Verräter« gibt's auch bei Christen, Buddhisten und Atheisten, aber keine Religion greift so stark in Persönlichkeitsrechte und Politik ein wie der Islam. Wer seine Scharia ausleben will, hat weder in unserem Land noch erst recht im Staatsdienst etwas zu suchen. Oder haben wir die Waffen der Wahrheit längst gestreckt: Der Islam gehört zu Deutschland ...

Schreiben nach Gehör und ohne Sinn und Verstand

Als Ehrenkommissar der Bayerischen Polizei werde ich natürlich hellwach, wenn ich etwas über meine »Kollegen« lese. So die Schlagzeile der *WELT*: »Wenn die Akkustick die Karriere als Polizist verhindert.« Der Artikel beginnt mit einem Witz, der leider traurige Wahrheit ist – nicht nur im Polizisten-Beruf: Entdecken zwei Beamte einen Toten vor dem örtlichen Gymnasium. Der jüngere zückt den Kugelschreiber, um das Protokoll aufzunehmen, stockt jedoch:

»Wie schreibt man denn eigentlich Gymnasium?« Sein ratloser Kollege zuckt mit den Schultern und antwortet erleichtert: »Komm, schleppen wir ihn auf die andere Straßenseite, da ist die Post.«

Kaum jemand kann noch richtig schreiben, ganz zu schweigen von Kommasetzung. Doch für viele Berufe gehört Orthografie zur Grundausstattung. Aber wie sollen zum Beispiel Polizeiakademien das nachholen, was in Elternhaus und Schule versäumt wurde? Bei der Eignungsprüfung zum Polizeidienst rasselte 2016 in Baden-Württemberg mehr als ein Drittel der Bewerber durch die Deutschprüfung. Und das, obwohl (oder gerade weil!) mittlerweile mehr Abiturienten als früher antreten. Kaum jemand wusste, dass Betrunkene vor einer Kneipe krakeelen, nicht jedoch krakehlen oder krakelen. Und dass man Aggression mit zwei »g« und zwei »s« schreibt, war auch nicht gerade bekannt. Ganz zu schweigen von der Akustik.

Soll man die Sprachprüfungen nicht einfach abschaffen und auf elektronische Rechtschreibprogramme setzen? Oder das Niveau senken? Ist es nicht ohnehin egal, ob ein Polizist mit Blick auf seinen oft lebensgefährlichen Einsatz bei Terror, migrantischen Familienfehden, G-20-Gipfeln oder Fußballspielen das Wort »Inkrafttreten« richtig buchstabieren kann? Aber ein Bäcker, Metzger oder Koch muss ja auch ein Rezept schreiben oder lesen können und wissen, was ein Drittel oder ein Pfund ist. Erschütternd, was man oft auf den Tisch bekommt, wenn Abiturienten oder examinierte Studenten sich handschriftlich um ein Praktikum oder eine Stelle bewerben.

Der Cheflektor eines großen Verlages erzählte mir von

erstaunlichen Bewerbungsschreiben. Das Lektorat ist in einem Buchverlag ja die Abteilung, die sich am intensivsten mit Texten und damit der Sprache befasst. Schon in den Anschreiben seien bis zu sieben Rechtschreibfehler nicht selten – dabei handelt es sich pikanterweise um Leute, die ein glänzendes Universitätszeugnis beilegen und beste Noten im Deutschen aufzuweisen haben. Sein trockener Kommentar: »Ich möchte doch nicht von einem Augenarzt operiert werden, der zwar mit dem Skalpell umgehen kann, aber eine gesunde Netzhaut nicht von einer kranken unterscheiden kann.«

Und was heißt handschriftlich?! Selbst das ist in manchen Bundesländern bereits abgeschafft, dabei gehört Handschrift zu unserer Kultur, sagt etwas aus über Person und Persönlichkeit. Es ist ein Irrwitz von irgendwelchen Gutmenschen der Multikulti- und Genderszene, Bewerbungen per Computer und ohne Bild zu schicken. Handschrift und Bild sagen doch etwas aus. Oft ist es der erste Blick, der mehr sagt als die Noten eines Zeugnisses. So was kann man doch nicht anonym machen.

Kinder und Jugendliche können nichts dazu, wenn das Niveau in den Abgrund rast. Sie werden zu Versuchskaninchen wirrer Bildungspolitiker degradiert, die nach jeder Wahl als Erstes die Schule umkrempeln. Sicherheit für Lehrende und Lernende gibt's höchstens für eine Legislaturperiode. Da gibt's diesen Schwachsinn »Schreiben nach Gehör«, also korrekter natürlich: »Schraibm nach Ghöa.« Begleitet von teuren Expertengruppen, ausgeführt von ratlosen Lehrern am Gängelband wirrer Kultusbürokraten. Wer eins und eins zusammenzählen kann, wusste schon damals: Das kann nicht funktionieren. Das liest sich wie Loriot und Realsatire, zum Beispiel: »Liber Pappa ich wösche dir fil schpas bei der apeit.«

Dieses Baby-Sprach-Desaster begleitet unsere Kinder ihr Leben lang. Sie leiden noch darunter, wenn nach den verantwortlichen Politikern längst Straßen benannt sind. Man braucht klare Regeln und nicht die rot-grüne Wünsch-Dir-was-Lyrik, nach der jeder Lehrer sich seine Methode selbst aussuchen kann. Das signalisiert doch den Schülern: Richtiges Schreiben ist nicht so wichtig. »In Mathe war zwei plus zwei immer schon vier, und nicht ungefähr vier. So muss es auch im Deutschunterricht sein«, meint eine Kultusministerin.

Aus Mecklenburg-Vorpommern liegen konkrete Zahlen vor, die die Kultusbehörde erst nach hartnäckigem Nachfragen dem Landtag rausrückte: Vergleichsarbeiten aller Drittklässler des Landes belegen, dass nur ein Drittel der Schüler die Rechtschreibung halbwegs passabel beherrscht, ein Drittel erreicht noch nicht mal den Mindeststandard. Es mag ja ganz lustig für Kita-Sprösslinge sein, im Advent zu schreiben »Wir haben schbekulazijus gebakn«, für Schüler ist das eine Katastrophe. Erst dieses verhunzte Kindersprech (Eltern, bitte nicht korrigieren, das mindert die Motivation!), dann plötzlich ab der vierten Klasse regeltreu – ja wie soll das denn gehen?! Interessant: Lehrer, die selbst Grundschulkinder haben, halten sich privat nicht an diese haarsträubende Methode. So wie Grüne ihre Kinder auch nicht in die Multikulti-Problemkiez-Schule schicken, sondern aufs Privatgymnasium ...

Und als wäre es eine weltrevolutionäre Erkenntnis von

den Ausmaßen der Einsteinschen Relativitätstheorie, flötet ein Bildungspolitiker: »Die mediale Welt verkürzt unsere Sprache. Wir müssen deshalb wieder mehr darauf achten, dass Bücher gelesen, Diktate geschrieben und Texte auswendig gelernt werden.« Ja, dazu braucht es diese Herrschaften nicht, die erst wach werden, wenn das Kind in den sprichwörtlichen Brunnen gefallen ist. Das hätte meine Oma mit Zwergschule und ohne Abitur auch gewusst. Rein aus gesundem Menschenverstand und Lebensweisheit.

Allerdings bin ich im Besitz eines Unfallprotokolls der Polizei, wo mein Geburtsdatum auf 1857 festgesetzt ist und durchgehend rechts mit links verwechselt wird. Da ist dann wohl Hopfen und Malz verloren!

Frau am Steuer, Hirn im Eimer

Zu vergleichen war das Ereignis höchstens mit der ersten Mondlandung, die ja bekanntlich ein kleiner Schritt für den Menschen (Neil Armstrong), aber ein großer Sprung für die Menschheit war. So etwas Ähnliches muss sich hier abgespielt haben, betrachtet man die Abendnachrichten in Funk und Fernsehen, jenes unüberhörbare Tremolo in den Stimmen der Moderatoren und die ganze Dynamik, die sie in ihre Worte legten. Nichts Geringeres als der Sieg der Frauen, ein Meilenstein der Gleichberechtigung und ein großer Schritt für Frauenrechte sei da geschehen: Saudi Arabien hat den Frauen gestattet, demnächst Auto zu fahren.

Wer sich durchs Netz klickte oder die internationalen

Nachrichtenportale besuchte: allüberall entzücktes Jauchzen, überschwenglicher Jubel – und das alles noch als Aufmacher, obwohl doch gerade erst der deutsche Wahl-Schock vom 24. September 2017 zu verdauen war. Man erinnerte sich: Die Frauen durften schließlich auch ein Sportstadion betreten, sozusagen in ihrem eigenen vollverschleierten Fanblock stehen. Weltweites Aufatmen über diesen beginnenden Arabischen Frühling für Frauen.

Und jetzt fängt es an, wehzutun. Das Hirn dieser sogenannten Journalisten scheint völlig im Eimer. Es ist den Frauen eben nicht zu wünschen, dass über sie das Frühlingserwachen kommt. Wir wissen doch, was Schreckliches daraus geworden ist und wo das gerade für Frauen geendet hat. Schön, dass Saudi Arabien den Österreichern ganz nebenbei zeigen will, dass Autofahren auch in Vollverschleierung geht. Die hatten nämlich gerade die Burka am Steuer verboten.

Ja, das ist wirklich ein Sieg der Frauen, die in Saudi Arabien noch ein paar Kleinigkeiten zu erdulden haben. Aber wir schaffen das, würde Frau Merkel sagen. Sie dürfen keinen Pass beantragen und kein Konto eröffnen, keine Verträge schließen, keinen Beruf aussuchen und nicht verreisen. Dafür ist immer der Mann zuständig, der sie auch jederzeit in die Wüste schicken kann und das Recht hat, die Kinder zu behalten.

Ohne männlichen Vormund darf keine Frau in dem Golfstaat leben, für alles und nichts brauchen sie dessen Zustimmung. Es gilt strikte Geschlechtertrennung, selbst bei der Hochzeit feiern Männer und Frauen getrennt. Ohne Verschleierung darf keine Frau in die Öffentlichkeit und sich auch von keinem Mann begleiten lassen, der nicht mit ihr verwandt ist.

Ach, das sind ja alles Lappalien. Jetzt dürfen saudische Frauen ans Steuer, und bei deutschen Journalisten ist das Hirn im Eimer. Wenn die mal einen Besuch in der Golfregion machen, sollten sie auf den Rat des Auswärtigen Amtes und der Luftfahrtgesellschaften hören: keine Bibeln oder Kreuze mitnehmen, so viel Toleranz muss sein. Klar, man bekommt dafür nicht mehr die Hände abgehackt, aber man wird sofort nach Hause geschickt. Vielleicht von einer autofahrenden vollverschleierten Frau, die vorher ihren Mann gefragt hat, ob sie außer Landes darf. Wir haben schließlich Arabischen Frühling!

Der Traummann vom *Traumschiff*

In seinem viel gelesenen *Tagebuch des Herausgebers* fragte *FOCUS*-Legende Helmut Markwort, warum eigentlich bei der Trauerfeier für *Traumschiff*-Produzent Wolfgang Rademann niemand geklatscht hat. Ich fragte mich das auch nach der bewegenden Rede von Harald Schmidt, stimme Markwort aber zu: In der weihevollen Kaiser-Wilhelm-Gedächtniskirche waren vor allem Schauspieler, die seit Jahren nicht mehr in einem Gotteshaus waren und wohl unter dem Zwang zur Zurückhaltung litten. Nach Schmidts Rede hätte ein Typ wie Rademann auf jeden Fall Beifall gespendet – und beim Thema Spenden liegt man bei ihm durchaus richtig. *BUNTE*-Chefredakteur Robert Pölzer überschrieb sein Editorial: Die Großzügigkeit des Herzens.

Niemand hat den Menschen so viel niveauvolle Unterhaltung geboten, allein die »Landausflüge« der Schiffsserie waren pure Volkshochschule, aber nie oberlehrerhaft. Meine über 90jährige Mutter hat durch Rademanns grandiose Filme die Welt und fremde Kulturen kennengelernt. Und auch Schauspieler wiedergesehen, von denen man dachte, sie existierten gar nicht mehr. Rademann hatte ein Händchen für das, was das Volk sehen will, um wenigstens für 90 Minuten dem Weltschmerz und all den TV-Belehrungen selbsternannter Moralisten und Gutmenschen zu entkommen. Leute, die vor lauter Fernsehen keine Nahsicht für die wirklichen Wünsche des Publikums haben. Dasselbe gilt für die erfolgreichste Fernsehserie aller Zeiten: *Die Schwarzwaldklinik*. Niemals erhobener Zeigefinger, keine platten Politpossen, etiketten-schwindlerisch in Unterhaltung verpackt! Ich gebe es zu: Manche Episoden waren zum Schluchzen schön ...

So erging es mir bei den Abschiedsworten von Harald Schmidt, den Rademanns Lebensgefährtin Ruth Maria Kubitschek um die Abschiedsrede gebeten hatte. Wieso der Zyniker und Spötter Schmidt und keiner jener bedeutenden Charakterdarsteller, die die Kirche füllten? Nach seiner bewegenden Ansprache wusste man es: Der ehemalige Messdiener zeigte sich von einer ungewohnt sensiblen, einfühlsamen Seite. Harald Schmidt erzählte Anekdoten und Marotten, auch wie Rademann sentimentale Augenblicke durch seine »Berliner Schnodderigkeit« zu überspielen suchte. Oder wie dieser erfolgreichste deutsche Produzent immer bodenständig und bescheiden blieb. Als er zwölf war, erlebte er, wie sein Vater im Krieg buchstäblich verhungerte – und er erinnerte die schauspielende Schicki-Micki-Schiffs-Schickeria immer wieder daran: »Ich muss nie mehr hungern und frieren, das reicht mir.« Den Krieg erlebt zu haben, sei seine beste Lebensschule gewesen.

Oder wie er immer wieder vergessene, verarmte Schauspieler für Gastrollen anheuerte und ihnen das Gefühl gab: Ihr seid noch nicht abgeschrieben. War eine Besetzungsliste schon abgeschlossen, und er hörte, dass ein Schauspieler dringend eine Rolle brauchte, ließ er für ihn nachträglich eine ins Drehbuch schreiben. Die Gage zahlte er oft privat. Oder er bestellte Drehbücher, die er gar nicht brauchte, nur damit der Autor sein Auskommen hatte. Als *Das Traumschiff* 2011 Kurs auf Japan nahm, geschah das Reaktorunglück von Fukushima. Ohne lange Absprachen nahm er das Ruder selbst in die Hand, es ging nach Bali: »Du kannst nicht in ein Land fahren, das so voller Leid ist und dann Trallala machen.«

Wolfgang Rademann hatte das absolute Gefühl für das Publikum, so wie man bei bedeutenden Musikinterpreten vom »absoluten Gehör« spricht. Das gilt auch für das, was man den »letzten Willen« nennt. In Absprache mit Ruth Maria Kubitschek (»Ich habe als Schauspielerin genug Geld verdient«) verfasste er ein außergewöhnliches Testament, aufgesetzt nach der Leberkrebs-Diagnose (als Nichtraucher und Abstinenzler!): Sein gesamtes Vermögen teilte der bescheidene Multimillionär an Freunde und Weggefährten auf, »die es verdient oder bitter nötig haben«. Insgesamt rund 100 Erben.

Und es kam heraus: Der als geizig verschriene Traumschiff-Mann (trug seine Drehbücher in Plastiktüten mit sich herum!) hatte immer wieder Menschen in Not höhere Beträge zugesteckt. Eine TV-Kollegin bekam genug Geld, um ihre Tochter in ein Internat schicken zu können. Dem Waisenkind eines TV-Stars finanzierte er Ausbildung und Studium, weiß die *BUNTE*. Und wer unverschuldet verschuldet war, konnte auf seine Hilfe zählen. Die Medien reagierten verblüfft und bewegt, als das nach seinem Tod herauskam. Der Mann mit den erfolgreichsten »Shows« im deutschen Fernsehen brauchte im eigenen Leben die Show nicht. Ganz im Gegensatz zu manchen Charity-Selbstdarstellern. Traumhaft!

Limburger Käse

Nein, das ist keine Meldung aus Eriwan, auch nicht aus Absurdistan. Das ist weder Realsatire noch ein neu entdeckter Sketch von Loriot. Das ist das moderne Deutschland. Das Land der Dichter und Denker, von allen guten Geistern verlassen. Jetzt verstehe ich Heidi Hetzer, einst Berlins bedeutendste Autohändlerin, die mit ihren über 80 Jahren und ihrem Oldtimer »Hudo« um die Welt gefahren ist. Ich erlebte sie nach ihrer Rückkehr, quicklebendig und schlagfertig neben mir in der *MDR*-Talkshow *Riverboat* sitzend. Auf die Frage von Jörg Pilawa, was ihr nach drei Auslandsjahren in Deutschland am meisten aufgefallen sei, antwortete sie mit ihrer typisch Berliner Schnauze: »Diese elende politische Korrektheit, dass man sich nicht mehr zu sagen traut, was man denkt.«

Es ist doch nur noch peinlich, wenn ein leibhaftiger

konservativer Bundesminister in einem Wahlkampf-Ranschmeiß-Interview sagt: »Ich bin Feminist.« Lächerlich! Das Gleiche passierte in Limburg an der Lahn, jener herrlichen Domstadt in Hessen. Ein Oberbürgermeister mit null Selbstbewusstsein, Duckmäusertum gegenüber Leuten, von denen keiner offen sagt, dass sie nicht ganz richtig ticken. Sich auf so etwas einzulassen, statt es abzubügeln, zeigt, wie sehr wir es in unserem Wohlstandsland verlernt haben, wichtige von unwichtigen Fragen und Problemen zu trennen.

Jedes einzelne Schlagloch müsste unseren Politikern mehr Kopfzerbrechen machen als dieser Unsinn, der wie ein Aprilscherz klingt: Eine Bewohnerin der Stadt, eine überzeugte Veganerin, hatte sich beschwert, dass vom Glockenturm des Rathauses jeden Mittag unter anderem das Kinderlied erklingt: »Fuchs, du hast die Gans gestohlen ...« Sie isst ja als Veganerin keinerlei tierische Lebensmittel und sei empört über das Schießgewehr und all die blutrünstigen Assoziationen rund um den diebischen Fuchs. Statt diese »Beschwerde« im »Rundordner« abzulegen, wurde das harmlose Lied, das hoffentlich viele Kinder besser können als irgendetwas Englisches aus dem Internet, aus dem Repertoire genommen.

Selten habe ich so viel Resonanz auf eine Kolumne in der *Bild am Sonntag* bekommen wie zu diesem Limburger Käse. Es hätte massenweise hämische Kritik gegeben, bestätigte der Sprecher der Stadt. Die Leute waren auf 180! Die »Vegane Gesellschaft Deutschland« sprach dagegen ganz offiziell von einer »empathischen Geste« des Politikers. Meine Schlussfolgerung: Als Nächstes wird wohl

»Hänschen klein ...« auf den Index gesetzt, weil zu Beginn der zweiten Strophe nicht gender-gerecht geweint wird ... Und um für Limburger Veganer wählbar zu sein, sollte der Herr Bürgermeister dann auch seinen tierischen Namen ablegen. Er heißt nämlich Hahn!

Schönster Leserbrief in der *BamS*: »Bei manchen Leuten scheint statt der Gans das Gehirn gestohlen worden zu sein.« Vegansinn!

Feigheit siegt:
Das Kreuz mit dem Kreuz

Der Mann hat recht! Denn wer sich als Christ nicht zu erkennen gibt, ist eine wandelnde Mogelpackung. »Christen müssen identifizierbar sein durch ihr Handeln und Reden und ihr Äußeres«, gab mir jungem Reporter in den 1970er-Jahren der damalige Bundespräsident Karl Carstens mit auf den Lebensweg. Daran erinnert der beliebte Bamberger Erzbischof Ludwig Schick, wenn er fordert: »Christen sollen sich auch in der Öffentlichkeit deutlicher zu ihrem Glauben bekennen.« Da könnten wir von anderen Religionen nur lernen, die sich durch ihre Gebete, ihre Symbole und auch ihre Kleidung zu erkennen geben. Christen tun das »nur sehr verschämt«, bedauert der katholische Kirchenmann, der anlässlich der Evangelisations-Kampagne »pro christ« schon mal sagen kann: »Wir brauchen mehr Jesus, nicht mehr Institution.«

Ähnlich argumentierte auch der »deutsche Billy Graham«, der wortgewaltige Pfarrer Dr. Gerhard Bergmann: »Muslime und Juden beschämen uns Christen mit dem

Ernst ihres Glaubens und ihrem öffentlichen Bekenntnis.«
Man kann vor dem Essen ein Gebet sprechen oder das
christliche Symbol des Kreuzes tragen. Und Geistliche sollten an ihrer Kleidung erkennbar und damit ansprechbar
sein. Dafür trat der frühere EKD-Ratsvorsitzende Bischof
Wolfgang Huber immer wieder ein: »Wer beim Hausbesuch in Jeans klingelt, dem wird gar nicht erst aufgemacht.«

Diese Theologen haben allesamt recht, denn Christen
ohne jeden Erkennungswert sind Mogelpackungen auf
zwei Beinen. Aber da das Gericht bekanntlich »am Hause
Gottes beginnt«, so ein biblisches Apostelwort: Da haben
die Herren Bischöfe erst mal genug bei ihresgleichen zu
tun ... Eine der schwärzesten Stunden, in der Feigheit und
Dummheit sich vereinigten, war im Oktober 2016 in Jerusalem, wo eine deutsche ökumenische Delegation, angeführt von den Spitzenbischöfen der evangelischen und katholischen Kirchen, den Tempelberg besuchten. Auf Bitten
von wem auch immer – denn dazu gab es eine bisher ungelöste Erklär- und Wahrheitsschlacht, vor allem durch den
renommierten jüdischen Historiker Michael Wolffsohn,
den das Verhalten der Bischöfe maßlos entsetzte – legten
die »Würdenträger« das Kreuz ab, das zentrale Symbol der
Weltchristenheit. Eine Verleugnung, wie wir es bei dem
»Urdatum« des Kreuzes vor 2000 Jahren wenige hundert
Meter vom Tempelberg entfernt über den Apostel Petrus
wissen: »Ich kenne diesen Jesus nicht!« (Matthäus 26, 72).
Selten hat mich etwas so nachhaltig empört und erschüttert. Das Amts(!)kreuz ist ja sogar Bestandteil der bischöflichen Amtstracht. Kein russischer Oberst käme auf die
Idee, seine Orden abzulegen, wenn er sich mit einem Ame-

rikaner trifft! Wo Jesus das Kreuz auf sich nahm (Golgatha nahe dem Tempelberg), legten deutsche Bischöfe es ab, kommentierte die *BamS* fassungslos. Entlarvend das Polit-Magazin *Cicero*: »Ihre CO_2-Gesamtbilanz kennen die Kirchen inzwischen wohl besser als das Evangelium.«

Ironisch müsste ich Ludwig Schick antworten: Vielleicht nehmen sich ja die Christen in Deutschland ein Vorbild an ihren Oberhirten, die der Mut verlassen hat und bei denen angesichts muslimischer »Bedenken« die Feigheit gesiegt hat. Oder wissen Sie nicht, dass die Worte Jude, Schwuler, Christ die aggressivste Moslem-Mobbing-Methode an Schulen ist?! Ganz zu schweigen von Gewalt gegen Davidstern- und Kreuzträger. Es ist auch ein Zeichen von Gewalt, einer christlichen Lehrerin an einer staatlichen Schule in Berlin per Dienstanweisung zu verbieten, an ihrer Halskette ein Kreuz zu tragen.

Man muss also feige sein, um unbehelligt durchs Leben und die Berufskarriere zu kommen. Wo sind wir inzwischen gelandet?! Erst als die Empörung der säkularen Medien immer größer wurde und alles Schönreden nichts mehr half (so viel Sensibilität für Glaubwürdigkeit hat nämlich mein Berufsstand!), gestanden die »standhaften Brüder vom Tempelberg«: Es war ein Fehler. Wobei die Herren Würdenträger jedoch gleich dem alttestamentlichen Sündenbock huldigten: Der Besuch war schlecht vorbereitet ... Aha, die Mitarbeiter! Diesen Flachsinn hat schon der Kirchenvater Bernhard von Clairvaux im 12. Jahrhundert geahnt: »Das Kreuz Christi ist eine Last von der Art, wie es die Flügel für die Vögel sind. Sie tragen aufwärts.«

Damit sind die Kirchen auf einem Niveau angelangt wie

der Fußballverein Real Madrid, der das christliche Kreuz aus seinem seit 1902 gültigen Wappen tilgte, um im arabischen Raum Geschäfte machen zu können. Oder die Zugspitze auf Prospekten für islamische Länder: »rein zufällig« eine Perspektive ohne Gipfelkreuz. Doch wenn deutsche Bischöfe nicht besser sind ...

Kein Wunder, dass Grüne und Linke, die sich doch so gern auf dem Kirchentag tummeln und von demselben hofiert werden, dann gleich mal nachlegten: »Auf das wiedererbaute Berliner Stadtschloss gehört kein Kreuz.« Obwohl es beschlossene Sache ist: Es wird nach historischem Vorbild neu aufgebaut, und da gibt's nun mal das Kuppelkreuz. Der Krach ums Kreuz eskalierte weltweit. Und da erklärt doch tatsächlich einer, der sich »Kulturbeauftragter des Rates der EKD« nennt, im *Tagesspiegel*: »Die evangelische Kirche vertritt in dieser Debatte keine eigenen Interessen.« Abgesehen von dieser historischen Viertelbildung: Wie will man es Flüchtlingen, die wegen dieses Kreuzes – als Tattoo oder Kettchen am Körper – in ihrer Heimat verfolgt, ja getötet werden, klarmachen, dass man in einem demokratischen Land mit einem jüdisch-christlichen Grundgesetz »In Verantwortung vor Gott« kein Interesse am Kreuz hat?!

Der hoch gebildete und tief gläubige Papst Benedikt XVI. wäre nie auf die Idee gekommen, beim Besuch der Hagia Sophia in Istanbul 2006 sein Kreuz abzulegen. Niemals! Einer, der es als Ossi im wiedervereinigten Deutschland in die Staatsspitze gebracht hat, erzählte mir von seiner Schulzeit: Am Tag nach der Konfirmation Anfang der 1950er-Jahre ging ich mit dem Abzeichen der Jungen Gemeinde, dem

Kreuz auf der Erdkugel, in die Schule. Der Direktor nahm mich beiseite und meinte »noch im Guten«, ich solle diese Art von Mutprobe nicht weiter auf die Spitze treiben. Nie wieder würde er sich das Kreuz verbieten lassen, niemals! Wo sind wir hingekommen mit unserem Mogelpackung-Wohlstandschristentum der Beliebigkeit und Gefälligkeit!

Ich schäme mich einfach! Apropos Bildung: Diese Multikulti-Jünger schreiben Toleranz wahrscheinlich mit Doppel-L: Sie finden alles toll, weshalb man für nichts besonders eintreten muss. Wo alles gleich gültig ist, wird alles gleichgültig. Bei Daimler wären sie schon längst rausgeflogen, wenn sie beim Besuch des BMW-Werkes ihren Stern abgelegt hätten.

Sehr nachdenklich macht, was der von Krebs genesene, vielfach preisgekrönte Schriftsteller Thomas Hürlimann im evangelischen Nachrichtenmagazin *idea-spektrum* schreibt: »Wir selber holen die Kreuze herunter. Aber wir werden uns noch wundern: Zuerst sterben die Zeichen, dann sterben wir ihnen hinterher. Wenn das Kreuz fällt, fallen auch wir ... Ist man krank und verzweifelt, fühlt man sich von einem Hiob oder einem Kreuz verstanden ... Der Gott am Kreuz versteht meine Ängste, begleitet mich, teilt mein Leid.«

Bevor*mund*ung

Auf der nach oben offenen Unbekanntheitsskala nahm sie wohl den untersten Platz ein, dafür brachte sie sich allerdings immer mal in die Schlagzeilen. Und das meist wegen irgendwelcher Verbote, für die ja eigentlich und irgendwie die Grünen ein Monopol haben. Doch sie ist Sozi, die frühere GroKo-Bundesumweltministerin Barbara Hendricks. Und die dachte wohl bei sich: Die grünen Genossinnen sind mit ihrem Veggie-Day bei der Bundestagswahl 2013 baden gegangen, das schaffe ich für die SPD auch. Und es hat sich ja bekanntlich am 24. September 2017 ausgezahlt – besser: Die Wähler haben's ihr und den Genossen heimgezahlt. Das Merkelsche »Wir schaffen das« in seiner besonderen Ausformung – das Ende der GroKo.

Im Rahmen der Dieselaffäre, die ja auf einer kriminellen Handlung beruht und deshalb Sache ihres Justizministerkollegen gewesen wäre, sorgte sie sich qua Amt um die Umwelt. Flugs forderte sie ein Autofahrverbot in diversen Städten, falls die ideologisch festgesetzten Abgaswerte überschritten würden. Da kam, passend für die heiße Wahlkampfphase, viel Freude auf! Denn auch der Genossen liebstes Kind ist nun mal der fahrbare Untersatz. Doch dabei sollte es nicht bleiben. Ideologie hat rot-grüne Vorfahrt. Uns Bürger will die Ministerin auch magenmäßig bevormunden, und zwar im wahrsten Sinne des Wortes: bevor*munden*.

Zunächst einmal betraf es Besucher und Mitarbeiter ihres Ministeriums (kurz: BMUB), das bekanntlich immer noch am Rhein beheimatet ist. Und zwischen Bonn und der Außenstelle Berlin findet täglich ein umweltfreundliches Hin- und Herfliegen oder Zugfahren statt, aber das ist ja offensichtlich ökologisch eine Petitesse, die es zu vernachlässigen gilt. Hauptsache, man leistet sich den Luxus doppelter Amtssitze.

Also Thema Bevor*mund*ung: Die Ministerin verbannt Fleisch und Fisch vom Speiseplan ihrer beiden Kantinen. In einer E-Mail, über die *BILD* berichtete, heißt es: »Dienstleister/Caterer, die Veranstaltungen des BMUB beliefern, (...) verwenden weder Fisch oder Fischprodukte noch Fleisch oder aus Fleisch hergestellte Produkte.« Außerdem sollen »nur Produkte aus ökologischem Landbau«, »saisonale und regionale Lebensmittel mit kurzen Transportwegen« und bevorzugt »Produkte aus fairem Handel« verwendet werden. Die Bevormundungsministerin diktiert, was man in ihren Häusern zum Munde führen darf. Die Transportwege ihrer Beamten vernachlässigen wir mal fröhlich, Kölle alaaf!

Grund für die Bevormundung: die Vorbildfunktion beim Kampf gegen »negative Auswirkungen des Konsums von Fleisch«. Das müsse sich in der Praxis zeigen, also will man nicht anderen vorschreiben, was man selbst nicht tut. Eine im Grunde genommen richtige Einstellung. Wenn's nicht alles so ideologisch daherkäme und sich Politikerinnen als Gouvernanten der Nation aufspielten. Die ganz frühere Verbraucherministerin Renate Künast war beredtes Beispiel. Zum Amtsende wollte sie uns sogar noch die Pommes verbieten.

Doch das Hendricks-Veto wollte Kollege Bundeslandwirtschaftsminister Christian Schmidt nicht gelten lassen und konterte; und weil er von der CSU ist, tat er das mit bajuwarischer Brutalität: »Mit mir gibt es keinen Veggie-Day durch die Hintertür. Statt auf Bevormundung und Ideologie setze ich bei Ernährung auf Vielfalt und Wahlfreiheit. Fleisch und Fisch gehören auch zu einer ausgewogenen Ernährung mit dazu.« Punkt! Dass auch er mitsamt seiner Partei dramatisch baden ging und mit freier Menü-Vielfalt nicht punkten konnte, weil die Bürger andere Probleme haben, sei dahingestellt. Die Abschreckung von über 10 Prozent CSU-Wählern, die eigentlich nur in Sicherheit leben wollen, egal was sie essen, zeugt von anderen Prioritäten beim Volk.

Wie skurril religiöse Bevor*mund*ung aussehen kann, berichtet Neuköllns legendärer Ex-Bezirksbürgermeister Heinz Buschkowsky (SPD): Im Wettbewerb um den größten »bedröhntesten Quatsch« sei ihm auf- und eingefallen, was der städtische Kita-Betrieb Berlin-Süd-West veranstalte. Er will die anvertrauten Kinder vor Unreinheit schützen. Die Speisekarten sind von Schweinefleisch in jeglicher Art klinisch gesäubert. Gründe werden (natürlich) nicht genannt. Erst auf beharrliches Nachfragen erklärt der zuständige Stadtrat: Die Deutsche Gesellschaft für Ernährung habe das so empfohlen, weil Schweinefleisch ungesund sei. Aha!

Glatte Lüge! Eben, wie Buschkowsky schreibt: bedröhnt. Die Ernährungsgesellschaft empfiehlt das genaue Gegenteil für eine ausgewogene Nahrung. Nein, so der streitbare Bürgermeister, hier handele es sich wieder mal um einen verdeckten Kulturkampf, bei dem die staatlichen Bezirksämter die Waffen vor der muslimischen Religion strecken: »Ein kleiner Sieg für die Gegner unserer Lebensart.«

Die in Sonntagsreden hochgelobte und in Wahlkämpfen gepriesene Freiheit unseres Lebensstils sieht anders aus. Aber das Gen der Bevor*mund*ung scheint weit verbreitet. Das Wahlergebnis präsentierte die entsprechenden Quittungen. Guten Appetit! Ach so: Der Klartext-Buschkowsky rät demonstrativ zu Hackepeter und Schweinegelatine-Wackelpudding Waldmeister, auch Wackelpeter genannt. Oder noch schöner: Götterspeise ...

Deutscher Rechtsstaat oder beseeltes Bullerbü?

Bildreich beschreibt es die *BILD am SONNTAG*: »In den muffigen Büros des Berliner Sozialgerichts reichten die Regale für die Akten früher bis zur Schulter. Dann kamen immer mehr Fälle. Jetzt gehen die Regale bis zur Decke und reichen trotzdem nicht.« Alle 18 Minuten verklagt ein Berliner sein Jobcenter, immer mehr Flüchtlinge, Migranten und Abschiebe-Kandidaten werden von arbeitslosen Anwälten und ahnungslosen Gutmenschen zu Klagen »ermutigt«. Denn ein Versuch lohnt, genauso wie bei Tempoverstößen mit dem Auto. Rund 40 000 Fälle liegen unbearbeitet allein beim Berliner Sozialgericht – um die abzuarbeiten, müsste man theoretisch ein Jahr schließen.

Deutsche Gerichte haben es inzwischen ja nicht nur mit »einheimischen« Delikten zu tun, sie müssen arabische Clans, islamische Ehrenmorde, muslimische Familienfehden im Scharia-Stil und osteuropäische Einbrecherbanden »bearbeiten«. Doch kein Politiker will dafür Verantwortung übernehmen, dass diese Kriminellen überhaupt hierherkommen konnten. Und die Not in der Justiz, der personelle Kollaps bei Staatsanwälten, Richtern, Polizisten oder Gefängnisbeamten – Verantwortung ist in der Politik eine Mogelpackung, die Sonntagsreden reichen nur bis Montagmorgen beziehungsweise bis zur nächsten Wahl. Besorgte

Bürger und erfahrene Experten fragen sich: Ist mit unserem Recht noch alles in Ordnung?

Justitia stöhnt und ächzt, und der einfache Bürger, dessen Anliegen vielleicht dringend ist, hat das Nachsehen. Oder er muss mit den Folgen gerichtlicher Überbelastung leben, besser gesagt: überleben. Ende 2015 wurden in Hamburg zwei Totschläger freigelassen, weil das Verfahren sich über die U-Haft-Grenze hinwegzog. Selbst bei Kinderschändern und Vergewaltigern schaffen Gerichte kein straffes Verfahren, weil Heerscharen ausländischer Krimineller mit hochbezahlten Anwälten im Rücken die Justiz blockieren. Das weiß man seit vielen Jahren, doch diese unselige Political Correctness verbot das Reden darüber. Ein führender Berliner Oberstaatsanwalt bestätigte all dies in einer meiner Sendungen mutig. Man sieht: Den Betroffenen, die sich ja vom Bürger wegen der laschen Verfahren beschimpfen lassen müssen, platzt inzwischen der Kragen. Oder ein Polizeibeamter, der sich mit im wahrsten Wortsinn stichhaltigen Beweisen bei mir aussprach: Sie kennen keine Grenzen mehr. Kriminalität wird immer brutaler, Täter immer unverschämter, weil sie wissen: Justitias Mühlen mahlen langsam. Und zudem haben wir ja noch den naiven Unterstützungs-Chor kirchentagsbeseelter Gutmenschen, die hinter allem gleich Rassismus und Diskriminierung sehen. Man darf noch nicht mal Namen und Herkunft von Tatverdächtigen nennen, schon das Reden von »nordafrikanischem Aussehen« ist eine Todsünde.

Anfang 2016 hob das Landgericht Frankfurt/Main den Haftbefehl gegen einen Terrorverdächtigen auf. Der potenzielle IS-Kämpfer kam frei, weil das Gericht überarbeitet ist.

Zugemüllt mit Tausenden von Verfahren, deren Ausgang weniger folgenreich wäre als die Freilassung von Terroristen, Mördern und Vergewaltigern. Beim Hamburger G-20-Gipfel Anfang Juli 2017 wurden mehr als 500 Polizeibeamte zum Teil schwer verletzt – auch hier: politische Verantwortung gleich null! Die Staatsanwaltschaft ermittelte in mehr als 160 Täter-Fällen, nur 36 Beschuldigte kamen in Untersuchungshaft. Bis Herbst kam erst ein Verfahren in Gang, eins! Wenn pro Jahr rund 50 dringend Tatverdächtige freigelassen werden müssen, weil das Verfahren zu lange dauert, dann sind das sicherlich Ausnahmen – das Vertrauen in den Rechtsstaat ist jedoch tief erschüttert. Kein Wunder, dass immer mehr Bürger an der Sicherheit im Land (ver-)zweifeln, so der Vorsitzende des Deutschen Richterbundes. In Koblenz gab es einen Prozess, da haben die Verteidiger das Gericht mit über 1 000 Anträgen geradezu sabotiert.

Verzögertes Recht ist verweigertes Recht, sagt eine alte britische Rechtsweisheit. Die tapfere Berliner Jugendrichterin Kirsten Heisig verfocht dieses Prinzip knallhart, denn »auch die arabischen Gewalttäter müssen wissen, wer hier der Herr im Ring ist«. Sie kämpfte wie manche ihrer Kollegen für schnellstmögliche Verfahren, denn nur die »Buße auf dem Fuße« schafft Einsicht, wenn überhaupt. Tragisch, dass diese mutige Frau wenige Tage nach unserer gemeinsamen Sendung tot aufgefunden wurde.

Es braucht mehr Personal und den politischen Willen, Strafverfahren zu beschleunigen. Doch unsere Politik beschäftigt sich lieber damit, die Straßenverkehrsordnung gender-gerecht umzuschreiben. Perfide Prioritäten! Fußgänger werden zu »zu Fuß Gehende«, Radfahrer zu »Radfahrenden«, während Täter fröhlich aus dem Gericht spazieren, weil das Personal in der Justiz fehlt. Absurdistan! »Aus Not« werden immer mehr Fälle eingestellt oder Taten bagatellisiert. Fahrrad- und Ladendiebstahl pervertieren zu Kavaliersdelikten, selbst Verfahren wegen Körperverletzung werden oft »wegen Geringfügigkeit« eingestellt.

Der interessanterweise geheim gehaltene Bericht »Kriminalität im Kontext von Zuwanderung 2016« (aus dem die *BamS* zitierte) bestätigt Stimmung und Erfahrung der Bürger: 76 500 Diebstahls-Delikte gehen auf das Konto von Migranten, 54 600 Körperverletzungen, 3 600 Fälle gegen die »sexuelle Selbstbestimmung« und 432 Fälle von Mord und Totschlag. Und der Gipfel des Eisbergs: Wird ein Asylantrag abgelehnt, kann man bekanntlich in Deutschland Rechtsmittel einlegen. Eine Viertelmillion, unfassbare 250 000 Gerichtsverfahren waren Mitte 2017 anhängig. Der Richterbundpräsident resigniert: 230 000 müssten ausreisen, doch man schaffe es nicht, dass diese Menschen auch das Land verlassen. Eine Bankrotterklärung für unsere Sicherheit und für das Vertrauen in den Staat!

BILD bilanziert mit der großen Titelzeile: Die Abschiebe-Lüge! Nur ein Beispiel: Ein Flugzeug mit 72 zur Abschiebung Verurteilten, darunter 39 (!) Straftäter, sollte im Juni 2017 starten, hob aber nie ab. Kinderschänder, Drogendealer, Totschläger und Vergewaltiger durften bleiben, unfassbar! Kein Aufschrei, wenn man hört, dass der Berlin-Attentäter Anis Amri schon lange vor seiner Tat hätte abgeschoben werden müssen, ebenso der mordende Hamburger Islamist Ahmad Alhaw. Keiner übernimmt Verantwortung! Die Deutsche Polizeigewerkschaft nüchtern: Die innere Sicherheit könne nur gewährleistet werden, wenn die Kette Polizei – Staatsanwaltschaft – Richter funktioniert und von der Politik hundertprozentige Rückendeckung hat, »tut sie aber nicht!«.

In den Wahlprogrammen wabern Worthülsen zu diesem Thema. Die Bürger zweifeln, Justitias Beamte verzweifeln – und die Medien haben viel zu lange ge- beziehungsweise verschwiegen, denn es bedeutet Mut zur Wahrheit, die heile Bullerbü-Gesellschaft von Gutmenschen aus Kirche und Politik zu (zer-)stören!

Herr*in, schick Hirn*in!

Flensburg ist wohl eine der bekanntesten Städte Deutschlands. Aus unterschiedlichen Gründen. Die einen lieben das Bier, andere fürchten die dort beheimatete »Verkehrssünderkartei«, und wieder andere fiebern einem Paket »mit diskretem neutralem Absender« von dort entgegen. Und nun hat die Stadt ihren Bekanntheitsgrad noch mal erhöht, oder besser: ihre Bekanntheitsgradin. Denn irgendwelche Witzboldinnen der Linkinnen-Rathausfraktion haben gefordert, Arbeitsgeräte künftig geschlechtsneutral, gendergerecht oder zumindest feminin zu benennen. Es könne doch nicht angehen, dass fast alles männlich ist, an dem die Frolleins vom Amt sich abarbeiten müssen!

Dieser Gender-Gaga ist nur ein kleiner Beweis, wie verrückt wir inzwischen sind, ver-rückt von wirklich Wichtigem zu allerlei Allotria bis hinein in die offizielle Gesetzes- und Verordnungssprache. Dass es eine Finanzexpertin der

Grünen fertigbrachte, gendergerechte Steuererklärungen als eine wichtige Aufgabe der ohnehin überlasteten Behörden zu bezeichnen, ist nur ein Beispiel für den ganzen Irrsinn, den sich allerdings gestandene Politiker gefallen lassen, ohne auf den Tisch zu hauen ... Die SPD des Berliner Bezirks Lichtenberg verlangt, dass alle offiziellen Anträge in einer gender-gerechten Sprache verfasst werden müssen, sonst landen sie im Papierkorb. Und hat das bereits in die Tat umgesetzt. Genderwahnsinnig! Ein Antrag war denn auch von der SPD selbst – hirnrissig: Sie sprachen darin von Eigentümern und von Passanten, statt dem ganzen -innen- und Sternchen-Gedöns. Ab in die Papierkörbin!

Im Flensburger Gleichstellungsausschuss hat die Linke nun beantragt, künftig bei Bestellungen nur der/die Bleistiftanspitzer/in oder der/die Staubsauger/in zu schreiben. In der mündlichen Aussprache sollen die Arbeitsgeräte künftig rein feminin sein. Also, und man muss im Geiste ja nur die Ämter und deren Ausstattung durchgehen: die Fußabtreterin, die Computerin, die Kopiererin, die Papierkörbin ... Zynisch kann man nur sagen: Die Klobürste gibt's ja schon. Vorbild Kirchentag: Im offiziellen Programm war von Mikrofoninnen die Rede.

Wo sind die Frauen, die gegen diesen lächerlichen Schwachsinn aufschreien?! Damit wird alles, was sich positiv mit Gleichstellung verbindet, dem Spott preisgegeben. Aber da hilft vielleicht die Ratsfraktion »Wir in Flensburg«, die zu dem Irrsinn den Anlass gab: Die fordert doch allen Ernstes, die Ratsfrauen in Ratsdamen umzubenennen, damit sie auf Augenhöhe mit den Ratsherren sind, gegenüber denen Frau abwertend klingt. Herrin, schick Hirnin! Vorschlag: Man könnte doch im Lutherjahr die gesamte Ratsgesellschaft runterstufen zu der herr(!)lich deftigen Sprache in der Zeit vor 500 Jahren: Ratsweiber und Ratskerle ...

Ach so, auch das sei nicht verschwiegen: Als Flensburg mit diesem linken realsatirischen Aberwitz bundesweit in die Schlagzeilen kam, und das vor der Bundestagswahl 2017, erklärten die Antragstellenden die Antragin flugs als Fake. Da haben sie eigentlich recht, so oder so ... Und im Grunde ist die reine Verweiblichung ohnehin eine rückständig-spießbürgerliche Attitüde. In England ist man da schon viel weiter. Wenn Sie ein Konto bei der britischen Bank HSBC haben, dürfen Sie zwischen zehn Anreden wählen, u. a. Mx für Mix, Ind für Individuum, Pr für Person oder eben das hausbackene Mr, Mrs oder Ms. Also wenn schon, denn schon, liebe Flensburger*innen, denn das wichtige Gender-Sternchen habt Ihr ja auch noch vergessen auf dem per Computer*in geschriebenen Antrag*in!

Crusade gegen die Rückkehr des Höfischen

Dass man in Deutschland ohne Englisch nicht mehr auskommt und die Babysprache »Denglisch« besonders »in« ist, ist nicht nur ein Zeichen von Infantilität. Es ist einfach unsozial, die überwiegende Mehrheit im Lande bei der Kommunikation draußen vor zu lassen. Da mögen sich auch die Netzwerke »sozial« nennen, es ist schlicht asozial, diejenigen auszuklammern, die diese Sprache nicht beherrschen. Und das sind keineswegs nur die Senioren.

Bei der letzten deutschen(!) Bundestagswahl las man

selbst bei denen, die ihre Stimmen unter Konservativen fischen wollen, erstaunliche Wort-Ungetüme. Wahrscheinlich auf dem Mist irgendwelcher Werbeagenturen gewachsen, aber offensichtlich bei deren Kundschaft mit Beifall aufgenommen. Meine Beobachtung: Der Jugendwahn älterer Leute jenseits der Midlife-Crisis – besser, klarer und auf Deutsch gesagt: Sinnkrise in der Lebensmitte – bricht sich nicht nur in Kleidung und Kfz Bahn, sondern auch und gerade in der Sprache. Man will ja ach so modern sein und trotz Ischias und »Rücken« auch von Kids, Nerds und Hipstern verstanden und vor allem geliebt werden. Schickeria statt Schweinsbraten. So werben als Traditions-Tracht-Träger bekannte CSU-Männer für eine »Ladies Night« in einer ganz tollen Location, oder die CDU spricht von »Unionspower«. Hauptsache mia san mia, auch wenn's beim Get Together oder einem Talk in the City ist. A so a Schmarrn!

Wow! Solches »Hipster-Deutsch« macht doch richtig was her! Wir sind schließlich up to date und nicht hinterm Mond, nur weil wir für eine deutsche Leitkultur eintreten. Doch leiten tut uns letztlich die panische Angst, als altmodisch und aus der Zeit gefallen wahrgenommen zu werden. Dann sind Politiker natürlich lieber mit viel drive on tour statt kraftvoll auf schlichter Wahlkampfreise, freuen sich über eine gelungene Integrationsstory und diskutieren über Blockchain. Da die meisten ohnehin kein Englisch können, kann man mit solchem Billig-Amerikanisch sogar punkten. Glaubt man.

Die europäische Elite sprach im Mittelalter und in der Renaissance Latein, später unterhielt man sich unter sich (!) auf Französisch. Alles, was Bedienstete oder Kinder im

Familienkreis nicht mitbekommen sollten, geschah also auf Französisch, ganz bewusst. Insofern befreite der Reformator Martin Luther das gemeine Volk von der Knute klerikaler Eliten, indem er die Bibel ins Deutsche übersetzte. Die Deutungshoheit der »Eingeweihten« war vorbei, jeder konnte ein Wörtlein mitreden.

Heute betreiben selbst Kirchen eine Rolle rückwärts und passen sich dem infantilen Denglisch an, ganz gemäß einem polnischen Philosophenwort: Die Kirche hat weder Angst vor Ketzerei noch vor Abfall, sie hat nur eine Angst: als altmodisch wahrgenommen zu werden. Da wird genetworkt und geworkshipt und auf prayerwalks spaziert, zum Brainstorming gemeetet und zum »Train-the-Trainer« eingeladen, als gäbe es kein (sprachliches) Halten mehr. Früher lachten wir über schlechtes Englisch, heute sprechen wir es. Je dünner die Botschaft, desto aufgeblasener die Worthülsen.

Da halte ich's doch lieber mit dem früheren Chrysler-Chef Lee Iacocca: »Sag's verständlich und mach's kurz!« Wir brauchen schleunigst einen Crusade gegen das Denglisch, gegen diese Wiederkehr einer höfischen elitären Kultur der Ab- und Ausgrenzung. Und zwar auf allen Gebieten. Dann gilt auch wieder, was Politiker in ihren Sonntagsreden so gerne versprechen: Wir wollen niemand zurücklassen und alle mitnehmen! Das gilt auch für unsere schöne deutsche Sprache.

Es gibt ja Leute im Regierungsamt, die in ihrer geistigen Armut meinen, deutsche (Leit-)Kultur sei eigentlich nur noch die gemeinsame Sprache. Da wir die bald auch nicht mehr haben, weil wir sie ungebremst selbst durch Konservative zerstören lassen, könnten wir uns gleich aus dem Kreis der Kulturnationen verabschieden. Und damit entsprächen wir vollends den Ergebnissen der PISA-Bildungsstudien ...

Wortmüll als Wohlstandsverwahrlosung

Ja, sind wir denn von allen guten Geistern verlassen?! Statt die Menschen, die zu uns kommen, würdig zu versorgen und unterzubringen, ihnen klipp und klar zu sagen, was unsere Kultur leitet, was man bei uns darf und was nicht, und all die, die unbegründet, kriminell und rechtswidrig hier sind, schleunigst wieder abzuschieben, streiten wir um Begrifflichkeiten. Zu den meistdiskutierten Kolumnen meines Buches *Finger weg von unserem Bargeld! – Wie wir immer weiter entmündigt werden*, immer noch ein Bestseller, gehört der Text über das »Wort des Jahres 2016«: Flüchtling. Da haben es diese ideologisch aufgeheizten »Sprach-Forscher« doch glatt fertiggebracht, ihr Wort gleich wieder zum Unwort zu erklären. Realsatire! Denn die Endung – ling – würde negativ empfunden. Ich fragte bekanntlich, wie es denn dann um den »Liebling« bestellt sei, und ob die »Zwillinge« dann »doppelt Geborene« heißen sollen und die »Säuglinge« »säugende flüssig zu Ernährende«. Loriot pur!

Jetzt scheint man den Stein der Weisen gefunden zu haben, nachdem man zunächst, quasi als verbale Zwischenstation, von Geflüchteten sprach. Migranten geht nicht, das sind ja eigentlich Migrierende. Ich erlaubte mir anzumerken, ob es denn keinen Unterschied mehr zwischen denen, die schon hier sind (also: Geflüchtete), und denen, die noch unterwegs sind (also: Flüchtende), geben müsste. Schließlich seien Flüchtende noch keine Geflüchteten, während jedoch Geflüchtete einmal Flüchtende waren. Völlig verwirrt über diesen – inzwischen auf fast allen Gender- und Political-correctness-Gebieten angewandten – deutschen Sonderweg ist die UNO. Denn es heißt nun einmal Genfer Flüchtlingskonvention, und nicht Genfer Flüchtende- und Geflüchtete-Konvention.

Alle, die es aus begründeter Angst vor Verfolgung aus ihrem Land vertrieben hat, sind im Genfer Sinne Flüchtlinge. Selbst wenn sie in dem Land, in das sie geflohen sind, juristisch noch gar nicht diesen Status haben. Über allem steht das seit Jahrhunderten bekannte und anerkannte, weltumspannende Wort »Kriegsflüchtling«. Jeder weiß Bescheid, wenn davon die Rede ist. Doch am deutschen Wesen soll leider auch unter heutigen Ideologen die Welt mal wieder genesen. So gibt es auch keine Flüchtlingskrise, sondern eine Asylbewerbendenkrise. Und Flüchtlingshelfer (Genf!) müssten sich konsequenterweise umbenennen in Schutzsuchendenassistierende, Fliehendenhelfende oder Geflüchtetenunterstützende.

Aber da man »Flüchtlinge« gesinnungsdiktatorisch per Sprachpolizei in den Orkus des Wortmülls entsorgte und zwischen Flüchtenden und Geflüchteten nicht richtig unterscheiden konnte, leuchtet am Gutmenschen-Himmel nun die strahlende Ankunft eines erlösenden Begriffs: Schutzsuchende! Sofort griffen die Nachrichtenredaktionen beseelt zu, selbst die renommierte *Deutsche Presseagen-*

tur (dpa) übernahm das Erlösungswort. Allenthalben gab es für Ohr und Hirn schwer erträgliche Satzkonstruktionen mit »Schutzsuchenden«, wobei jeder normale Hörer ohnehin das Wort »Flüchtlinge« im Hinterkopf hatte und assoziierte. Aber man hatte endlich ein reines, sozusagen erlöstes Gewissen: Positiver kann man es gar nicht ausdrücken, vor allem nicht antidiskriminierender, weil ja niemand mehr unter den Verdacht gestellt wird, illegal und kriminell hier zu sein. Dass es diesen Wachhunden unserer Gesinnung in der Tat nicht »nur« um Gender geht, offenbart unverhohlen das Monitum der feministischen Germanistin Luise Pusch. Sie stört es (natürlich), dass es von Flüchtling kein Femininum gibt. Stattdessen schlägt sie die Wörter Vertriebene oder Willkommene vor. Nur wer seinen Kopf ausschließlich zum Essen hat, merkt nicht, wie uns da unter der Hand zwei völlig andere, natürlich Kritik verbietende Begriffe untergejubelt werden! Das ist übrigens eine der perfiden Strategien der ach so menschenfreundlichen Genderpolitik: Über Sprache die Inhalte teils radikal umzukehren.

Also nun Schutzsuchende. Problematisch wurde es, als man sich fragen musste: Die, die auf Volksfesten junge Frauen angrapschen, sexuell nötigen, vergewaltigen oder mit dem Messer angreifen – vor wem haben die eigentlich Schutz gesucht? Sind das denn wirklich noch Schutzsuchende oder nicht eher Flüchtlinge? Weil -ling ja bekanntlich etwas Negatives ist, könnte man denen doch wieder das alte Etikett ankleben. Schutzsuchender wäre echt eine Mogelpackung...

Beispiel Hamburg im Hochsommer 2017: Ein islamistischer Terrorist aus den Vereinigten Arabischen Emiraten ersticht einen Mann und verletzt fünf weitere Menschen schwer. »Er war als Schutzsuchender in unsere Stadt gekommen«, erklärt der Hamburger Innensenator im politisch-korrekten Duktus verbaler Naivität, und *dpa* schrieb, fast noch lächerlicher (für Vorzeigejournalisten, deren Artikel weltweit nachgedruckt werden!): »Er ist im März 2015 nach Deutschland gekommen, in jenem Jahr also, in dem eine beispiellos hohe Zahl von Schutzsuchenden einreiste.« Und dann krönt der Text sich quasi in gutmenschlicher Selbsterhöhung: »Der Fall weist einige traurige Parallelen zu den Geschehnissen des vergangenen Jahres auf. Auch die Attentäter von Würzburg, Ansbach und vom Berliner Weihnachtsmarkt kamen als Schutzsuchende und entluden hier ihren Hass.«

Liebe Leute! Täglich sterben 18 000 Kinder weltweit an Hunger und Krankheit, mehr als eine Million Babys pro Jahr überleben den Tag nach ihrer Geburt nicht, Millionen leiden unter Verfolgung, Diktatur, Völkermord und Bürgerkrieg. Millionen und Abermillionen bis in unsere westlichen Gesellschaften hinein wissen nicht, ob sie am nächsten Tag noch Obdach, Arbeit und Nahrung haben, selbst deutsche Rentner haben Angst vor der nächsten Mieterhöhung ... Und wir befassen uns mit semantischem Wortmüll, nur damit bitte schön alles korrekt und natürlich gendergerecht zugeht. Haben wir denn den Verstand verloren? Merken wir nicht, dass das Luxusprobleme einer verwahrlosten Wohlstandsgesellschaft sind, die offensichtlich keine anderen Probleme hat?! Genauso wie die Frage, wie viele Toiletten ein öffentliches Gebäude haben muss, damit alle

Geschlechter beziehungsweise Gender sich würdig entleeren können? Hohlköpfiger Hohn gegenüber allen, die ums (Über-)-Leben kämpfen ...

Die *FAZ* kommentiert cool, nüchtern und in immer noch allgemeingültiger deutscher Satzkonstruktion, die kein interpretatorisches Hintertürchen offen lässt, klipp und klar: »Dass jemand, der nach Deutschland kommt, um hier seinen Hass zu entladen, Attentate zu begehen und Menschen zu töten, wohl schwerlich als ›Schutzsuchender‹ bezeichnet werden kann, sollte sich eigentlich von selbst verstehen.« Punkt!

Wir brauchen Bräuche

Ostern! Das klingt nach Leben, Aufbruch, Hoffnung. Dass viele den Ursprung dieses wichtigsten Festes der Christenheit nicht mehr kennen, liegt am miesen Marketing der Kirchen. Man schiebe es nicht »den Medien« in die Schuhe oder dem Zeitgeist, die würden ja, wenn sie nur könnten ... Wenn Pfarrer an die Auferstehung von Jesus Christus persönlich nicht glauben, dann können sie sich den Mund fusselig reden: Da springt kein Funke über, das reißt auch keinen Journalisten vom Stuhl. Für Mogelpackungen haben die Menschen eine Antenne, sie lassen sich nicht gern für dumm verkaufen. Die Allgemeinplätze gibt's auch ohne den intellektuellen Ballast eines leeren Grabes: Frühlingserwachen, Osterspaziergänge ... Dafür braucht man keine Kirche (mehr), von deren Kanzeln dann zu hören ist, Jesus lebe als Hoffnung, als Geschichte, als Beispiel, als Weisheitslehrer und Menschenfreund in und bei uns weiter. Das finde ich auch in einer Hörspiel-CD aus dem Fundus der esoterischen Abteilung meiner Buchhandlung.

Dennoch haben die Menschen ein Gespür für dieses Fest. Da hat der gute alte Kirchenvater Augustinus wohl recht: Unruhig ist unser Herz, bis es ruht in dir, o Gott! Die schönen Rituale werden auch von jenen gelebt, denen der Glaube gleichgültig ist: Ostereier, Osterlamm ... Ja, wir brauchen Bräuche, die unserem Leben in einer globalisierten Welt Halt und Heimat geben. In all den Verunsicherungen etwas Sicherheit, in all dem Flüchtigen etwas Beständiges. Genauso ist es ja mit Weihnachten. Niemand möchte so recht auf all das verzichten, und dann ist es plötzlich kein sentimentaler Kitsch mehr, wenn es so weit ist: Tannenbaum, Adventskranz, Weihnachtsplätzchen, Bach und Mozart und etwas Familie ... Arm, wer diese reichen Traditionen in den Wind schlägt oder verliert.

Schlimm, wenn wir uns das aus falscher Toleranz nehmen lassen: Weihnachts- wird zum Wintermarkt, St. Martin zum Lichterfest ... Jahresendflügelfigur statt Weihnachtsengel hatten wir ja schon mal. Wollen wir in diese Diktatur zurückfallen, indem wir uns ohne Not der Diktatur verrückter Gesinnungs- und Sprachideologen beugen?! Was dem SED-Regime nicht gelungen ist, nämlich Weihnachten kaputt zu machen, schaffen westliche Wohlstandskirchen sogar noch mit Ostern. Da hat doch die Schokoladenfirma Cadbury tatsächlich das Wort Ostern aus ihrem Programm gestrichen: Cadbury Eggs statt Ostereier sollen versteckt und gesucht werden. Wie armselig! Klerikaler Aufschrei war nirgends zu hören, obwohl wir aus jüngerer, leidvoller deutscher Geschichte doch wissen, was solche »Umbenennungen« nach sich ziehen können.

Liebe Leute, ihr macht euch lächerlich. Finger weg von guten Traditionen, die Freude machen und niemanden bedrohen! Und die schönen Fest-Formen wieder mit festem Inhalt füllen: Weihnachten heißt: Gottes Sohn kam auf diese Erde. Ostern bedeutet: Das Grab dieses Gottessohnes Jesus Christus ist wirklich leer. Wenn Kirche das nicht mehr klipp und klar sagt, und dabei dem Volk aufs Maul schaut, ohne ihm nach dem Munde zu reden, dann bietet sie Mogelpackungen. Wo Kirche drauf steht, muss Bibel drin sein, sonst besteht der Tatbestand des Etikettenschwindels. Kein Wunder, dass die Menschen sich abwenden, wenn sie das durchschauen.

Aber dort, wo Familien die alten Traditionen wieder mit neuem Leben erfüllen, geschehen Wunder: Da wollen unsere Kinder etwas hören von diesem faszinierenden Gekreuzigten, der den Tod besiegte, »die härteste Währung auf dem Markt der Hoffnungen« (Wolf Biermann). Wir sollten die Jahreszeiten wieder ganz neu entdecken und mit den Kindern leben. Genauso, wie nicht rund ums Jahr Spargel- oder Erdbeerzeit ist, gibt es die Advents- oder Passionszeit. Das ist mehr als bloße Kultur, das ist Heimat. Und Heimat ist Geborgenheit, ein Zuhause.

Die Community für alle, die Bücher lieben

Das Gefühl, wenn man ein Buch in einer einzigen Nacht verschlingt – teile es mit der Community

In der Lesejury kannst du

★ Bücher lesen und rezensieren, die noch nicht erschienen sind

★ Gemeinsam mit anderen buchbegeisterten Menschen in Leserunden diskutieren

★ Autoren persönlich kennenlernen

★ An exklusiven Gewinnspielen und Aktionen teilnehmen

★ Bonuspunkte sammeln und diese gegen tolle Prämien eintauschen

**Jetzt kostenlos registrieren: www.lesejury.de
Folge uns auf Instagram & Facebook:
www.instagram.com/lesejury
www.facebook.com/lesejury**